Andrian Kreye

Broadway, Ecke Canal

New York – Stadt im Aufbruch

Knaur Taschenbuch Verlag

Besuchen Sie uns im Internet:
www.knaur.de

Originalausgabe September 2004
Copyright © 2004 by Knaur Taschenbuch.
Ein Unternehmen der Droemerschen Verlagsanstalt
Th. Knaur Nachf. GmbH & Co. KG, München
Alle Rechte vorbehalten. Das Werk darf – auch teilweise –
nur mit Genehmigung des Verlags wiedergegeben werden.
Redaktion: Julika Jänicke
Umschlaggestaltung: Grafiksalon New York
Umschlagabbildung: Friederike Bothe
Satz: Ventura Publisher im Verlag
Druck und Bindung: AIT Nørhaven A/S
Printed in Denmark
ISBN 3-426-77751-7

2 4 5 3 1

Für meine Frau

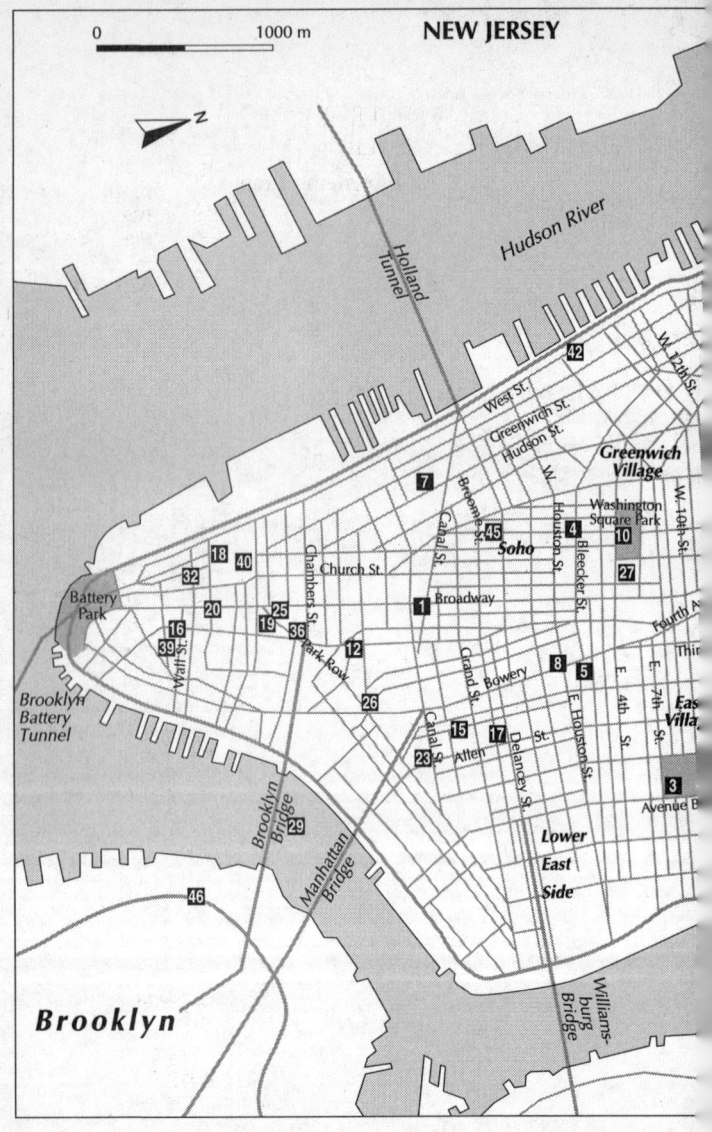

NEW JERSEY

0   1000 m

N

Hudson River

Holland Tunnel

42

West St.
Greenwich St.
Hudson St.

W. 12th St.

Greenwich
Village

Washington
Square Park

7

Canal St.

Broome St.

Soho

45

W. Houston St.

4

Bleecker St.

10

27

W. 10th St.

18 40

32

Church St.

1 Broadway

20

Chambers St.

25

16

19 36

Park Row

Grand St.

Bowery

8

5

Fourth A

Thir

E. 4th St.

E. 7th St.

39

Watt St.

12

15

17

23

Allen

Delancey St.

E. Houston St.

St.

East
Villa

3

Avenue B

Battery
Park

26

Brooklyn
Battery
Tunnel

Brooklyn
Bridge

29

Lower
East
Side

Manhattan
Bridge

46

Brooklyn

Williams-
burg
Bridge

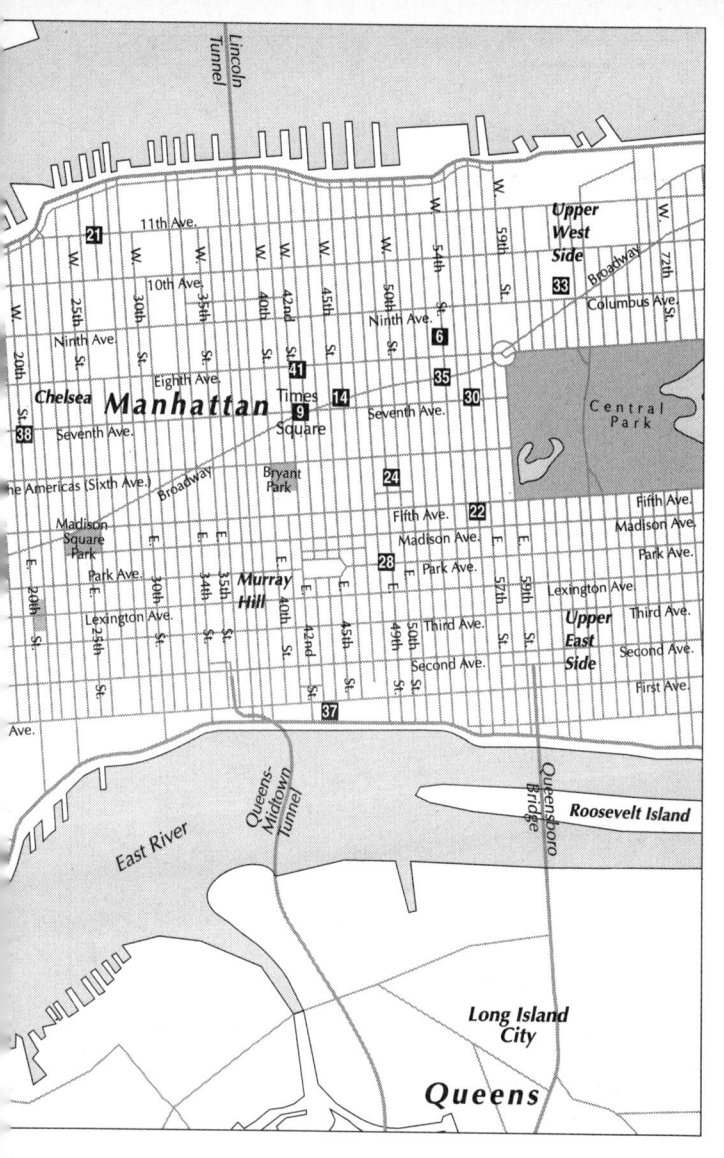

Lincoln
Tunnel

11th Ave.

21

W.
25th
St.

W.
30th
St.

10th Ave.

W.
35th
St.

W.
40th
St.

W.
42nd
St.

W.
45th
St.

W.
50th
St.

W.
54th
St.

W.
59th
St.

**Upper
West
Side**

W.
72th
St.

Ninth Ave.

6

Broadway

33

Columbus Ave.

Ninth Ave.

Eighth Ave.

41

35

Chelsea **Manhattan** Times
Square

9

14

Seventh Ave.

30

**Central
Park**

38

W.
20th
St.

Seventh Ave.

he Americas (Sixth Ave.)

Broadway

Bryant
Park

24

Fifth Ave.

22

Fifth Ave.
Madison Ave.
Park Ave.

Madison
Square
Park

Madison Ave.

28

Park Ave.

E.
30th
St.

E.
35th
St.

E.
40th
St.

E.
42nd
St.

E.
45th
St.

E.
50th
St.

E.
49th
St.

E.
57th
St.

E.
59th
St.

Lexington Ave.

**Upper
East
Side**

Third Ave.

E.
20th
St.

Park Ave.

Lexington Ave.

E. 23th
St.

**Murray
Hill**

Third Ave.

Second Ave.

Second Ave.

First Ave.

Ave.

37

Queens-Midtown
Tunnel

Queensboro
Bridge

Roosevelt Island

East River

**Long Island
City**

Queens

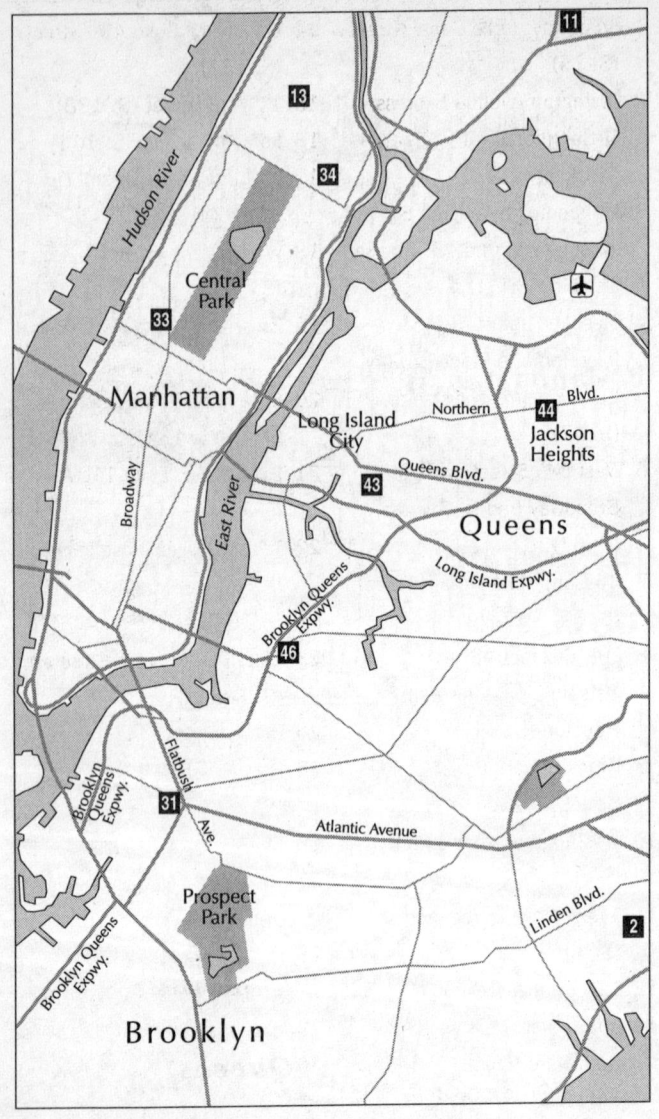

1 Broadway, Ecke Canal Street (S. 15)

2 Lexington Avenue Express/ U-Bahnhof Junius Street, Brooklyn (S. 25)

3 Alphabet City/Avenue B zwischen 9. und 10. Straße, Ostseite (S. 34)

4 Bleecker Street (S. 43)

5 Joey Ramone Place/Bowery, Ecke 2nd Street, Ostseite (S. 47)

6 West 54th Street/zwischen Broadway und 8th Avenue (S. 57)

7 Hudson, Ecke Hubert Street (S. 62)

8 298 Elizabeth Street/ Ostseite, kurz oberhalb Houston (S. 68)

9 Times Square/Ecke 42nd Street, 7th Avenue (S. 77)

10 Washington Square Park (S. 91)

11 1157 Wheeler Avenue (S. 111)

12 100 Centre Street (S. 117)

13 Adam Clayton Powell Jr. Boulevard, Ecke 131st Street (S. 124)

14 Broadway, Ecke 45th Street (S. 131)

15 11 Wall Street (S. 138)

16 Forsythe Street (S. 143)

17 Eldridge, Ecke Delancey Street (S. 148)

18 World Trade Center 1 & 2 (S. 154)

19 Broadway, Ecke Park Row (S. 161)

20 Broadway, Ecke Liberty Street (S. 164)

21 27th Street, Ecke 11th Avenue (S. 174)

22 Trump Tower/Ostseite der 5th Avenue, kurz vor 57th Street (S. 179)

23 Canal, Ecke Allen Street (S. 184)

24 Rockefeller Center (S. 190)

25 Park Row, Ecke Broadway (S. 198)

26 Mott Street (S. 205)

27 Waverly Place/zwischen Park und Greene Street (S. 212)

28 Park Avenue, Ecke 49th Street (S. 220)

29 Brooklyn Bridge (S. 225)

30 57th Street, Ecke 7th Avenue (S. 230)

31 Atlantic, Ecke Flatbush Avenue (S. 236)

32 Church, Ecke Cedar Street (S. 239)

33 Lincoln Center (S. 249)

34 East 115th Street/Nordseite zwischen Lexington Avenue und Park Avenue (S. 252)

35 Broadway, Ecke 53rd Street (S. 255)

36 Lafayette, Ecke Chambers Street/Rathaus (S. 260)

37 First Avenue, Ecke 42nd Street/Uno-Gebäude (S. 271)

38 7th Avenue, Ecke West 20th Street (S. 274)

39 11 Wall Street/Stock Exchange (S. 279)

40 7 World Trade Center (S. 286)

41 42nd Street, Ecke 8th Avenue (S. 294)

42 Perry, Ecke West Street (S. 300)

43 Long Island City/33rd Street in Queens, Westseite (S. 304)

44 Jackson Heights (S. 309)

45 60 Thompson Street/Ostseite zwischen Spring Street und Broome Street (S. 313)

46 Brooklyn Queens Expressway/Nähe Atlantic Avenue (S. 343)

Nicht verzeichnet: Newark (S.97), Montauk Point (S. 321), Riverhead Raceway (S.329), Land's End (S. 335).

Inhalt

Broadway, Ecke Canal Street
Das New York in unseren Köpfen 15
Lexington Avenue Express
Kreuz und quer durch den Moloch 25
Alphabet City
Eine Stadt zerstört sich selbst 34
Bleecker Street
Früher Morgen im Universum 43
Joey Ramone Place
Downtown findet seine Seele 47
West 54th Street
Der heimliche Exzess 57
Hudson, Ecke Hubert Street
Der Glamour kehrt zurück 62
298 Elizabeth Street
Aufstand der Gettos 68
Times Square
Die Amerikanisierung New Yorks 77
Washington Square Park
Die Theorie vom zerbrochenen Fenster 91
Newark
Die Praxis vom zerbrochenen Fenster 97
1157 Wheeler Avenue
Lizenz zum Töten 111
100 Centre Street
Das Ende der Gerechtigkeit 117

Adam Clayton Powell Jr. Boulevard, Ecke 131st Street
Das Gelobte Land 124

Broadway, Ecke 45th Street
Grund zum Feiern 131

11 Wall Street
Das Ende der Dotcoms 138

Forsythe Street
Der Neue Markt verstummt 143

Eldridge, Ecke Delancey Street
Ein Jahrhundertsommer 148

World Trade Center 1 & 2
Der 11. September 2001 154

Broadway, Ecke Park Row
Der Mann der schweren Stunde 161

Broadway, Ecke Liberty Street
Die Stadt an der Front 164

27th Street, Ecke 11th Avenue
Patriotischer Akt 174

Trump Tower
Der Wolkenkratzer wird niemals sterben 179

Canal, Ecke Allen Street
Neue Helden 184

Rockefeller Center
Ground Zero im Kopf 190

Park Row, Ecke Broadway
Schweres Erbe 198

Mott Street
Die langen Schatten von Manhattan 205

Waverly Place
Jugend ohne Stimme 212

Park Avenue, Ecke 49th Street

Das Meisterstück der Strategen 220

Brooklyn Bridge

Hohn der Angst 225

57th Street, Ecke 7th Avenue

Sieg für die Freiheit 230

Atlantic, Ecke Flatbush Avenue

Der Hort Gottes 236

Church, Ecke Cedar Street

Das Jahr danach 239

Lincoln Center

Ode an die Trauer 249

East 115th Street

Der Fahnder 252

Broadway, Ecke 53rd Street

Lobby für den Krieg 255

Lafayette, Ecke Chambers Street

Eine Resolution für den Frieden 260

First Avenue, Ecke 42nd Street

Seismograph der Zeitläufte 271

7th Avenue, Ecke West 20th Street

Strafzettels Traum 274

11 Wall Street

Das Watergate des Kapitalismus 279

7 World Trade Center

Der Chef von Ground Zero 286

42nd Street, Ecke 8th Avenue

Glitter oder Glamour 294

Perry, Ecke West Street

Umzugsärger 300

Long Island City
Über den Fluss 305
Jackson Heights
Alles ist erleuchtet 309
60 Thompson Street
Sound and Vision 313
Montauk Point
Wo Amerika beginnt 321
Riverhead Raceway
Demolition Derby 329
Land's End
Wo der amerikanische Traum beginnt 335
Brooklyn Queens Expressway
Kleine Geographie der großen Stadt 343

Register 355

Broadway, Ecke Canal Street
Das New York in unseren Köpfen

Der Überfall dauerte nicht länger als zehn Sekunden.

Es war eine jener New Yorker Sommernächte, in denen sich die Hitze wie in schweren, feuchten Klumpen zwischen den Häuserzeilen verfing. Der südliche Teil der Lower Eastside wirkte wie verlassen. Der Dunst zeichnete goldgelbe Kreise um die Straßenlampen, und im Norden stand das Empire State Building wie eine Fata Morgana am Himmel. In der Hester Street gleich neben dem Sarah D. Roosevelt Park roch es nach warmem Teer und nach dem Moder aus den Luftschächten der U-Bahn. Über dem Park ragten die rostroten Fassaden der altertümlichen Mietskasernen, auf deren schwarzem Gerippe aus eisernen Feuerleitern noch chinesische Einwanderer saßen, um der stickigen Schwüle ihrer neonbeleuchteten Wohnungen zu entfliehen.

Der Straßenräuber löste sich aus dem Schatten eines Hauseingangs. Er trug trotz der Hitze einen Wollmantel. Mit der rechten Faust hielt er eine abgebrochene Autoantenne wie einen Degen vor sich. »Die Brieftasche«, forderte er und blickte sich gehetzt um. Die Zeit schien stehenzubleiben. War das nicht genau so eine Situation, vor der einen immer alle gewarnt hatten? Einer jener klassischen New Yorker Momente, denen man als Europäer nicht gewachsen war? In der Sekundenbruchteile darüber entscheiden, ob dieser Abend ein böses Ende nimmt? An dem sich die Frage stellt: fliehen, kämpfen, Geld hergeben?

Dann bog ein Wagen um die Ecke, tauchte die Szene in Schein-werferlicht, und der Mann im Wollmantel verschwand mit kur-zen Sätzen im Park.

Nicht gerade eine Heldengeschichte, und doch habe ich sie immer wieder gerne erzählt: Wie ich damals in New York fast von einem Straßenräuber niedergestochen, vielleicht nicht ge-rade umgebracht, aber doch sicherlich schwer verletzt und um die gesamte Reisekasse gebracht worden wäre. Und darum geht es doch bei einer Reise nach New York: um das große Abenteuer. Darum, sich an der härtesten Stadt der Welt zu mes-sen. Auch zehn Tage im Mittelklassehotel wollen hier erst ein-mal überlebt werden. Dazu summt man leise den Gassenhauer von Frank Sinatra, der da sagt, wer's hier schafft, der schafft es überall.

Das ist das New York, das wir aus den Filmen von Martin Scor-sese, Woody Allen und Spike Lee kennen. Jener düstere Moloch mit den unerbittlichen Straßen von Downtown aus *Mean Streets* und den melancholischen Lichtspielen des Times Square aus dem Vorspann von *Taxi Driver*. Jene verheißungsvolle Groß-stadt mit den idyllischen Stadtbildern aus »Manhattan« und den schillernden Figuren aus dem *Stadtneurotiker*. Jene wilde Metro-pole, in der jeder Bewohner tagein, tagaus einen Zweikampf mit dem Schicksal ausficht, wie die Gettobewohner aus *Do The Right Thing* oder *The 25th Hour*. Die Stadt war Schauplatz der brillanten Romane von Truman Capote, Tom Wolfe und Paul Auster. Hier schrieben Bob Dylan, Lou Reed und David Byrne ihre Worte für drei Minuten dauernde Ewigkeiten.

Seit dem 19. Jahrhundert war New York der Archetyp der Großstadt, der Metropolis, des Molochs. Aber nicht nur das. Wer vom Flughafen aus über den Brooklyn Queens Expressway nach Manhattan fährt, der sieht erst einmal die Silhouetten der Wolkenkratzer, die sich am Himmel abzeichnen und jene unvergleichliche Linie bilden, die als Symbol für die Versprechungen Amerikas und der Moderne bekannt ist. Egal ob in einer Imbissbude in Manila, einer Eisdiele in München oder einem Bürokomplex in Moskau, irgendwo findet man immer ein Bild der New Yorker Skyline als Zeitungsausschnitt, Postkarte oder als gerahmten Druck. Und überall dient sie als Fluchtpunkt der Träume und Sehnsüchte.

Der Schriftsteller Nick Cohn bezeichnete New York einmal als Herz der Welt. Eines, das für alle schlägt. Das ursprüngliche Motto der Stadt war ein Vers der Dichterin Emma Lazarus, der in den Sockel der Freiheitsstatue gemeißelt ist: »Schickt mir, die arm sind und geschlagen, bedrückte Massen, die's zur Freiheit drängt, der Länder Abfall, elend, eingeengt.« Für die Zehntausenden, die sich alljährlich aus den Entwicklungsländern und Bürgerkriegsgebieten hierherretten, hat dieser Sinnspruch heute noch Gültigkeit. Für die meisten, die am Flughafen ankommen, um eine Weile oder auch für immer zu bleiben, ist die Reise allerdings nicht ganz so existentiell. Der Komiker Jerry Seinfeld hat es auf den Punkt gebracht, als er fragte: »Warum nur die Armen, Geschlagenen und die bedrängten Massen? Was ist mit den Schönen, Klugen und Reichen der Welt?«

Für die war New York vor allem ein subkulturelles Utopia. Dicht gedrängt lebten hier die Verrückten, die Künstler, die Bohemiens, die vom Genius beseelt Neuland eroberten. Modern und Free Jazz, abstrakter Expressionismus, die Beatniks, Pop-art, Punk, Performancekunst und Hip-Hop – all diese Bewegungen hatten ihren Ursprung auf den 26 Quadratmeilen felsigem Boden zwischen dem Hudson und dem East River.

Oberflächlich betrachtet, scheint das Bild von der Künstler-Metropole immer noch zu stimmen. Man muss nur durch das East Village spazieren, durch Chelsea, Soho oder Tribeca, die Galerien, Clubs und Bühnen besuchen. Wo sonst bekommt man so viel geboten und in dieser Qualität? Wo sonst kann man an einem einzigen Samstagnachmittag einem halben Dutzend weltberühmter Schauspieler, Musiker und Künstler auf der Straße begegnen? Da sitzt Willem Dafoe im »Jerry's« beim Lunch, Natalie Portman spaziert die Prince Street entlang, Lou Reed unterhält sich im »Pastis«, und Jeff Koons springt am Broadway aus dem Taxi. Und doch hat sich die Stadt grundlegend verändert. Die Impulse kommen nicht mehr aus New York. Die Stadt hat eine ganz andere Rolle übernommen. Sie bestimmt nun Ansehen und Wert der Künstler auf dem kulturellen Weltmarkt.

Existiert das New York in unseren Köpfen überhaupt noch in der Wirklickeit? Das Mekka der Einwanderer und Glückssucher, die Hauptstadt der Subkulturen, der finstere Moloch? Seit dem Zweiten Weltkrieg hatte sich New York von einer Industrie- und Hafenstadt zunächst zu jenem Großstadtchaos entwickelt, das vor allem für Europäer mythische Formen annahm. Doch die »wunderbare Katastrophe«, welche die Journalistin Sabina Lietzmann Ende der siebziger Jahre kolportierte, war nur die Übergangsphase für den erfolgreichen Modellversuch, aus einer exemplarischen Metropole des Industriezeitalters eine exemplarische Metropole des Medienzeitalters zu schaffen.

Dieser Paradigmenwechsel war der Endpunkt einer Entwicklung, die der New Yorker Bankier David Rockefeller angestoßen hatte. Nicht nur eine inhaltliche Entwicklung, sondern eine grundlegende Umwälzung der örtlichen Geographien, die keinen Platz für Mittelmaß ließ und schon gar nicht für Experimente. Heute ist David Rockefellers Rolle bei der Entstehung des neuen New York fast vergessen. Nur wenigen ist noch bewusst, dass die radikalen Veränderungen der letzten vierzig Jahre in New York nicht das Resultat eines natürlichen Prozesses waren, sondern eines visionären Plans, der noch ehrgeiziger war als die städteplanerischen Kraftakte, die Robert Moses in den Jahrzehnten vor und nach dem Zweiten Weltkrieg vollbracht hatte. Rockefeller wollte nicht nur die Struktur, sondern das Wesen der Großstadt an sich revolutionieren.

David Rockefeller stammte aus jener Familie, die mit Ölquellen von Alaska bis zum arabischen Golf so viel Geld verdient hatte, dass der Name Rockefeller als Synonym für unermesslichen Reichtum in die amerikanische Umgangssprache eingegangen ist. In den endlosen Hallen der elterlichen Wohnung an der Park Avenue verbrachte der junge David während der frühen zwanziger Jahre eine eigenartig altertümliche Kindheit. Zum Abendessen pflegte sein Vater auch zu Hause einen Smoking anzulegen. Seine Mutter trug dann ein Abendkleid, die Söhne erschienen allesamt mit Krawatte, und ein Stab von Bediensteten servierte die Speisen auf feinstem Porzellan. So tafelte die Familie mit dem Gestus europäischer Aristokraten, und nichts deutete darauf hin, dass der jüngste der fünf Brüder einmal eine Vision haben könnte, die den Moloch des Industriezeitalters ein gutes halbes Jahrhundert später zum Motor einer neuen Ära machen würde.

Als junger Bankier gehörte David Rockefeller bald zu den mächtigsten Männern der Stadt, und als solcher erkannte er schon in den fünfziger Jahren, dass New York City als Industrie- und Hafenstadt keine große Zukunft haben würde. Warum sollte man den wenigen Platz auf der Insel Manhattan dafür verschwenden, Produkte herzustellen oder Waren zu verschiffen, wenn man doch viel mehr damit verdienen konnte, Ideen auszubrüten und den Geldverkehr zu lenken?

Zu diesem Zwecke gründete er eine Organisation namens »Downtown Lower Manhattan Association«, kurz DLMA, die Hochfinanz und Politik vereinte, um aus Manhattan ein Zentrum der Banken- und Konzernleitungen zu machen. Der erste große Plan war der Bau eines Welthandelszentrums wenige Blocks westlich des Finanzknotenpunkts Wall Street. Die DLMA setzte damit eine Dynamik in Gang, die New York bis heute bestimmt und ganz nebenbei das Kulturleben der Stadt geprägt hat.

Die Idee, die Südspitze Manhattans mit dem Bau eines Welthandelszentrums zu sanieren, stieß allerdings von Anfang an auf heftigen Widerstand. Die eigens gegründete DLMA sei nichts anderes als eine seriöse Fassade für geldgierige Spekulanten, hieß es 1958. Noch lauter wurde der Protest, als die DLMA 1962 gemeinsam mit der Hafenbehörde Port Authority beschloss, das heruntergekommene Geschäftsviertel der Radio Row zwischen Cortlandt und Greenwich Street für den Bau des World Trade Center niederzureißen und die Hafenanlagen nach New Jersey auszulagern. In den Elektronikwerkstätten und in den Docks, die mit dem Schutt des World Trade Center für die künftigen Wohnanlagen der Battery Park City aufgeschüttet wurden, gingen dreißigtausend Arbeitsplätze verloren. Rund hundertsechzig Gebäude mussten Platz machen für das größte Wirtschaftszentrum der Welt. Auf sechseinhalb Hektar wuchs zwischen 1966 und 1975 ein Komplex von sieben Gebäuden heran, aus denen die Zwillingstürme himmelhoch herausragten. Kosten: rund eineinhalb Milliarden Dollar. An die fünfzigtausend Menschen arbeiteten in dem neuen Welthandelszentrum für Anwaltskanzleien, Banken, Broker, Versicherungen und Geschäfte; rund zweihunderttausend Besucher gingen täglich ein und aus; über zweihundert Fahrstühle beförderten den Menschenstrom in die oberen Etagen. Das Gebäude bekam sogar seine eigene Postleitzahl: 10048 World Trade Center.

Stand man bei sonnigem Wetter auf der Plaza zwischen den beiden Türmen des World Trade Centers und legte den Kopf in den Nacken, konnte einem leicht schwindlig werden. Eine optische Täuschung: Die Stahlstreben der Fassade schienen sich nach oben zu biegen, die Türme vor dem blauen Himmel gegen die Wind- und Wolkenrichtung zu kippen. Ganz klein und schwach fühlte man sich – ein Effekt, der schon die imperiale Architektur des alten Rom kennzeichnete. Angesichts der Paläste sollte das Volk vor Ehrfurcht erstarren.

Im New York der siebziger Jahre zollte allerdings kaum einer den gebotenen Respekt. Als die beiden Türme des World Trade Centers 1973 offiziell eingeweiht wurden, schimpfte so mancher New Yorker, ein misslungenes Denkmal für den Größenwahn der Stadt sei hier entstanden. Für die Bürger wurde das Geld gerade knapp, und die Stadt verpulverte Millionen für einen Prestigebau? Die Architekturkritikerin der *New York Times* Ada Louise Huxtable war eine der wenigen, die das Center bejubelten: »Ein Durchbruch des Wolkenkratzerdesigns«, schrieb sie. Ihre Kollegen fanden dagegen kein gutes Wort für das Werk des Architekten Minoru Yamasaki. Der Philosoph Lewis Mumford bescheinigte dem World Trade Center »nutzlose Gigantomanie und technologischen Exhibitionismus«. Ein anderer Kritiker machte sich lustig: »Die Türme des World Trade Centers sind doch nur die Kartons, in denen sie das Chrysler und das

Empire State Building angeliefert haben.« Doch als Dynamo für die Verwandlung der Stadt funktionierte das World Trade Center ganz hervorragend.

Nun war New York schon immer eine Stadt im permanenten Aufbruch. In den Armenvierteln folgte eine Einwandererwelle auf die nächste, und die Neuankömmlinge zogen bald schon weiter. Baulöwen entdeckten Neuland für Hochhaus- und Siedlungsprojekte. Doch was sich ab Mitte der sechziger Jahre abspielte, waren keine städtischen, sondern gesellschaftliche Umwälzungen. Ganze Berufszweige wurden entwurzelt. Arbeiter zogen mit den Manufakturen und Werkstätten in die Provinz, Neueinwanderer wurden in den Außenbezirken Brooklyn, Queens und Bronx angesiedelt. Inmitten dieser Umwälzungen entstanden plötzlich Nischen, in denen jene Subkulturen blühen konnten, die bis heute das New York in unseren Köpfen bestimmen.

Was mit dem Aufbau der Bürgersiedlungen in der Suburbia begann, beschleunigte sich mit den Rassenunruhen der späten sechziger Jahre zur gefürchteten Stadtflucht. In Scharen zogen die Bürger nun in die umliegenden Landkreise und mit ihnen das Steueraufkommen. Die Wirtschaftskrise von 1973 gab New York dann den Rest. Mitten in der Umstrukturierung verkam die Metropole zum Moloch.

Das war die Stunde der Subkulturen. Die ehemaligen Manufakturhallen machten Platz für Lofts, Ateliers und Übungsräume. Galerien und Nachtclubs fanden in aufgelassenen Ladengeschäften Raum. In den Mietskasernen der einstigen Arbeiterviertel gab es billige Wohnungen. Nichts war von Dauer. Spekulanten und Investoren scheuchten die neuen Gemeinden oft schon nach kurzer Zeit wieder auf. Kaum hatten die Künstler eine Gegend entdeckt, zog der Mittelstand nach. Wie die Jahresringe eines Baumes weiteten sich die Sanierungswellen in konzentrischen Kreisen von den beiden Hochhauszentren in Down- und Midtown auf die Randbezirke aus. Jeder Ring bedeutet eine wirtschaftliche Aufschwungsphase. Stadthistoriker können diese Entwicklung bis ins 19. Jahrhundert zurückverfolgen, als betuchte Bürger in regelmäßigem Abstand Einwanderer und Schwarze aus ihren angestammten Vierteln vertrieben.

Nun trieb diese Bewegung zwanzig Jahre lang die Subkulturen an, und erst der Boom der neunziger Jahre erlaubte der Stadt, Rockefellers Vision zu vollenden. New York wurde zur Hauptstadt einer neuen Wirtschaftsepoche. Die Wall Street feierte sich wie im Rausch, am unteren Broadway siedelten sich die Dotcomfirmen an, die diesem Teil der Straße den Namen Silicon Alley einbrachten, Midtown wurde von den Medienkonzernen saniert, Film- und Modefirmen kamen nach Manhattan. Bis die Entwicklung an ihre natürlichen Grenzen stieß – schließlich ist Manhattan eine Insel.

★

1984 kam ich zum ersten Mal nach New York City. Wie so viele Europäer hatten mich die New Yorker Subkulturen schon seit Jahren in ihren Bann gezogen. Da gab es eine Spannung, die man in Europa nirgendwo finden konnte. Früh schon hatte ich mir die New Yorker Jazzmusiker als Helden auserkoren. Charles Mingus, Miles Davis und Ornette Coleman hatten mir mehr zu sagen als die gesamte deutsche Literatur. Ich ließ mich von den Hymnen des Soul und der Großstadtfolklore des Hip-Hop mitreißen, verschlang die Bücher der New-Journalism-

Literaten wie Tom Wolfe und Hunter S. Thompson und sehnte mich nach dem New York, das mir im Kino bald so vertraut vorkam wie meine Heimatstadt München.

Ich wurde nicht enttäuscht. Wie alle Neuankömmlinge war ich im ersten Moment überwältigt, als ich aus dem Bus stieg, der mich vom Flughafen ins Hotel Wellington gebracht hatte. Ich war überwältigt von der Größe. Der Wucht. Der Reizüberflutung. Von der endlosen Tiefe der Straßenschluchten, der Neonpracht des nahen Times Square. Doch schon am nächsten Morgen stand ich dann auf dem Broadway an der Ecke zur Canal Street und genoss jenen kleinen Triumph, der meist schon bald die Überwältigung ablöst. Um mich herum toste der Verkehr, vietnamesische Straßenhändler verkauften gefälschte Luxusuhren, ein arabischer Imbisskoch stand vor seiner mobilen Garküche und belegte Hot dogs mit Sauerkraut und Gurken, die Straßenschilder waren in englisch und chinesisch gehalten, puertoricanische Pärchen betrachteten die Auslagen der Schmuckgeschäfte, alles war neu und fremd, und trotzdem fühlte ich mich vom ersten Moment an zu Hause. Eine Euphorie erfasste mich, als hätte ich diese mythische Stadt eigenhändig erobert. Meine Erwartungen mochten vorgefasst gewesen sein, aber sie wurden nicht enttäuscht. An der Ecke Broadway und Canal Street begann ich eine Reise durch New York, die auch zwanzig Jahre später noch nicht zu Ende ist.

Lexington Avenue Express
Kreuz und quer durch den Moloch

Der Moloch war wichtig. Die Boomstadt der neunziger Jahre hätte mich nie so lange in ihrem Bann gehalten, denn es war genau dieser Kitzel einer gefährlichen, heruntergekommenen Megalopolis, der uns Kindern aus dem Hort von Sicherheit und Wohlstand der europäischen Suburbias schon immer verlockend erschienen war. Was den 68ern ihre Guerillaromantik, war uns die Verklärung der urbanen Krisengebiete, je bekannter, desto besser. Es gab genügend Orte, deren Namen unwiderruflich eine Aura von Lebensgefahr hatten. Hexenkessel wie Johannesburg, Lagos und Medellín. Weiße Flecken auf den Stadtplänen der Metropolen wie das Berliner Plattenbauviertel Marzahn, South Central in Los Angeles oder die Favela Roçinha in Rio. Diesen Ruf wurde ein Ort nur schwer wieder los. Da half es auch nicht, wenn sich rührige Stadtväter eifrig um das Image bemühten und ganze Bezirke umtauften. So hieß South Central auf einmal South Los Angeles, New Yorks Hell's Kitchen fand man in den Immobilienanzeigen als Clinton, und die Lower Eastside wurde zum East Village erklärt. Fragte man Einheimische, wo sich diese neuen Orte befanden, erntete man nur Schulterzucken, denn es dauerte oft Jahrzehnte, bis sich die neuen Begriffe eingebürgert hatten. Namen wie Beirut, Belfast oder Sarajevo erinnern eben auch Jahre nach den Friedensverträgen noch an Straßenschlachten, Attentate und Massaker.

In New York gab es aber nicht nur weltweit berüchtigte Viertel wie Harlem, die South Bronx oder Alphabet City, sondern regelrechte Denkmäler für den Moloch: die ausgebrannten Mietskasernen mit ihren verkohlten Feuerleitern, den Central Park, die U-Bahn.

Als ich 1984 zum ersten Mal nach New York kam, waren das keine verblassten Mythen, sondern akute Gefahrenzonen. Die erste Woche nächtigte ich auf einer Matratze bei dem Jazzmusiker Gunter Hampel. Der kannte New York besser als jeder andere Deutsche, den ich in den nächsten zwanzig Jahren kennenlernen sollte. Er lebte schon damals in einer Einzimmerwohnung auf der 11. Straße zwischen Zweiter und Dritter Avenue. Gleich bei meiner Ankunft warnte er mich davor, mich weiter östlich als bis zur Ersten Avenue vorzuwagen. Dahinter begann Alphabet City, jener Teil der Lower Eastside, der in den East River hineinragt. Für dessen kurze Avenues wollten die Städteplaner keine Nummern vergeuden und versahen sie statt dessen mit den Buchstaben A bis D.

Nicht dass er ängstlich gewesen wäre. Schon am nächsten Wochenende nahm er mich nach Bedford-Stuyvesant mit, jenes Schwarzenviertel im Zentrum von Brooklyn, das Spike Lee später in seinem Film *Do The Right Thing* porträtierte. Gunter hatte dort zusammen mit einem Bebop-Sänger einen Auftritt in der Flamingo Lounge, einem winzigen Nachtclub mit langgezogenem Tresen und Sitzecken, die mit rotem Leder bezogen waren. Der Sänger holte uns vom U-Bahnhof ab. Das war keine übertriebene Vorsicht, sondern ganz selbstverständlich, auch wenn mir die Gegend eher freundlich vorkam. Da waren die prächtigen Bürgerhäuser aus der Gründerzeit mit ihren ausladenden Vortreppen, auf denen ganze Familien in der Sommerhitze saßen. Ich fand es aufregend, dass am Eingang der Flamingo Lounge ein Schild angebracht war, das »Waffen und Drogen verboten« verkündete, und dass der Türsteher eine Pistole trug. Doch als ich einen Kaffee trinken wollte und in der Burgerbude um die Ecke vor einer verschlossenen Tür stand, als der Kellner mir aufsperren wollte und die Halbstarken am Tresen »Keine Weißen!«, brüllten, erlebte ich zum ersten Mal, dass es auf den Straßen von New York Spannungen gab, von denen wir in Europa keine Ahnung hatten.

Auch die ersten U-Bahn-Fahrten waren für mich noch ein großes Abenteuer. Die Bahnhöfe waren düstere, muffige Abgründe, in denen die Züge mit ohrenbetäubendem Kreischen und Scheppern zum Halt kamen. Die Waggons selbst waren innen und außen mit den Hieroglyphen der Graffitisprüher übersät, gegen deren bauchige Kürzel und Gemälde die Stadt noch kein Mittel gefunden hatte. Es gab ja nicht einmal ausreichend Geld für genügend Polizisten, die in den U-Bahnhöfen patrouillieren konnten. Die Wahrscheinlichkeit, dass man dort überfallen wurde, stieg deswegen nach Einbruch der Dunkelheit rapide an, und wer es sich leisten konnte, fuhr sowieso Taxi. Wer dafür kein Geld hatte, musste eben mit der Angst leben oder früh zu Hause sein.

Im Kino hatte sich der schlechte Ruf der New Yorker U-Bahn 1974 in dem Film *Ein Mann sieht rot* manifestiert. Charles Bronson spielt darin einen Architekten von der Upper Westside, der sich nach dem Mord an seiner Frau und der Vergewaltigung seiner Tochter eine Pistole kauft, um damit im Central Park und in der U-Bahn »Mugger« niederzuschießen, wie die Straßenräuber damals in New York genannt wurden.

Die Bürgerwehrmentalität hatte sich aber nicht nur in den Köpfen der Drehbuchautoren breitgemacht. In der South Bronx nahm der Nachtschichtleiter einer McDonald's-Filiale Curtis Sliwa die Sache selbst in die Hand und gründete 1979 eine Bürgermiliz. Sliwa hatte die Angestellten aus seinem McDonald's als »Rock Brigade« organisiert, die sich um die umliegenden Viertel kümmerte – leerstehende Grundstücke aufräumte und bepflanzte, ausgebrannte Gebäude zunagelte, damit sich keine Junkies einnisteten. Mit zwölf seiner Jungs begann er dann seine Patrouillen. Als »Magnificent Thirteen« fuhren sie mit der U-Bahn die schlimmsten Gegenden ab, immer auf der Suche nach Gangkids, die Fahrgäste überfallen hatten. Die versuchten sie festzusetzen und der Polizei zu übergeben. Zunächst gingen sie in den Zügen der berüchtigten U-Bahn-Linie 4 auf Streife, dem Lexington Avenue oder auch »Muggers' Express«, der von der Bronx nach Brownsville in Brooklyn fuhr. »Guardian Angels«, Schutzengel, nannte Sliwa seine Truppe. Mit ihren Uniformen, den roten Baretts und den T-Shirts mit dem geflügelten Angels-wappen, wirkten die harten Burschen und Mädchen auf den ersten Blick wie eine Street Gang.

Ich hatte sie schon ein paarmal gesehen, als mich Edwin bei meiner U-Bahn-Station Grand Street abholte. Curtis Sliwa und die Patrouille, die ich begleiten sollte, würden an der 59. Straße auf mich warten. Sie wollten mit mir die legendäre Linie 4 fahren. Edwin war ein schmaler, dominikanischer Junge aus der South Bronx. Er ging noch zur Schule. Man sah ihm an, wie stolz er war, das rote Barett und das T-Shirt zu tragen. Als Guardian Angel machte er sich einerseits als Freiwilliger für eine gute Sache stark, aber mit ihrem martialischen Auftreten waren die Angels ja auch eine Art Gang. Das verschaffte ihnen daheim ordentlichen Respekt.

Am Bahnsteig des Downtownvierers warteten sie schon. Acht Burschen und Sliwa, ein viertschrötiger Kerl, der unter seinem T-Shirt Hemd und Krawatte trug. Er begrüßte mich mit militärisch zackigem Handschlag und knappem Lächeln. Acht Stunden würden wir unterwegs sein, so lange dauerten die Schichten normalerweise. Bezahlung bekamen die Angels dafür keine. Fragte man sie nach dem Grund für ihr Engagement, knurrten sie meist nur eine nachgeplapperte Phrase wie »Ich kann Verbrechen nicht ausstehen.« Was allerdings in den meisten Fällen stimmte, weil fast alle Angels aus den Gegenden mit den höchsten Kriminalitätsraten kamen.

Für Polizei und Rathaus waren die Angels natürlich eine Blamage. Bürgermeister Koch beschimpfte sie als Bürgerwehrler, weil sie der bankrotten Stadt vor aller Augen ihre Unfähigkeit vorführten. Die Boulevardpresse hätschelte Curtis Sliwa als lokale Berühmtheit.

Sliwa zuckte nur mit den Schultern. »Mit den Cops hier unten verstehen wir uns prächtig.« Es kam nur selten vor, dass ein paar von den Angels von missgünstigen Polizisten eingebuchtet wurden. Dann eilte Sliwa sofort zum nächsten Gericht. »Die Haftrichter lassen uns immer sofort laufen«, sagte er. »Die sind auf unserer Seite.«

Times Square Station. Ein Häuflein lärmender Skinheads stolperte in den Wagen. Sofort verstummten sie. Die Angels hatten sich im Abstand von ein paar Metern im ganzen Wagen postiert. Sie standen nur da und guckten. »Wirklich eingreifen müssen wir selten«, sagte Sliwa. »Meistens reicht unsere Anwesenheit schon, um für Ruhe zu sorgen.« Und falls das einmal nicht ausreichen sollte, waren sie alle im Nahkampf ausgebildet. Waffen trug keiner der Angels. Vor jeder Schicht wurden sie auch durchsucht, damit ihnen da keiner einen Strick draus drehen konnte. Jede Vorschrift musste penibel eingehalten werde – das Rauchverbot, das Musikverbot, das Ess- und Trinkverbot auf Bahnsteigen und in Zügen. Sie mussten selbst den vollen Fahrpreis bezahlen. Auch wenn die meisten Aufseher in den Kassenhäuschen ihnen die Türen oft freischalteten, weil sie selbst froh waren, dass die Angels hier unten für Sicherheit sorgten.

Wir waren schon tief in Brooklyn, als der Zug aus dem Tunnel auf ein Hochgleis fuhr. Vorbei an endlosen Projects, den Sozialbaublöcken aus rotbraunen Ziegeln, die mich an Bilder aus sozialistischen Trabantenstädten erinnerten. Weiße waren schon längst keine mehr im Zug. »Hier ist es inzwischen schlimmer als in der South Bronx«, sagt Curtis Sliwa und nickte aus dem Fenster. »Da sind die Jungs schon mit dreizehn in einer Streetgang und laufen mit einer Pistole herum. Da ist ein Menschenleben nicht viel wert.«

Haltestelle Junius Street. »Das ist die übelste von allen Stationen«, sagte Sliwa und winkte seine Truppe aus dem Zug. »Die Leute nennen die hier ›Mugger's Delight‹. Und wir führen dir jetzt mal vor, warum.« Der Weg vom Bahnsteig führte durch einen stockfinsteren, ungefähr hundert Meter langen Korridor, der auf beiden Seiten von Wellblech und Stacheldraht begrenzt wurde. Dahinter ging es fünf Meter in die Tiefe. »Da gibt es kein Entkommen.«

Sliwa ließ mich den Korridor alleine entlanggehen. Am Ende führte eine schmale Stahltreppe auf die Straße. Plötzlich stand Edwin neben mir. Ich hatte ihn nicht gesehen. Hinter einer Mauerecke hatte er sich postiert, dort wo sonst die Straßenräuber standen. Sliwa lachte, weil ich mich so erschreckt hatte. Dann deutete er zum Bahnsteig hoch. »Siehst du den Cop da oben? Der denkt gar nicht daran, hier unten im Dunklen herumzustehen. Aber wenn dir was passiert, kannst du soviel schreien, wie du willst. Da hört dich keiner.«

Konnten die U-Bahn-Cops denn nicht ab und zu mal durchgreifen? Immerhin beschäftigte die Manhattan Transit Authority mehr als dreitausendfünfhundert Polizeibeamte, die nur für das U-Bahn-System zuständig waren. Die hatten Revolver, Schlagstöcke und Walkie-talkies. »Die Cops sind nicht so wahnsinnig an ihrer Arbeit interessiert«, sagte Sliwa und schnaubte verächtlich. » Die New Yorker U-Bahn ist ja so ziemlich das Schlimmste, was dir als Cop passieren kann. In Manhattan sind sie vielleicht noch unterwegs. Aber draußen in Brooklyn, der Bronx und in Queens sieht man an den schlimmsten Orten weit und breit keinen Polizisten. Die haben doch selber Angst. Außerdem leben die meisten von ihnen in den weißen Vororten. Die Fahrgäste sind aber zum größten Teil Schwarze oder Latinos. Da gibt es dann überhaupt keinen Kontakt.« Dafür gerne mal Schläge für die Kundschaft. »Oft staut sich so viel Frust bei den Cops auf, dass sie nur darauf warten, Dampf abzulassen.« Erst im Sommer zuvor hatten drei Cops einen jungen Graffitisprayer totgeschlagen. Offiziell hatte er »Widerstand geleistet« und dann »einen Unfall« gehabt. Einen Subway Cop haben die Angels schon aus dem Dienst klagen können. Peter Marsala hieß der, in der ganzen Stadt gefürchtet. Seine Spezialität war es, seinem Opfer erst Handschellen anzulegen und es dann mit dem Gummiknüppel zu verprügeln.

Wir verließen den Bahnhof und marschierten zwischen den Blocks der Projects. In den Eingängen flackert das Neonlicht auf die Klinkerwände in Behördenfarben, die mit Graffitikürzeln vollgemalt waren. Dazwischen karge Grünflächen, struppige Hecken, Parkplätze mit betagten Autos. Trotz der Hitze waren nur wenige Menschen auf der Straße zu sehen. Das einzige Geschäft weit und breit schien eine armselige Bodega zu sein, in der es Frühstücksflocken, Dosen und Bier zu kaufen gab. Ein paar harte Jungs hingen davor herum, trugen Baseballmützen, Sonnenbrillen, flache Turnschuhe. »Alles ruhig«, sagte Sliwa. Sie hatten sich gezeigt. Auf dem Rückweg zum Bahnhof begrüßten sie mit großem Hallo einen Burschen, der gerade aus dem Zug gestiegen war. Ebenfalls ein Angel. »In diesen Gegenden ist es lebenswichtig, dass die Leute uns kennen«, sagte Sliwa. Gut zwei Stunden dauerte der Weg zum Hauptquartier der Angels in der 126. Straße – einen Block nördlich der Hauptstraße von Harlem. Bei Nacht wirkte die Gegend bedrohlich. Überall klafften die ausgebrannten Mietskasernen wie Zahnlücken in den einstmals prächtigen Häuserzeilen. Auch hier keine Geschäfte, keine Banken, nur auf der 125. Straße ein paar Discount- und Kramläden. Das Büro der Guardian Angels bestand aus zwei fensterlosen Räumen mit einem alten Sekretär, einem alten Sofa, ein paar Klapptischen und -stühlen. Ein knisternder Schwarzweißfernseher lief. Der Eigentümer der schwarzen Tageszeitung *Amsterdam Times* hatte ihnen die Räume zur Verfügung gestellt. Andere Spender bezahlten die Telefonrechnung.

An der Wand hingen Zeitungsausschnitte mit den Heldentaten der Angels. »Der Schlitzer treibt nach wie vor sein Unwesen«, titelte eine Geschichte. »Den haben wir aber dann doch noch gestellt. Das war so ein Verrückter, der sich auf eine Linie spezialisiert und den Leuten nachts die Kehle durchgeschnitten hat.« Ein Artikel aus dem letzten Sommer fehlte. An die Geschichte wollte sich auch keiner erinnern.

»Wir waren auf der Suche nach einem vermissten Kind«, erzählte Curtis Sliwa, und plötzlich war dieser zackige Ton aus seiner Stimme verschwunden. »Zwei Angels haben sich in der Bronx umgesehen. Dabei sind sie auf einen Typ gestoßen, der vollgepumpt mit Angel Dust an einer Ecke herumhing. Sie zeigten ihm das Foto. Er nahm es und schaute es sich an. Dann zerriss er es und hatte plötzlich eine 45er in der Hand. Einen hat er in den Kopf geschossen. Der hat das nicht überlebt. Den anderen traf er in die Brust. Der geht heute wieder mit uns auf Streife.« Curtis schüttelte den Kopf. »Es gibt einfach zu viele Verrückte in dieser Stadt.«

Ein paar Monate nach unserem Interview nahm einer dieser Verrückten das Gesetz in der U-Bahn in die eigene Hand. Bernard Goetz, ein schüchterner Elektrotechniker von neununddreißig Jahren schoss nach dem Vorbild von Charles Bronson vier junge Schwarze nieder, die ihn angeblich überfallen hatten. Drei Jahre später sprach ihn eine Jury von den Anklagen des versuchten Mordes und der schweren Körperverletzung frei, und so musste Goetz lediglich wegen illegalem Waffenbesitz für zweihundertfünfzig Tage ins Gefängnis. Nach der Urteilsverkündung triumphierte sein Anwalt Barry Slotnick: »Ich glaube, die Botschaft ist, dass jeder das Recht hat, sich zu schützen und verteidigen.«

Alphabet City
Eine Stadt zerstört sich selbst

Trotz der astronomischen Kriminalitätsraten in diesen Jahren trat der private Verteidigungsfall erstaunlich selten ein. Es gab Überfälle, Einbrüche, Diebstähle, auch Morde, aber mit den Bandenkriegen und Schießereien von Los Angeles und Chicago waren die Verbrechenswellen in New York nicht zu vergleichen. Was nicht zuletzt an den strengen Waffengesetzen lag, die den Besitz von Gewehren und Pistolen im Stadtgebiet von New York City unter schwere Strafe stellte. Statt dessen gab es ein umfangreiches, ungeschriebenes Gesetzbuch der Straße, das jeder Neuankömmling meist schon nach wenigen Tagen verinnerlicht hatte.

Zu dessen Regeln gehörte es, stets einen Zwanzigdollarschein bei sich zu tragen, um einen eventuellen Straßenräuber nicht dadurch zu verärgern, dass es nichts zu rauben gab. Es galt die Verhaltensregel, bei einem bewaffneten Überfall sämtliche Wertgegenstände wortlos, mit gesenktem Blick und ruhigen Bewegungsabläufen an den Räuber zu übergeben schließlich musste man damit rechnen, dass der noch nervöser als man selbst war und im Affekt zustechen oder schießen würde. Im Laufe der Zeit hatte man den Instinkt erworben, den Straßenrand im Blick zu behalten und bei Bedarf die Straßenseite zu wechseln.

»Streetsmart« – straßenschlau war jeder, der diese Regeln so gut beherrschte, dass er nicht nur Gefahren aus dem Weg ging, sondern sich auch sonst im Leben nicht übers Ohr hauen ließ. Wer »streetsmart« war, konnte sich auch in den vermeintlichen Bürgerkriegsgebieten der Stadt ganz gut bewegen. Als Europäer hatte man da sogar noch einen entscheidenden Vorteil, denn man musste sich in den gesellschaftlichen Grabenkriegen auf keine Seite schlagen. Sicherlich musste man als Weißer in Schwarzenvierteln damit rechnen, dumm angeredet zu werden. Es gab die Geschichte von jenem französischen Fotografen, der in Brooklyn in das Revier einer Schwarzengang geriet, die ihn auch prompt aufhielt. Als er sich erklärte, rief der Anführer der Gang seinen Kumpels zu: »Hey, das ist gar kein Weißer! Das ist ein Franzose!«

Auch in Alphabet City musste man einen Blick für die verborgenen Gefahren entwickeln. Da waren die Junkies, die sich in den Hauseingängen herumdrückten, der Straßenstrich schien jeden kleinsten Winkel des Viertels zu erfassen, im Tompkins Square Park schliefen die Obdachlosen in Behausungen aus Pappkartons und Plastikplanen. Nachts flackerte in den ausgebrannten Ruinen der Tenements Kerzenlicht, weil sich dort die Drogensüchtigen und ihre Händler eingenistet hatten. Dafür blühten rund um den Park die Subkulturen auf, weil die niedrigen Mieten in der Gegend Künstlern, Musikern und Schriftstellern erlaubten, sich ganz auf ihre Kunst zu konzentrieren, ohne sich zu sehr mit lästiger Arbeit abgeben zu müssen.

Solche Lebens- und Arbeitsbedingungen gab es natürlich auch im kunstbeflissenen Europa, doch im Gegensatz zur etablierten Subventionskultur und den verkrampften Popkulturversuchen der Alten Welt konnten die New Yorker Subkulturen mitreißen, begeistern, verstören. Hier arbeiteten Maler wie Jean-Michel

Basquiat, Keith Haring und Kenny Scharf, die ihre Wurzeln in der Großstadtfolklore von Graffiti, Straßenschildikonographie und Comicstrips hatte. Protagonisten der Noise Music wie John Zorn, Arto Lindsay und Christian Marclay schliffen die letzten Bastionen der Tonalität. Performancekünstler wie John Sex, Ann Magnusson und die Truppe Dancenoise lösten Genregrenzen auf. Zur Hochzeit der Szene gab es zweihundert Galerien und Performanceorte in einem Umkreis von zwölf Blocks. Das East Village befand sich in jenem Zwischenstadium, während dem in New Yorker Vierteln all jene Dinge entstehen, die den legendären Ruf der Kulturstadt begründen. Jene kurze Zeit, nachdem eine Gegend ihre ursprüngliche Funktion als Einwanderer-, Industrie- oder Handelsviertel verloren hat, die Boheme die freigewordenen Nischen erobert und die Gegend zum Hipsterviertel macht, das dann zuerst von Galerien, dann bald schon von Boutiquen und Immobilienhaien erobert wird. Gentrification nennt man in Amerika diese Mischung aus Luxussanierung und Preistreiberei, die innerhalb weniger Jahre Armen- und Bohemeviertel in »attraktive Investitionsgebiete« für Immobilienmakler und Bürgertum verwandelt.

Mitte der achtziger Jahre stand Alphabet City gerade auf der Kippe. Zwischen Avenue D und Avenue A konnte man sämtliche Stufen der stadtgeschichtlichen Zyklen von Verslumung und Gentrification beobachten. Das East Village war das Viertel, in dem man am besten das Klischee vom Schmelztiegel New York erleben konnte. Die Speerspitze der Gentrification, die weißen Bohemiens, mischte sich mit den alten Einwanderern aus Osteuropa und den relativen Neuankömmlingen aus Puerto Rico und der Dominikanischen Republik. Die Straßenzüge um die Avenue D herum galten immer noch als Slum. Sie wurden

von den Jacob Riis Housing Projects begrenzt, den Sozialbaublocks, die die Stadtverwaltung ausgerechnet nach jenem
Fotografen benannt hatte, der Ende des 19. Jahrhunderts das
Schicksal der verarmten Einwanderer auf der Lower Eastside
dokumentiert hatte. Auf der Westseite der Avenue D begann
das eigentliche East Village mit seinen Tenements, den Mietskasernen, die um die Jahrhundertwende für die zahllosen Einwanderer gebaut worden waren. Der Stuck an den Fassaden und
die Säulengeländer an den Vortreppen täuschten auch hundert
Jahre später noch über die engen, elenden Wohnungen mit
ihren schiefen Böden und dem festgekrusteten Grind von Generationen armer Mieter hinweg. Zwischen diesen veralteten
Mietskasernen klafften damals immer noch die Löcher der unzähligen abgebrannten Tenements und die leeren Grundstücke
voller Schutt und Müll, auf denen die abgebrannten Ruinen
schon weggerissen worden waren.

Für ihre Besitzer waren abgebrannte Häuser in den Slumgegen-
den von New York ein einträgliches Geschäft. Erstens waren sie
damit die damals noch vom Gesetz geschützten störrischen
Mieter los. Zweitens gab es Geld von der Versicherung. Drit-
tens sparte so ein Brand die Abbruchkosten. Viele Häuser gingen auch in Flammen auf, um dann den Besitzer zu wechseln.
Hauskäufer verlangten fast immer ein mieterfreies Gebäude.
Diese Praxis des »heißen Abbruchs« hatte das Gesicht ganzer
Stadtviertel geprägt, das der Lower Eastside und weiter Teile
von Harlem. In der South Bronx sah ein Stadtteil von der Größe
Augsburgs so aus, als wäre hier erst vor kurzem ein Krieg
zu Ende gegangen. Überall roch es in diesen Vierteln damals
nach erkaltetem Brand, weil die Hausbesitzer nach dem heißen
Abbruch nur selten ein neues Gebäude an die Stelle des alten

setzten. Sie wollten abwarten, bis die Grundstückspreise stiegen. Denn dass sie steigen würden, wussten sie schon bald nach Beginn des Booms, der als Yuppie-Ära der frühen achtziger Jahre in die Geschichte einging.

Weil das Spekulationsgeschäft aber erst seit wenigen Jahren wieder auf Touren lief, waren Mieter plötzlich ein Verlustposten. Daran waren die Immobilienmakler allerdings selbst schuld. Als in den fünfziger und sechziger Jahren die große Stadtflucht in die Suburbia begann, hatten sie großzügige Mieterschutzgesetze initiiert, um die Leute in der Stadt zu halten. Jetzt war der Unterhalt der oft baufälligen Mietshäuser immer häufiger höher als die Einkünfte.

David, der zu einem der Mietervereine gehörte, erklärte mir die Entwicklung: »Es gibt eine Naturgesetz in New York, nach dem sich Gegenden verändern. Erst machen sich die Junkies breit, die eine Gegend gewissermaßen austrocknen, indem sie die gesamte Nachbarschaft extrem unsicher machen. Geschichten von Leuten, die wegen zehn Dollar abgestochen werden, sind keine Schauermärchen. Daraufhin fallen erst einmal die Mieten, und arme Latinofamilien ziehen her, die die letzten Bürgerlichen vertreiben. Irgendwann kommen dann die Künstler, die das Viertel dann wieder sicher, hip und vor allem interessant machen. Wenn der Ruf langsam besser wird, schlagen die Spekulanten zu. Denen gehören meist ganze Straßenzüge, die in fast wertlosem Zustand gekauft haben. Für die gibt es dann nur noch zwei Hindernisse auf dem Weg zu den Millionen: Mieter und Hausbesetzer.«

★

Christine gehörte damals zur Block Association für die 8. Straße zwischen den Avenues B und C. Solche Initiativen schossen zu der Zeit im East Village auf fast jedem Block aus dem Boden. Mieter berieten sich gegenseitig und teilten sich Rechtsanwälte, um gegen die skrupellosen Landlords vorzugehen. Christine war ein typischer Fall. Sie lebte in einem Mietshaus, das Harry Skydell gehörte, einem gefürchteten Spekulanten. Der kaufte verlustbringende Gebäude für einen Spottpreis auf, weil er sich ganz hervorragend darauf verstand, lästige Mieter loszuwerden. Skydell war der exemplarische Slumlord. Jung, erfolgreich und enorm aggressiv. 1983 hatte er seinen ersten Zweimillionendeal gelandet. Für 1,3 Millionen Dollar kaufte er das Christadora, das höchste Gebäude im East Village, das zwischen 9. und 10. Straße an der Ostseite des Tompkins Square Park stand. Der Kasten befand sich in katastrophalem Zustand. Skydell machte gar keine Anstalten, das Gebäude zu renovieren. Ein Jahr später stieß er das Christadora schon für über drei Millionen Dollar ab. Skydell stand allerdings auch öfter mal vor Gericht. Wie zum Beispiel nach einem schlimmen Feuer im Haus 504-508 East 12th Street. In dem Gebäude mit achtundzwanzig Mietwohnungen konnten die Inspekteure des Bauamtes einhundertzweiundvierzig Verstöße gegen Gesetze und Verordnungen nachweisen, vom leckenden Dach über Ratten und fehlende Rauchmelder bis zur kaputten Heizung.

»Die Repressionen fangen meist ganz harmlos an«, sagte Christine, die in einem ganz ähnlichen Gebäude von Skydell wohnte. »Weihnachten vor zwei Jahren fiel die Heizung plötzlich aus, und es dauerte Wochen, bis sie wieder funktionierte. Dann brach im Keller ein Feuer im Stromkasten aus, der ebenfalls erst nach Wochen repariert wurde. Dann wurde großzügig verkündet, dass ein paar lange überfällige Renovierungsarbeiten erledigt würden. Dabei zerstörten die Arbeiter, die in solchen Fällen meist mit den Vermietern unter einer Decke stecken, die Gasleitung. Das hat dann fast ein halbes Jahr gedauert, während dem wir nicht kochen konnten. Und in allen drei Fällen mussten wir sowieso erst einmal einen Anwalt einschalten, bevor überhaupt etwas geschah. So eine Dreihundert-Dollar-Strafe steckt einer wie Skydell allerdings weg wie nichts. Als letztes Mittel bleibt dann nur noch der Mietstreik.« Überall im East Village hingen damals Schilder mit dem Kampfruf »Rent Strike!« an den Gebäuden. Die Mieter zahlten so lange die Miete auf ein Treuhandkonto, bis die fälligen Reparaturen abgeschlossen waren.

Etwas einfacher hatten es die Vermieter mit den alten Leuten und Ausländern, die ihre Rechte meist nicht kannten. Denen wurde zuerst einmal der Vorschlag gemacht, in eine Neubauwohnung umzuziehen, die sich allerdings meist in einem der Projects am Stadtrand befand. Fruchtete der Vorschlag nicht, rückten zwielichtige Gestalten an. Die drohten ganz offen mit Mord und wurden auch mal handgreiflich. Bezahlte Einbrecher waren ein gutes Mittel, um das Wohnen so richtig unangenehm zu machen. Sie kamen manchmal mehrere Male im Monat.

War so ein Haus erst einmal leer, wurden die Apartments ganz schnell saniert und für ein Mehrfaches vermietet oder, noch besser, verkauft.

Manchmal geschah die Sanierung eines Gebäudes auch stückchenweise. Gabor, der siebzigjährige polnische Nachbar von Christine, erzählte mir: »Ich lebe noch in einem mietgebundenen Apartment und zahle einhundertfünfzehn Dollar im Monat. Ich lebe hier also noch auf der Lower Eastside. Die Jungs, die gerade in die Wohnung über mir gezogen sind, zahlen siebenhundert Dollar. Die leben schon im East Village.« Innerhalb von zwei Jahren war die Durchschnittsmiete im East Village von einhundertfünfzehn auf über tausend Dollar gestiegen, was sich bis zur Jahrtausendwende noch einmal mehr als verdoppeln sollte. Ed Koch war es, der in den frühen achtziger Jahren verkündet hatte: »Wer es sich nicht leisten kann, in Manhattan zu wohnen, der muss eben wegziehen.« Koch galt als Büttel der Spekulanten, die seinen Wahlkampf finanziert hatten. Seine Nachfolger David Dinkins und Rudolph Giuliani gingen da nicht anders vor.

Regelrechte Schlachten gab es um das East Village. Im Winter 1984 bereitete die Polizei mit der Operation Pressure erst einmal der Drogenszene von Alphabet City ein Ende. Innerhalb von drei Monaten wurden insgesamt über viertausend Dealer festgenommen. In der Nacht vom 6. auf den 7. August 1988 kam es dann zur »Battle of Tompkins Square Park«. Die Stadtverwaltung hatte eine Ausgangssperre für den Park verhängt, worauf Anlieger sich dort eine ganze Nacht lang mit der Polizei prügelten. Als die Polizei dann drei Jahre später in der 13. Straße die letzten besetzten Häuser räumte, rückte sie gleich zu Beginn der Aktion mit Wasserwerfern und Panzerfahrzeugen an.

Heute gehört Alphabet City zu den begehrtesten Wohngegenden der Stadt. Bis zu zweitausend Dollar Monatsmiete muss man hier für Einzimmerwohnungen bezahlen, die kein deutsches Bauamt abnehmen würde. Meist sind es Studenten oder Berufsanfänger, die in die Gegend ziehen, weil sie einerseits immer noch den Ruf des harten Großstadtviertels hat, andererseits mit Hunderten von Restaurants und Bars, mit Videoverleihen, Plattenläden und Boutiquen eine lückenlose Infrastruktur für junge Zuzügler aus der Provinz bietet. Die Kämpfe von damals sind heute längst vergessen. Nur die Jacob Riis Housing Projects an der Avenue D versperren immer noch bedrohlich den Zugang zum East River. Das war noch so eine Fehlplanung der Stadtväter – die Flussufer von Manhattan mit Schnellstraßen und Sozialbausiedlungen zuzubauen. Am Ufer des Hudson River im Westen fing die Stadt um die Jahrtausendwende schon an, den Fehler zu korrigieren. Sportzentren, Joggingwege und Erholungsflächen wurden dort gebaut. Nach der ersten Bauphase standen immer noch Dutzende ehemaliger Hafenpiers zur Entwicklung frei. Dort ist heute das letzte Brachland von Manhattan.

Bleecker Street
Früher Morgen im Universum

Die eigentliche Umbruchphase, in der sich New York von einer Hafenstadt zur postindustriellen Metropolis wandelte und während der all jene Subkulturen aufblühten, die heute den Ruf der Kulturhauptstadt New York begründen, dauerte eigentlich nur knapp dreißig Jahre. Natürlich hatte es in New York schon immer Subkulturen und Bohemiens gegeben. Die erste Boheme-Szene entwickelte sich Anfang des 20. Jahrhunderts im Greenwich Village. Künstler und Intellektuelle aus dem ganzen Land zogen dorthin und übten sich in den Posen des Intellektualismus und Künstlerlebens, über die sich die Schriftstellerin Djuna Barnes damals in ihren Kolumnen für die Zeitung *Brooklyn Eagle* lustig machte. Letztendlich kopierten die New Yorker Bohemiens doch nur ein Lebensgefühl, das in die Metropolen Europas gehörte.

Die erste Subkultur, die im modernen Amerika wurzelte, waren die Beatniks in den Jahren nach dem Zweiten Weltkrieg. Jack Kerouac begann im Winter 1959 seinen improvisierten Monolog, mit dem er Robert Franks Experimentalfilm *Pull My Daisy* vertonte, mit den Worten: »Es ist früher Morgen im Universum.« Mit diesem Satz hatte Kerouac genau diese unersättliche Neugier beschrieben, die nicht nur seinen Roman *On The Road,* sondern auch das Lebensgefühl all der Dichter, Fotografen, Maler und Musiker bestimmte, die damals das Greenwich Village und die Lower Eastside bevölkerten. Doch auch wenn New York neben San Francisco eine der wichtigsten Hochburgen der Beatnik-Ära war, bildeten Großstädte nur den Ausgangspunkt, nie das Zentrum der Bewegung. *Pull My Daisy* sollte der einzige Film bleiben, den die Beatniks selbst produzierten, und mit Ausnahme von John Cassavetes' *Shadows,* der einzige, der es schaffte, dieses Lebensgefühl wiederzugeben. Die Dichter Allen Ginsberg, Gregory Corso und Peter Orlovsky gehörten zu den Schauspielern, ebenso der Maler Larry Rivers und die französische Schauspielerin Delphine Seyrig. Fotograf am Set war damals Franks Nachbar John Cohen, der soeben von einer Reise durch die peruanischen Anden zurückgekehrt war.

Ähnlich wie Robert Frank in seinem Buch *The Americans* hatte John Cohen einen Blick auf die Welt entwickelt, der mit seiner Subjektivität und Spontanität das visuelle Pendant zum Stream-of-consciousness-Stil der Beatschreiber bildete. Da waren die Bilder aus den Lofts an der Bowery, von durchzechten Nächten in den Bars des Village, Porträts der Beatnikhelden und Fotos von den Reisen durch die Anden und immer wieder Porträts von Musikern.

Gleich nach den Dreharbeiten von *Pull My Daisy* fuhr Cohen in die Appalachian Mountains von Kentucky, um dort mit Tonband und Fotoapparat die Bluegrassmusik zu erforschen. Er freundete sich mit dem Banjospieler Roscoe Holcomb an, besuchte Kirchen und Bars, in denen er arbeitslose Minenarbeiter traf, und begleitete Bluegrassmusiker über die Rummelplätze. Cohen teilte seine Begeisterung für die ungeschliffene Musik des amerikanischen Hinterlands mit den meisten Musikern und Literaten der Beatnikgeneration, die in den Liedern der von den urbanen Eliten verachteten Hicks und Okies ein Stück Wahrheit über Amerika wiederfanden.

Ausgerechnet Jack Kerouac, der mit *On The Road* den Mythos Amerika für die Beatniks neu definiert hatte, konnte mit der Folkmusik nichts anfangen. Später beschrieb John Cohen, wie er Kerouac vor den Dreharbeiten zu *Pull My Daisy* zum ersten Mal traf. »Ich sagte ihm, wie sehr mir *On the Road* gefallen hatte und dass es mich an Woody Guthrie erinnert hätte. Die nicht enden wollenden Sätze, die freie Grammatik, die Assoziationen von der Weite und Größe Amerikas.« Doch Kerouac wies den Vergleich brüsk von sich. »Woody Guthrie ist nur ein Folksänger«, fuhr er Cohen an. »Ich bin ein Dichter wie Rimbaud und Verlaine.«

Erst später begriff Cohen, warum Kerouac so heftig reagiert hatte: »Woody stammte aus einer mittelständischen Familie in Oklahoma und wurde zum Wanderer, als das Geschäft seines Vaters während der Wirtschaftskrise bankrott ging. Erst dann wurde seine Solidarität mit den Okies der Arbeiterklasse zu seiner Identität. Kerouac stammte jedoch aus einer armen Arbeiterfamilie und fand seine künstlerische Identität als Störenfried und Rebell in den intellektuellen Literatenzirkeln.«

Zusammen mit seinem Freund Ralph Rinzler gründete Cohen Anfang der sechziger Jahre die »Friends of Old Time Music«, die Musiker wie Holcomb, Doc Watson und Muddy Waters zu ihren ersten Konzerten nach New York holten und später das Smithsonian Festival of American Folklife in Washington veranstalteten. Und er beeinflusste einen jungen Musiker namens Robert Zimmerman, der Anfang der sechziger Jahre aus dem Mittleren Westen nach New York gepilgert war, um die Folklegende Woody Guthrie kennenzulernen. Unter dem Namen

Bob Dylan trat dieser dann in den Kaffeehäusern der Bleecker Street auf. Ein paar Jahre später setzte er Cohen im Text von »Highway 61 Revisited« ein Denkmal: »You are right John Cohen, Quazimoto was right, Mozart was right – there is no eye.«

Strenggenommen war die Beatnikbewegung ein Vorläufer jener fast sentimentalen Verehrung der Minderheitenkulturen, welche die Subkulturen und Linke bis heute bestimmt. Mit New York hatte das nur bedingt zu tun. Die Bewegung wurde zwar von New Yorker Intellektuellen bestimmt, doch sie hatten sich mit dem Folk und dem Bebop letztendlich nur ihre eigenen Versionen von den Außenseiterkulturen verarmter Minderheitenviertel und Landstriche geschaffen. Auch die Woodstockgeneration sah ihre Wurzeln eher auf dem Lande und eignete sich in mit ihrer Musik in erster Linie den Rhythm 'n' Blues des amerikanischen Südens an. Die erste wirklich originäre New Yorker Subkultur war der Punk, der die ureigenen Charaktereigenschaften New Yorks in sich vereinte – Zynismus, den Intellektualismus, den Exzess und den ambitionierten Dilettantismus. Und es war die erste Subkultur, die all jene Nischen und Ritzen der Stadt im Umbruch voll ausschöpfte – die billigen Wohnungen auf der Lower Eastside, die Lofts in den einstigen Manufakturen und Lagerhäuern von SoHo und TriBeCa, und die unzähligen Dive Bars, in denen man froh war, wenn junge Bands in ihren Schankräumen aufspielen und die Bude mit trinkfreudigem Jungvolk füllen wollten. Egal wie laut und derb es dabei zuging.

Joey Ramone Place
Downtown findet seine Seele

Es war an einem Nachmittag im »Max's Kansas City«, der Glam-rockkneipe in der Nähe des Union Square, als Legs McNeil sein legendäres Interview mit dem Sänger Richard Hell führte. McNeil war ein schlaksiger Trunkenbold, der im Impressum der Untergrundzeitschrift *Punk* als »Hauspunk« geführt wur-de. Richard Hell hatte mit »Blank Generation« die Hymne für die junge Szene geschrieben, die Mitte der siebziger Jahre in Downtown New York der etablierten Rockmusik den Kampf angesagt hatte. Irgendwann kippte McNeil ganz einfach vom Stuhl und blieb liegen, bis ihn ein paar Freunde in ein Taxi ver-frachteten. Richard Hell ließ sich davon nicht weiter stören und setzte das Interview so lange alleine fort, bis er die Kassette voll-gesprochen hatte. Am nächsten Tag kehrte Legs McNeil zurück und holte sich am Tresen seinen Kassettenrecorder ab.

Ein Vierteljahrhundert ist es jetzt schon her, dass drei ehemalige Schulfreunde aus den Vororten von Connecticut in New York eine Zeitschrift gründeten, die sie mit einem Schimpfwort be-titelten, das bis dahin im Slang der Gangster und Knastbrüder so etwas wie »absoluter Abschaum« bedeutete. Nicht mehr als neunzehn Ausgaben erschienen zwischen 1976 und 1979. Dün-ne Hefte mit handgeschriebenen Artikeln, Comicstrips und schlecht gedruckten Fotos. Legs McNeil, ein Schulabbrecher, John Holmstrom, ein Comiczeichener, und Ged Dunn, der etwas vom Geschäft verstand, hatten keine großen Ambitionen. Ihnen war schlicht langweilig. John Holmstrom begründete seinen Plan damals mit dem Satz: »Wenn wir eine Zeitschrift machen, glauben die Leute, wir sind cool, wollen mit uns rumhängen und geben uns Drinks aus.« Es sollte keine Botschaft geben, keine Linie. Sie wollten über Bier schreiben, Sex, alte Fernsehserien, Comics, B-Movies und über all die Rock-'n'-Roll-Bands, über die es sonst nirgendwo etwas zu lesen gab. Über Iggy Pop und die Stooges, die New York Dolls und Velvet Underground. Und über die neuen Bands, die in dem schäbigen ehemaligen Country- und Bluesclub »CBGB's« an der Bowery spielten: die Ramones, die Dictators oder die Dead Boys. Mehr als ein paar Tausend Exemplare verkauften sie nie. Aber sie hatten einen Nerv getroffen – hier in Downtown New York hatte sich eine Generation weißer Bürgerkinder aufgemacht, eine eigene Identität zu finden. Und ganz nebenbei gaben sie einem Kapitel Popgeschichte seinen Namen.

Zu Beginn war die Revolution des Punk nicht mehr als ein kollektiver Anfall von schlechter Laune in Downtown New York. Es gab kein gemeinsames Ziel wie bei den Beatniks, Hippies und Yippies. Die Aufbruchsstimmung reduzierte sich auf den Schlachtruf der Ramones: »Ey! Oh! Let's go!« Das war eine planlose Ungeduld, aber sie reichte, um eine Szene zusammenzuhalten, die sich aus so grundverschiedenen Musikern zusammensetzte wie Tom Verlaines Gitarrenband Television, der Punkdichterin Patti Smith, den Kunststudenten von den Talking Heads und der Dilettantendiva Deborah Harry mit ihrer Gruppe Blondie. Es war die Ungeduld, mit einer Popkultur leben zu müssen, die längst nichts mehr mit dem wahren Leben zu tun hatte. Vor allem nicht in New York.

Die Rockrebellen der Woodstockgeneration hatten sich zu größenwahnsinnigen Egomanen entwickelt, die in Fußballstadien auftraten, die Symphonien schreiben und Hollywoodfilme drehen wollten. Sie predigten immer noch die Botschaft vom Aufbruch in eine bessere Welt, obwohl die Euphorie der späten sechziger Jahre längst einer fatalistischen Resignation gewichen war. Amerika wurde von einer Rezession gebeutelt, Watergate hatte das Vertrauen in die Politik erschüttert und die Niederlage in Vietnam den Glauben an die Nation. Und wenn man es ganz genau nimmt, dann hatten die Sanftmut und naive Offenheit der Hippies sowieso nie nach New York gepasst, in diese Landschaft aus urbanem Verfall, in der nur überleben konnte, wer sich einen massiven Panzer aus Gleichgültigkeit und Arroganz zulegte.

Deswegen droschen die Ramones Songs aus ihren Second-Hand-Gitarren, die nicht länger als eineinhalb Minuten dauerten, zwitscherte Deborah Harry über dem schlingernden Rhythmus von Blondie mit einer Naivität, die an die frühen sechziger Jahre erinnerte, und die Dictators, die Dead Boys, Television und die Heartbreakers spielten im Geist der frühen Garagenbands laut, schnell und vor allem ohne jegliche musikalische Ansprüche. Ein paar wenige Helden ließen sie gelten: Lou Reed und Velvet Underground, Iggy Pop und die Stooges, MC 5. Ansonsten galt nur eines – ihr eigenes Leben im krisengeschüttelten New York.

Hilly Kristal hatte das »CBGB's« in der aufgelassenen Pennerbar eingerichtet, die bis dahin noch zum »Palace Hotel« gehört hatte, einem sogenannten Wohnheim für alleinstehende, sprich obdachlose Männer. Kristal war selbst Liedermacher mit einem Faible für die Beatnikdomänen Country, Bluegrass und Blues, nach denen er seinen Laden auch benannt hatte. Tom Verlaine hatte den mürrischen Wirt dazu gebracht, seine Band Television dort auftreten zu lassen. Kristal fand die junge Truppe »ganz furchtbar«. Und auch die Ramones konnte er zunächst nicht ausstehen, als sie mit einem zehnmütigen Auftritt debütierten, der zur Hälfte aus verpassten Einsätzen bestand. Doch er war trotzdem bereit, die heimatlosen New Yorker Bands bei sich auftreten zu lassen. Weil er ahnte, dass sich hier etwas zusammenbraute, das einen Ausweg aus der Öde des Stadiumrock und der Monotonie der Discowelle sein könnte.

Die exemplarischen New Yorker Punk-Ikonen waren eindeutig die Ramones und Patti Smith. Die einen Arbeiterkinder aus der Vorstadt von Queens, die andere ein Bildungsbürgerkind aus den Vororten von New Jersey. Patti Smith war nie eine besonders gute Sängerin gewesen, sie schrieb recht mittelmäßige Texte, ihr größter Hit wurde eigentlich von Bruce Springsteen komponiert, und dass sie ein Rockstar wurde, hielt sie schon immer selbst für einen Zufall. Doch mit solch engstirnigen Kriterien konnte man Patti Smith eben noch nie erfassen.

Norman Mailer und Joachim Ernst Berendt waren die ersten weißen Intellektuellen, die versucht haben, das Phänomen »hip und square« zu ergründen, den Unterschied zwischen subkulturellem Genius und bürgerlicher Engstirnigkeit. Patti Smith war von Anfang an die Personifizierung dieses Phänomens. Auf der einen Seite ihre prophetische Spontanität, ein Gespür für das Richtige zur richtigen Zeit, auf der anderen Seite die Kalkulation der Popindustrie, das angelernte Wissen um Hip, die Reduktion einer Bewegung zur Mode.

Patti Smith wurde zur Leitfigur der Punk-Bewegung, weil sie immer als erste den Nerv traf. Den Nerv ihres Publikums, ihrer

Generation, ihrer Zeit oder auch nur eines Augenblicks. In ihren frühen Gedichten nahm sie die ungebändigte Wut des Punk voraus, mit ihren zerfetzten T-Shirts, Herrenjacketts und schwarzen Jeans die Stilmittel der dazugehörigen Mode. Sie rebellierte gegen sexuelles Rollenverhalten durch Androgynität, als David Bowie noch ein langhaariger Folksänger war. Und ihr erstes Album *Horses* setzte dem selbstzufriedenen Optimismus des späten Hippierock ein rabiates Ende. Selbst ihr Ausstieg aus dem Rock 'n' Roll nahm 1979 die Sehnsucht der ausgebrannten Revolutionäre nach Stabilität und Wärme vorweg.

★

Als ich Patti Smith begegnete, war das alles längst Geschichte, ihre damals neue Platte *Gone Again* wurde als Comeback einer Verschollenen gefeiert, und sie selbst war auch wirklich eine ganz andere. Sicherlich, sie konnte immer noch einen ganzen Saal zum Toben bringen, wenn sie »Piss Factory« vorlas, jenes Gedicht, das 1971 für die New Yorker Downtown-Boheme so wichtig war wie Allen Ginsbergs »Howl« für die Beatniks. Sie beherrschte immer noch den alten Zauber der Rock-'n'-Roll-Energie, der die tausend Auserwählten im New Yorker Irving Plaza bei ihrem ersten Konzert zwei Stunden lang elektrisierte. Doch dann zeigte sie bei der dritten Zugabe ihre neuen Seiten. Ganz alleine saß sie auf der Bühne, schlug schüchtern die Gitarre an, sang »Farewell Reel«, eine Ballade für ihren verstorbenen Mann Fred Sonic Smith, in der sie von ihrer Trauer erzählte. Da war keine Wut übriggeblieben, und selbst der Nihilismus war einer vorsichtigen Hoffnung gewichen.

Sie war gerade aus Detroit nach New York zurückgezogen und

wohnte zunächst einmal mit ihren beiden Kindern bei einer Freundin in einem Townhouse im Greenwich Village. Ganz ruhig war es dort an einem Sonntachnachmittag, weil in dem ehemaligen Boheme-Viertel heute vor allem Anwälte und Medienmacher leben, die am Wochenende auf ihre Landhäuser in den Hamptons fahren. »Ich wäre nie darauf gekommen, eine Rockband zu gründen«, sagte sie. »Als ich mit dreiundzwanzig aus New Jersey nach New York kam, war die Rockmusik vollkommen festgefahren. Da gab es Stadionbands wie Foreigner oder Chicago, Spießer wie Peter Frampton – zum Kotzen.« Sie schüttelte den Kopf. »Ich hatte mit sechzehn Rimbaud entdeckt und zum ersten Mal verstanden, was man mit Sprache, vor allem mit lyrischer Sprache, alles anfangen kann. Ich kann nicht gerade sagen, dass ich zum Dichter berufen war, wie Rilke. Ich konnte mich nicht sonderlich gut ausdrücken und war ziemlich unkonzentriert. Aber das war es, was ich wollte – schreiben.«

Und sie schrieb mit manischem Eifer. Gedichte, Prosa, Plattenkritiken und mit ihrem Liebhaber Sam Shepard zusammen ein Theaterstück. Der brachte sie auch auf die Idee, sich auf ihren Lesungen vom Gitarristen Lenny Kaye begleiten zu lassen. Die Geburt der Patti Smith Band. Und kurz darauf die Geburt des Punk.

»Im Januar 1977 bin ich von der Bühne gefallen und habe mir den Hals gebrochen. Ich musste für Monate im Bett bleiben. Legs McNeil hat mich damals besucht und mir eine Ausgabe von seiner neuen Zeitschrift mitgebracht. Da war ich auf dem Titelbild, und oben drüber stand ganz groß der Titel ›Punk‹. Für mich bedeutete Punk ganz einfach ›Arschloch‹ oder ›Wichser‹. Aber Legs erklärte mir, dass das jetzt eine ganz neue Bedeutung habe. Ich sagte, na gut, aber irgendwie, dachte ich mir, passt das nicht zu mir und meiner Band.«

Dann ging alles ganz schnell. Unzählige neue Bands erschienen, in England machten die Sex Pistols Schlagzeilen in der Boulevardpresse, und aus dem New Yorker Phänomen wurde eine weltweite Mode. In *Please Kill Me,* seinem Buch über die Geschichte des Punk, beschrieb Legs McNeil minutiös, wie der Londoner Boutiquenbesitzer Malcolm McLaren die Bewegung als Modetrend vermarktete. »Als die Sex Pistols ihr erstes Album herausbrachten, war es mit dem Punk vorbei. Das war die erste Band, die nicht organisch aus dem Untergrund wuchs, sondern von einem Manager konzipiert worden war, wie eine Boygroup.«

Was Patti Smith von Punk als Mode hielt? »Die Leute haben einen Riesenwirbel gemacht. Malcolm McLaren brachte Richard Hells Look nach London. Richard hatte seinen Look eigentlich von mir. Aber das ist alles nicht wichtig – wer was gemacht hat und wer der erste war. Sicher, Stil und Mode sind ein großer Spaß. Nicht jeder hat das Zeug zum Künstler, nicht jeder kann sich ausdrücken, deswegen ist das für viele eine Möglichkeit, sich mitzuteilen. Was letztendlich zählt, ist die Arbeit und ob sie überlebt.«

Auf dem Höhepunkt der Punk-Welle zog Pattie Smith 1979 mit ihrem Mann Fred Sonic Smith nach Detroit. Sie war nun Mutter, Hausfrau, Schriftstellerin, das ganze Gegenteil ihrer Rock-Rebel-Persona. Dafür war New York der falsche Ort. Die meiste Zeit lebten sie von ihren Tantiemen. Fred hatte bei der Detroiter Band MC 5 gespielt, die Patti Smith Band mit »Because The Night« immerhin einen Top-Twenty-Hit gehabt. Als Fred und Patti Ende der achtziger Jahre das Geld ausging, nahmen sie *Dream of Life* auf. Und auch ihr neues Album *Gone Again* sollte ursprünglich das Familienbudget retten. Doch dann kam alles anders.

Fred starb an Herzversagen, ein Monat später starb Pattis Bruder Todd. Und so verarbeitete Patti Smith auf *Gone Again* Trauer, Schmerz und Spiritualität, alles Themen, mit denen sie wieder den Nerv ihrer Generation traf. »Meine Generation hat mit vielen Verlusten zu kämpfen gehabt«, sagte sie. »Ich habe meine ersten Freunde im Vietnamkrieg verloren. In den siebziger Jahren hat die Drogenkultur vielen das Leben gekostet. Und dann kam Aids. Ich kenne mindestens hundert Leute, die an Aids gestorben sind. Von flüchtigen Bekannten bis zu einem meiner besten Freunde, Robert Mapplethorpe. Manchmal kann ich es gar nicht glauben, wie viele aus meiner Generation schon gestorben sind. Das ist, als würde man *Die Pest* lesen.«

★

Die Jungs vom *Punk Magazine* aber, die sie damals im Krankenhaus besucht hatten, sind heute längst vergessen. John Holmstrom arbeitet weiter als Comiczeichner. Von Ged Dunn hat schon lange niemand mehr gehört. Legs McNeil lebt heute in Los Angeles. Dem Trinken hat er abgeschworen. »Das war ein ziemlicher Schlag für mich«, sagte er kürzlich. »Erst als ich nüchtern war, begriff ich, wie langweilig das Leben wirklich ist.« Und Punk selbst hat seinen Marsch durch die Institutionen abgeschlossen, als der New Yorker Stadtrat die Straßenecke Second Street und Bowery im Dezember des Jahres 2003 nur wenige Meter vom »CBGB's« entfernt nach Joey Ramone benannte. Der Beschluss war einstimmig verabschiedet worden. Als sich die New Yorker Punkgemeinde an jenem Sonntagmittag versammelte, um das Straßenschild einzuweihen, das dieser Kreuzung fortan den Namen »Joey Ramone Place« geben sollte, herrschte allerdings erst einmal schläfrige Adventsstimmung. Die Wintersonne tauchte den Himmel in strahlendes Blau, die Punks trugen zu ihren Lederjacken Wollschals und Handschuhe, und weil der Betreiber eines Imbisswagens seit über zwei Jahrzehnten glühender Verehrer der Ramones war, gab es gratis Milchkaffee. Selbst die Hell's Angels, die aus ihrem Hauptquartier ein paar Straßen weiter angerückt waren, wirkten so friedlich wie ein Häuflein zotteliger Sternsinger. Joey Ramone, da waren sich die Bewohner von Downtown New York durch sämtliche Subkulturen einig, war der Musiker mit dem nachhaltigsten Einfluss auf die Musikgeschichte. Da ist ein bisschen Ehrfurcht schon angebracht.

Hinter der Verehrung der Ramones steckte wie immer auch jener trotzige Lokalpatriotismus, der den Erfolg der Sex Pistols als historischen Verrat der Popindustrie an den Wurzeln des Punk sieht. Den großen Durchbruch hatten die Ramones ja selbst nie geschafft, obwohl ihr Schlachtruf »Ey! Oh! Let's go!« schon seit Jahren zum Stadionrepertoire jedes amerikanischen Sportfans gehörte und sie 2002 in die Rock 'n' Roll Hall of Fame aufgenommen wurden. Dafür hatten sie sich aber ebenjene Glaubwürdigkeit erhalten, der ihnen ihren Status als unverfälschte Ikonen des Undergrounds garantiert hatte.

Sie hätten sich an diesem Adventssonntag auch posthum nichts vorwerfen müssen, denn selbst die offizielle Kanonisierung zeigte, dass die bürgerliche Gesellschaft das Erbe der Ramones noch nicht so recht verstanden hatte. Die Stadträte Margarita Lopez und Alan Jay Gerson sprachen jedenfalls von Freiheit, großen Werken und einer Botschaft an die Welt, und man wurde das Gefühl nicht los, dass sie ihre Ansprachen mit veränderten Namen genau so schon öfter bei Ehrungen und festlichen Anlässen verlesen hatten. Zumindest schien ihnen nicht ganz klar zu sein, dass sie hier einen Mann ehrten, dessen Botschaften an die Welt zu einem guten Teil aus Forderungen wie »I Wanna Sniff Some Glue«, »Gimme Shock Treatment« und »I Wanna Be Sedated« bestand.

Das Missverständnis beruhte auf Gegenseitigkeit. Die grauen Rockeminenzen, wie Springsteen-Gitarrist Little Steven, Dictators-Chef Dick Manitoba und Punk-Magazine-Gründer Legs McNeil klatschten so erfreut, als hätten die Honoratioren den Nihilismus der New Yorker Downtownszene wirklich zum staatstragenden Kulturgut erklärt. Doch dann zog der Erfinder des Ramones-Logos und Mitinitiator der Petitiona Arturo Vega mit einem Seil das schwarze T-Shirt von dem nagelneuen Straßenschild, und Applaus toste über die Bowery. Denn so wie Joey Ramones Name da in offiziellen weißen Lettern auf grünem Grund über den Köpfen prangte, hatten die Undergroundrocker für einen Moment das Gefühl, dass es doch noch eine Gerechtigkeit gibt auf der Welt.

West 54ᵗʰ Street
Der heimliche Exzess

Die Antithese zum Punk der siebziger Jahre war der Glamour. So ganz war er nie verschwunden aus der Stadt. Aber während die Stadt ringsherum dem Untergang geweiht schien, verkroch sich die Welt des Glamours in einem ehemaligen Fernsehstudio an der 54. Straße – dem »Studio 54«. Dabei hatten sich die Discojünger für ihren Hedonismus und ihre Exzesse im Lauf der Geschichte eine perfekte Nische ausgesucht. Kulturell und politisch waren alle Barrikaden niedergerissen, der Nachbarssohn war längst aus Vietnam zurück, und den hungernden Kindern in der Dritten Welt halfen schon die Hippies, denen es im liberalen Carter-Amerika zu langweilig geworden war. Was blieb also, als ganz einfach Spaß zu haben?

Das war nicht nur blinder Hedonismus, sondern eine provozierende Geste, die im calvinistisch lustfeindlichen Amerika fast so rebellisch war wie die Protesthaltung der Hippies. Zu einer Zeit, in der die Utopien zu Dogmen erstarrten und der Kampfgeist der Emanzipationsbewegungen zur Political Correctness reduziert wurde, sagte die Discogeneration: »Ihr rettet die Welt, und wir gehen tanzen.« Kurz vor Ronald Reagans erstem Wahlsieg und dem Ausbruch der Seuche Aids reizten sie die Errungenschaften der sexuellen Revolution und der Drogenkultur bis zum Letzten aus. Der hochgepriesene Individualismus, Grundstein der amerikanischen Gesellschaft, wurde mit großem Gestus auf die Spitze getrieben. Und der Rest der Welt stand neidisch vor den samtgefassten Absperrungen der Diskotheken. Elitären Spaß zu haben wurde zur Rache am Establishment, eine Haltung, die sich über die Pop-Dandies der achtziger Jahre bis in die Clubgeneration der neunziger Jahre gehalten hat.

Steve Rubell und Ian Schrager, zwei Wirte, die im Proletenviertel Queens viel Geld mit Steakhäusern machten, hatten das ehemalige Fernsehstudio an der 54. Straße zum bunt glitzernden Sündenbabel umdekoriert. An die Decke hängten sie das Symbol ihrer neuen Welt, den legendären Plastikmond, der sich am Höhepunkt des Abends auf die Tanzfläche senkte und mechanisch einen riesigen Kokslöffel in die Nase geschoben bekam, von dem überdimensionierte Koksflocken aus Kunststoff über die Menge stoben.

Zu einer Zeit, während der sich die Hollywood-Aristokratie und der Geldadel zum gepflegten Cocktail-Tanz in Clubs wie dem »Regine« oder dem »Copacabana« trafen, sich der Rest der Welt in dumpfen Provinzdiscos langweilte und die Avantgarde Downtown begann, die Tiefen des Nihilismus und der intellektuellen Wut auszuloten, perfektionierten die beiden unbekannten Vorstädter die Kunst der organisierten Massenekstase.

Da war zunächst die Tür. In den etablierten Nobeletablissements war klar: Wer nicht zu den oberen Zehntausend gehört, kommt nicht hinein. Vor dem »Studio 54« stand das kleinwüchsige Energiebündel Steve Rubell zwischen den muskelbepackten Rausschmeißern und seinem Türsteher Mark Benecke, den ein Stammgast einst als »Naziroboter im Designeranzug« beschrieb, und entwarf sein ureigenes Bild einer High-Society. Dabei ließ er seinen gefürchteten Zeigefinger über die Menge sausen und zog all jene aus der Schar der Wartenden, die seinen willkürlichen Kriterien von Hip- und Coolness entsprachen.

Keine Frage, der Prominenz wurde auch vor dem »Studio 54« eine Schneise durch die Menge geschlagen. Aber es kamen nur selten Mitglieder des Establishments, meist nur jene, die den Unterschied zwischen hip und modisch erkannten. Andy Warhol mit seiner Entourage, Literaturdiva Truman Capote, Lebemann Leonard Bernstein, Broadwaygöttin Liza Minnelli, aber auch der Anwalt und Scharfmacher der McCarthy-Ära Roy Cohn. Eine Nacht im »542« war immer ein Ereignis. Vladimir Horowitz feierte hier seinen fünfundsiebzigsten Geburtstag, die wichtigsten Modedesigner rissen sich darum, ihre neuesten Kollektionen und Parfüms hier vorzustellen, und die großen Stimmen des Discosoul wie Donna Summer und Gloria Gaynor katapultierten sich auf der Bühne vor der Tanzfläche zu Weltruhm.

Doch genauso wichtig wie die großen Namen waren die schönen Unbekannten. Die Transvestiten, die aus ihren Clubgettos zum ersten Mal vor die Linsen der Paparazzi traten, die Fotomodelle wie Bianca Jagger und Jerry Hall, die halbnackten Barkeeper, handverlesen von Steve Rubell persönlich, die hübschen jungen Dinger beider Geschlechter, die aus der Menge vor der Tür gezogen wurden, um die Mischung drinnen perfekt zu machen. Sie alle verkörperten eine neue Form von Elite, die nicht an Ruhm und Reichtum gebunden war und die vom Rest der Welt eilig kopiert wurde.

Im Inneren beschallten die Discjockeys, die damals noch nicht DJs hießen, die über zweitausend Vergnügungssüchtigen mit den Songs jener Gruppen wie Chic, den Village People oder dem Salsoul Orchestra. Sie gaben der euphorischen Stimmung ihren Soundtrack, der genauso als Kampfansage gegen die introvertierte Arroganz der Rockstars gedacht war, die ihr Publikum mit symphonischen Ambitionen und endlosen Gitarrensoli langweilten, wie der Punk. Nur bestand Disco eben nicht aus Hochgeschwindigkeitsgitarren und Wutausbrüchen, sondern aus jubelnden Soulchören, Streichersätzen im Breitwandformat und durchgehenden Basstrommelschlägen, denen auch der tolpatschigste Tänzer folgen konnte.

Dann waren da natürlich die Drogen. Vor allem Kokain, damals noch kein Massensuchtmittel, das von kolumbianischen und mexikanischen Kartellen mit aggressiven Marketingmethoden vertrieben wurde, sondern eine exotische Vergnügungsdroge aus Chile. Für die Prominenz gab es das Pulver vom Chef persönlich und gratis. Das Volk konnte sich beim Barpersonal versorgen. Die chemisch ausgelöste Euphorie in Verbindung mit der Mobilisierung physischer Kraftreserven und einem gesteigerten Verlangen nach Sex waren der ideale Treibstoff für den kollektiven Glückstaumel.

»Steve Rubell und Ian Schrager schufen eine Stimmung, die einem das Gefühl gab, dass das Studio der Nabel der Welt war«, schrieb Anthony Haden-Guest in *The Last Party,* seiner historischen Aufarbeitung des »Studio 54«. Und der Urvater aller Paparazzi Felice Quinto befand in der Einführung zu seinem Fotoband *Studio 54 – The Legend:* »Es war wie das Dolce Vita in Rom, nur noch heftiger. Es war eben das ›Studio 54‹ in New York. Kann so ein Wahnsinn jemals wieder stattfinden?«

Das Ende des »Studio 54« kam eines Morgens im Jahr 1979 mit den Steuerfahndern buchstäblich durch die Hintertür. Natürlich gab es auch später noch New Yorker Nachtclubs, die mit Superlativen prahlen konnten. Der »Mudd Club«, die »Danceteria«

und das »Area« begründeten die Hipness des Downtown Chic, in Schwulenclubs wie der »Paradise Garage« und dem »Loft« entwickelten sich DJs wie Larry Levan und Frankie Knuckles von Plattenauflegern zu musikalischen Innovatoren, und Ende der achtziger Jahre leiteten das »Palladium« und das »Mars« die Zeit der demokratischen Massendiscos und damit auch das Ende der Discokultur ein. Nur ein Name schafft es allerdings noch heute, den Veteranen des Nachtlebens dieses sehnsüchtige Funkeln in die Augen zu zaubern – das »Studio 54«, das Refugium des Glamours in einem von Verbrechen und Verfall gezeichneten Moloch.

Hudson, Ecke Hubert Street
Der Glamour kehrt zurück

Doch der Glamour kehrte zurück. Die zweite Hälfte der achtziger Jahre, vom Beginn der zweiten Amtszeit von Ronald Reagan bis zum Mauerfall und zum Ende des kalten Krieges, wird vermutlich einmal als die Goldenen Jahre des zwanzigsten Jahrhunderts in die Geschichte eingehen. Damals schien der Frieden durch das atomare Gleichgewicht gesichert, die Kultur blühte, Geld war nach den Wirtschafts- und Ölkrisen der letzten Jahre plötzlich kein Thema mehr, und alles hatte seine Ordnung. Die Welt wusste, wo der Feind steht, und konnte sich deswegen mit den schönen Dingen des Lebens beschäftigen.

Glamour war wichtig damals. Egal, ob in London, Paris, München oder Tokio, in fast allen Großstädten der wohlhabenden Welt entwickelte sich damals eine kosmopolitische Kultur, welche sich auf die schönen Künste besann – Malerei und Design, Musik und Theater, Schriftstellerei und Philosophie. Das Mekka dieser kosmopolitischen Elite war New York. Besser gesagt Downtown Manhattan, jenes Goldene Dreieck zwischen der 23. Straße und dem Battery Park, unten, gleich gegenüber der Freiheitsstatue. Hier bekamen die Künste die nötige Portion Glamour, Hedonismus und Lebendigkeit verpasst, durch sich die amerikanische Kultur schon immer von der europäischen unterschieden hat.

Wollte man einen Zeitpunkt festlegen, an dem diese Goldenen

Jahre von Downtown begannen, bietet sich das Frühjahr 1984 an. Damals war gerade der »Mudd Club« geschlossen worden, jenes kleine Loch in der White Street, das fortan als Legende und Geburtsort der Downtownkultur mystifiziert wurde. Die Helden der Punkbewegung hatten sich dort herumgetrieben: die Punk-Dichterin Patti Smith, der Popintellektuelle David Byrne, die Ramones, David Johansen von den New York Dolls. Auch die Berühmtheiten des Siebziger-Jahre-Pop, die das Nachtleben im »Studio 54« zum Kulturereignis veredelt hatten, ließen sich blicken: David Bowie, Andy Warhol, die Jaggers. Doch dem »Mudd Club« fehlte noch der Glamour, die ausschweifende Extravaganz, die atemberaubenden Erfolgsgeschichten, die die nächsten Jahre prägen sollten.

In jenem Frühjahr 1984 war ich zu einer Party in den Räumen eingeladen, in denen bis vor wenigen Monaten der »Mudd Club« residiert hatte. Die Künstlerin Michelle Smith hatte die Räume gemietet und zum Wohnloft umgebaut. Es war eine nostalgische Party, und weil Nostalgie genauso wie alle anderen wehleidigen Gefühle damals so gar nicht dem Geist der Zeit entsprach, zog die Partygesellschaft schon recht früh weiter ins »Area«, den Weihetempel des Downtownmythos.

Das »Area« war in einem ehemaligen Lagerhaus an der Hudson Street, gleich unterhalb der Canal Street untergebracht, dort wo der Pendlerverkehr aus New Jersey über eine Schleife aus dem Holland Tunnel nach Manhattan einbiegt. Keine schöne Gegend. Die Goode-Geschwister, Kinder einer wohlhabenden Neuengland-Familie, hatten das Lagerhaus zur Disco umgebaut. Eric Goode, der Bruder mit dem rotbackigen Bubengesicht, der heute noch Prominentenlokale betreibt und dafür bekannt ist, ausschließlich mit Topmodels auszugehen, und seine Schwester Jennifer Goode, eine ätherische Schönheit und Freundin des Malers Jean-Michel Basquiat. Joe Dolce, der Dandy, der später für Condé Nast die damalige Downtown-Postille *Details* zur erfolgreichsten Männermodezeitschrift Amerikas machte, sorgte als Pressechef dafür, dass der Club von den Journalisten behandelt wurde wie ein Rockstar. Oft stand einer der drei selbst auf der ehemaligen Laderampe vor der Türe, um die Menge der Vergnügungshungrigen in die Auserwählten und die Abgewiesenen zu teilen. Immere strengere Regeln gab es damals an den Türen, und Nachtclubs in aller Welt begannen damals, sich mit solch einer Auslese einen Anstrich von kosmopolitischer Größe zu schaffen. Die Türsteher des »Wag Club« in London, des »Bains Douches« in Paris oder des »P 1« in München waren europaweit gefürchtet.

Die New Yorker Clubs umgab jedoch im Gegensatz zu den Nachtlokalen der alten Welt eine Aura der unbegrenzten Möglichkeiten. War das »Studio 54« noch reiner Vergnügungstempel gewesen, kreierte die Clubszene von Downtown eine Pop-Meritokratie mit ihren eigenen Stars. Eine Discoschlampe namens Madonna Ciccone konnte zum Popidol aufsteigen. Der schwarze Bildungsbürgersohn Fred Brathwaite konnte sich als Gettoikone Fab Five Freddy neu erfinden. Polizeilich gesuchte Vandalen wurden als Graffitikünstler mit phantastischen Pseudonymen wie Rammellzee oder Futura 2000 in teuren Galerien ausgestellt. Literaturstudenten wie Bret Easton Ellis und Jay McInerney bekamen für Erstlingswerke sechsstellige Buchverträge. Und alle trafen sich im »Area«.

Im Inneren teilte sich der Club in drei Bereiche. Links befand sich die Bar. Sie war ein großzügiger Raum mit in der Wand eingelassenen Aquarien, mehreren, durch kurze Treppen verbundenen Ebenen, wie in einem römischen Patrizierhaus, mit Stühlen und Sesseln. Rechts öffnete sich der Gang in die Tanzfläche, eine riesige »Area«, das von den Discjockeys zum Kochen gebracht wurde. Dazwischen befanden sich die Damentoilette und der wohl wichtigste Ort im Club: die Herrentoilette. Nicht einfach ein Abort, sondern Zentrum des Vergnügens. So groß wie eine kleine Bar, mit Designerleuchten und Marmor edel dekoriert. Vorne saß einer jener Toilettenbutler, die in New Yorker Nobellokalen die Gäste mit Handtüchern, Eau-de-Cologne-Flaschen und Pfefferminzbonbons versorgen. Der hatte hier im »Area« auch die Funktion eines Wachpostens, denn die Herrentoiletten hatten nur peripher die Funktion einer Erleichterungsstätte. In den Kabinen vereinigten sich die sexuell Überhitzten, die zwar sofort vögeln, aber deswegen noch nicht nach Hause wollten. Vor allem aber war die Herrentoilette der Ort, an dem man in aller Ruhe sein Kokain schnupfen konnte. Sollte es ein Zivilbeamter der New Yorker Polizei mit seinem Dienstausweis geschafft haben, die Türkontrolle zu überwinden, warnte der Toilettenbutler die Gäste seines Bereichs. Dann verwandelte sich die Herrentoilette für ein paar Minuten in einen braven Abort.

Weil der Individualismus in den Goldenen Jahren zur höchsten Form der menschlichen Existenz deklariert wurde, konnte das »Area« natürlich nicht vier Jahre lang als der immer selbe Club existieren. Jeden Monat wurde umdekoriert, jeden Monat unter einem neuen Motto. In Schaukästen von gut fünf Quadratmeter Größe wurde dann Kunst ausgestellt, und kostümierte Statisten stellten Szenen zum jeweiligen Thema dar. Entlang des Ganges und rund um die Tanzfläche waren diese Schaukästen in die Wände eingelassen. Einmal waren es vielleicht Märchen und

Sagen. Dann tummelten sich Hexen, Zwerge und Fabelwesen in den Vitrinen, und der Performancekünstler Zette hielt als weiß angemalter Faun im Barraum hof.

Spektakulärster Themenmonat war der Mai 1985, der unter dem Motto »Art« lief. Und alle Stars lieferten ihren Beitrag. Denn nicht die Schauspieler und Rockmusiker waren die Helden von Downtown, sondern die Maler und Künstler. Es war die Zeit in der Julian Schnabel, Francesco Clemente und Jean-Michel Basquiat Millionen für ihre Gemälde bekamen. Der Kunstmonat präsentierte dreißig Tage lang exklusive Meisterwerke für Millionen. Nach dem Abbau waren die Exponate nichts mehr wert. Sie hatten nur im Zusammenhang gegolten. Nichts durfte von Dauer sein in den Goldenen Jahren, nur wenig hatte Bestand.

Wenn das »Area« der Weihetempel war, dann war die Library des »Limelight« das Heiligtum. Das »Limelight« selbst war eher eine Touristenattraktion, eine Diskothek in einer ehemaligen Kirche. Wie dekadent, juchzten die Touristen. Genauso hatten sie sich New York vorgestellt.

Die Library befand sich fernab der tanzenden Menge oben im Dachstuhl, das eigentliche Heiligtum gleich dahinter. Fünf Türsteher hatte man zu überwinden, wollte man dorthin gelangen – den ersten an der Türe, den zweiten an der Kasse. Dann musste man seinen Weg über finstere, verschlungene Treppen nach oben finden. Da stand der dritte auf einem Treppenabsatz. Dahinter ein Raum, der an einen britischen Lesesalon erinnern sollte. Er war mit schweren Sofas möbliert, die Wände waren mit dunklen Holzregalen ausgekleidet, auf denen antike Bücher standen. Die Musik war gedämpft. Fred Rothbell-Mista, Gastgeber und Conferencier des Raumes, begrüßte jeden der Gäste persönlich, ließ sie im Mittelgang stehen oder wies ihnen einen Platz auf den Sofas zu.

Vor dem hinteren Drittel des Raumes stand der vierte Türsteher, denn das hintere Drittel war für die wirklichen Stars reserviert. Es konnte allerdings passieren, dass Rod Stewart im vorderen Teil sitzen musste, wenn hinten schon mit den Stammgästen besetzt war. In der hinteren rechten Ecke der Library stand dann der letzte Türsteher vor dem Notausgang. Er sorgte dafür, dass nur wenige Auserwählte in das Treppenhaus durften, in dem die Brandtreppe nach unten führte. Das Treppenhaus war nicht dekoriert. Die Lagerräume und schmutzige Toiletten fürs Personal befanden sich dort. Und in einem der Lagerräume stand ein runder Holztisch mit ein paar alten Stühlen darum.

Hier zelebrierte Andy seine Koksrituale. Meistens hatte er einen blauen Seidenmantel an, wie der Priester eines vergessenen Kultes. Er schritt dann um den Tisch herum und servierte den lokalen Größen, den Hollyood- und Rockstars seine Gaben auf einem Silberlöffel. Ein letztes Abendmahl vor dem Sonnenaufgang. Meistens war der schon lange vorbei, wenn die Gäste der Library ihre Sonnenbrillen aus den Jackentaschen fischten und sich in die Taxis retteten.

298 Elizabeth Street
Aufstand der Gettos

Die einzige New Yorker Subkultur, die wirklich überlebt und sich konsequent weiterentwickelt hat, kam allerdings nicht aus den Bohemevierteln und Nachtclubs von Downtown Manhattan. Disco, Punk und der Glamour der achtziger Jahre waren schon bald pophistorische Vergangenheit, Stoff für nostalgische Filme und Entdeckungsreisen von Musikern, die zu jener Zeit noch nicht einmal geboren waren. Was überlebte, entstand ungefähr zur selben Zeit in den Schwarzenvierteln von Brooklyn, Queens und der South Bronx. Dort hatte der jamaikanische Discjockey Kool Herc eine Technik entwickelt, mit Hilfe von zwei Plattenspielern kurze Rhythmuspassagen eines Songs zu endlosen Ostinati zusammenzumischen. Im Takt dazu improvisierten sogenannte Masters of Ceremony Reimkaskaden, mit denen sie zunächst das Publikum auf der Tanzfläche zum Feiern anstachelten. Im »Disco Fever« an der 167th Street und im »Broadway International« an der 146th Street, zwei relativ traditionellen Nachtclubs, die ansonsten Soulsänger und Komiker präsentierten, formierte sich jene Szene, die als erste Generation des Hip-Hop in die Geschichte eingehen sollte. Grandmaster Flash und DJ Hollywood legten dort auf, Rapper wie Melle Mel, Kurtis Blow, Luv-Bug Starski und Eddie Cheba waren schon bald lokale Berühmtheiten, deren Namen bis nach Queens und Brooklyn strahlten.

Das Manhattan südliche von Harlem brauchte etwas länger. Der Maler und Rapper Fab Five Freddy veranstaltete damals die ersten Hip-Hop-Abende in Clubs wie dem »Ritz«, der Roll-schuhdisco »Roxy«, der »Danceteria« und dem »Mudd Club«. Dafür engagierte er die Zulu Nation, eine lose Truppe aus Rappern, Tänzern und Graffittisprayern um den DJ Afrika Bambaataa, deren Mitglieder sich aus den Rängen der Streetgang The Black Spades rekrutierten. Afrika Bambaataa war ein Revolutionär. Er produzierte seine ersten Schallplatten ohne Musiker, brachte Politik und sozialen Realismus in die sonst so party-seligen Texte des frühen Hip-Hop.

Der Rest der Welt erfuhr von der neuen Kultur zum ersten Mal 1982 mit dem Film *Wild Style*. Da spielte sich Fab Five Freddy selbst, einen Pionier, der den weißen Downtownhipstern die Großstadtfolklore nahebrachte. Im fernen Europa hatte der Film mindestens so viel Wirkung wie in den Filmkunstkinos von Downtown Manhattan. Ein Ausflug in die South Bronx war damals noch eine Expedition und ein Abend im »Disco Fever« so exotisch wie die Erforschung der Nilquellen. Ein junger Manager namens Russell Simmons aus Hollis in Queens versuchte damals, die ersten Rapper aufzubauen. In den etablierten Clubs lachte man ihn zunächst aus. Die meisten Veranstalter sahen Rap als bloße Mode, die sich schnell überleben würde. Da wurde ja weder gesungen noch richtige Musik gemacht, und einfach nur Platten aufzulegen und dazu in ein Mikrofon zu plappern konnte man doch nicht wirklich ernst nehmen.

Mit seinem Bruder Joseph, der mit seinem Schulfreund Darryl McDaniels das Rapduo Run-D.M.C. bildete, landete Russell Simmons allerdings den ersten respektablen Hit. Zusammen mit dem Rockproduzenten Rick Rubin hatte Simmons die Plattenfirma Def Jam gegründet. Der Durchbruch kam, als Rubin einen alten Hit der fast vergessenen Hardrockgruppe Aerosmith ausgrub und als Grundbeat für einen Run-D.M.C.-Song benutzte. Mit »Walk This Way« schoss Hip-Hop zum ersten Mal in die obersten Plätze der regulären Hitparaden, dicht gefolgt von James Todd Smith, einem weiteren Schulkameraden der Simmons, der sich L.L. Cool J nannte, und der Punkband Beasty Boys, die Rick Rubin als erste weiße Rapgruppe produzierte.

Plötzlich reisten die Musikjournalisten aus aller Welt an, um nachzusehen, was es mit dem bunten Partytreiben in New York wirklich auf sich hatte. Das Hauptquartier von Def Jam befand sich damals noch auf zwei Stockwerken eines unscheinbaren Wohnhauses an der Elizabeth Street, nur zwei Blocks vom Punkmekka »CBGB's« entfernt. Russell Simmons jonglierte an seinem Schreibtisch meist mit zwei Telefonen gleichzeitig, während er einem in Satzfetzen seine Geschäfte erklärte.

Ich hatte gerade eine Konzerttournee mit Run-D.M.C. und den Beastie Boys durch Europa begleitet und war voller Euphorie über die geballte Energie, die da von New York aus in die alte Welt geschwappt war. »Das war noch gar nichts«, meinte Simmons. Ich sollte erst einmal warten, bis sein neuestes Projekt herausgekommen sei. Eine Gruppe namens Public Enemy, die würden Hip-Hop endgültig in den Kulturkanon katapultieren. Er spielte mir die Demobänder vor. Und er hatte nicht übertrieben. Gegen den sparsamen Hardcore-Hip-Hop von Run-D.M.C. und den Beastie Boys wirkten die Klangwände von Public Enemy wie ein Frontalangriff auf musikalische Sensibilitäten und Geschmack. Die beiden Frontmänner Chuck D und Flavor Flav warfen sich die Phrasen scheinbar planlos zu, während die Beats von Sirengeheul und Elektroschlägen wei-tergepeitscht wurden. Ob ich die Jungs interviewen wollte?

Public Enemy waren auch die erste politische Hip-Hop-Grup-pe. Chuck D stilisierte sich zum Chefideologen, der so griffige Sätze von sich gab wie »Rap ist das CNN der Schwarzen«, »Elvis und John Wayne waren nie meine Helden« und den Kampfruf der Hip-Hop-Generation kreierte: »Fight the Power!«

Public Enemy machten aus ihrer Verachtung für die Welt der Weißen keinen Hehl. Zum ersten Interview pilgerte ich mit einem Fotografen gleich siebenmal zur Elizabeth Street Num-mer 298. Wir lungerten auf den Klappstühlen herum, auf den Sofas und Treppen, zogen wieder ab, kamen wieder. Nach einer Woche schließlich marschierte ein Trupp militärisch gekleideter Jungs mit Sonnenbrillen durch die Tür. Schweigend bauten sie sich in dem fensterlosen Konferenzzimmer auf, gefolgt von einem drahtigen Jungen in Militärkluft, der sich als Professor Griff vorstellte. Richard »Professor Griff« Griffin war für die sogenannte Security of the First World zuständig, eine Mi-schung aus Tanz- und Bodyguardtruppe, die in Kampfunifor-men mit Maschinenpistolen aus Plastik die klassischen Choreo-graphien der Stax- und Motowntradition zu paramilitärischen Exerzierübungen umfunktionierte.

Chuck D und Flavor Flav würden zum Fotografieren später dazukommen, sagte er, das Interview würde ich jetzt mit ihm führen. Etwas zäh kam das Gespräch in Gang. Fragen nach den musikalischen Wurzeln in der South Bronx, nach dem ideologi-schen Vorbild der Black Panthers und der Grüdungsgeschichte der Gruppe würgte er unwirsch ab, um dann einen seiner berüchtigten Monologe zu beginnen. »Warum sollen wir dem weißen Mann trauen? Der weiße Mann kopuliert mit Hunden«, war eine der Schlüsselaussagen. Professor Griff sollte schon bald für Schlagzeilen sorgen, weil er sich in Interviews darüber beschwerte, dass Juden den Sklavenhandel begonnen hätten, Medien die Musikindustrie, den Gold- und Diamantenhandel kontrollierten und dass sich die Welt zu viele Gedanken über den Holocaust mache. Noch war es ihm allerdings genug, die Weißen als Rasse des Bösen zu beschimpfen. Zwischen seinen Tiraden pausierte er triumphierend, starrte mir ins Gesicht und genoss es, mich schmoren zu lassen, bis ich mir eine neue Frage überlegt hatte, auf die er mit einer weiteren Tirade antworten konnte.

Ein paar Wochen später begleitete ich Public Enemy auf die Gefängnisinsel Rikers Island. Die Insel liegt zwischen der South Bronx und dem La-Guardia-Flughafen in der Bowery Bay. Eine langgezogene Brücke führte zum Haupttor, neben dem gestaffelte Maschendrahtzäune mit Stacheldrahtkronen zu den Wachtürmen führen, auf denen bewaffnete Posten Ausschau halten. In einer Sporthalle voller Klappstühle warteten die Häftlinge in ihren blauen Drillichanzügen auf das Unterhaltungsprogramm. DJ Terminator X spielte die ersten Takte an, Professor Griffs Tänzer vollführten ihr Stechschrittballett, und die Show begann. Nach zwei Songs allerdings begann jener Teil, den Chuck D Edutainment nannte – eine nicht enden wollende Rede über Unterdrückung und Ungerechtigkeit. Mit unbewegten Gesichtern starrten die Häftlinge aufs Podium. Für Agitprop hatten sie keine Verwendung. Hier im Hochsicherheitstrakt war Freiheit ein abstrakter Begriff ohne weitere Bedeutung. Sie wollten unterhalten werden.

Public Enemy nahmen zwei wichtige Elemente des Hip-Hop vorweg, die die Kultur bis heute geprägt haben. Auf der einen

Seite löste Hip-Hop den Rock 'n' Roll als Protestmedium ab. Egal ob in Johannesburg, Rio, Berlin oder London, Rapper formulierten spätesten seit Beginn der neunziger Jahre den Zorn der globalen Volksseele. Das andere Element war eine Form institutionalisierter Humorlosigkeit, die sich wie ein roter Faden durch den Hip-Hop zog. Egal, ob in den Minstrelshows der aus den südkalifornischen Gettos stammenden Gangsterrapper wie NWA und Dr. Dre, den Reimen der europäischen Epigonen, den Großbürgerphantasien der Superstarrapper wie Puff Daddy und Jay Z oder dem Gepöbel der White-Trash-Rapper Eminem und Kid Rock – der Ernst und die Freudlosigkeit des Hip-Hop waren etwas Neues.

Die folkloristischen Anfänge in der South Bronx sind heute längst Legende. Russell Simmons kämpft immer noch an der politischen Front. Im Jahr 2002 startete er eine Initiative, die dafür kämpfte, dass die rassistischen Drogengesetze des Staates New York geändert werden. Aber mit seinem Firmenimperium aus Musikmanagement und Modefirmen gehörte er seit Mitte der neunziger Jahre zu jenen Popmillionären, die ihre palastähnlichen Wohnungen mit den massiv goldenen Wasserhähnen und dem antiken Mobiliar in den Voyeurssendungen des Boulevardfernsehens vorführen.

★

Der offizielle Vorläufer der Generation der affirmativen Hip-Hop-Millionäre war allerdings Sean »Puff Daddy« Combs. Der Rapper und Produzent hatte sich buchstäblich aus seinem Kinderzimmer in der Suburbia von Mount Vernon an die Spitze der Musikindustrie hochgearbeitet. Er war für die Karrieren von

Stars wie Notorious B.I.G., Faith Evans und Usher verantwortlich. In seinen Videos präsentierte er eine Welt, die eine buchstäbliche Antithese zu den Anfängen des Hip-Hop darstellte. Eine Welt der exotischen Sportwagen, Villen, Swimmingpools, Schnellboote und schönen Frauen.

In der New Yorker High-Society hätschelte man ihn schon bald als Jungstar der Glamourbranche. Er war gerngesehener Gast im Nobelbadeort East Hampton, und seine eigenen Parties im New Yorker Lokal »Cipriani's« oder auf seiner Yacht in der Karibik galten als Höhepunkte der Saison. Er leistete sich einen Butler. Die internationale Klatschpresse verfolgte seine Affäre mit dem Film- und Popstar Jennifer Lopez mit einem Eifer, der sonst für Königshäuser reserviert war. Seine Modefirma Sean John gehörte zu den Durchstartern der amerikanischen Modebranche, und er trat in Hollywoodfilmen wie *Made* und *Monster's Ball* auf. Mit seinen einunddreißig Jahren hat er alleine als Produzent schon eine halbe Milliarde Dollar Umsatz gemacht. Dafür landete er 2002 sogar als erfolgreichster Musikproduzent aller Zeiten im Guiness Buch der Rekorde.

Als ich ihn besuchte, wollten wir allerdings über seine Modefirma reden. Lässig schlurft er in das Besuchszimmer seines Büros, das sich im dreißigsten Stock des Bertelsmanngebäudes direkt am Times Square in New York befand. Vom Fenster aus hatte man einen Blick über die Wolkenkratzer von Manhattan, man sah das Empire State Building und die Leuchtreklamen des Times Square. Die Polstermöbel waren teuer und geschmackvoll. Eine aufmerksame Assistentin brachte Mineralwasser.

Puff Daddy trug Wollmütze, T-Shirt und Jeans von seiner Firma Sean John, dazu Arbeiterstiefel, eine fingerdicke Goldkette und eine diamantbesetzte Uhr von Cartier. Er stellte sich als Sean

Combs vor. Immerhin war ich im Auftrag einer alteingesessenen Herrenmodezeitschrift gekommen, und das machte ihn gewaltig nervös. Für eine Stunde lang repräsentierte ich jene Welt des traditionellen Glamour, nach der er sein Leben lang gestrebt hatte.

Er hatte sich neue Vorbilder auserkoren. »Wenn ich mich zum Ausgehen anziehe, will ich legendär aussehen«, sagte er. »Ich will mein Foto in fünfzig Jahren so anschauen können, wie man heute ein Clark-Gable-Foto anschaut. Der hatte einfach Stil und Flair. Oder das Rat Pack. Frank Sinatra, Dean Martin, Sammy Davis Junior. Zeitlos eben.«

Auf den Stil seiner Firma angesprochen, kam er allerdings ein wenig ins Schwimmen. »Mein Stil war schon immer eine eklektische Mischung aus Mode und Launen. Ein bisschen wie ein Chamäleon. Ich wollte auch nicht, dass Sean John als Hip-Hop-Marke eingeführt wird. Ein Modeelement sollte das schon sein, aber ich wollte Kleider für alle möglichen Stimmungen designen. Vor allem wollte ich Mode entwerfen, mit der man wieder auffallen kann. Mit der man stylish sein kann, glamourös, cool. Wenn man sich die Leute auf der Straße so ansieht, fragt man sich natürlich, wie kann man noch auffallen, ohne dass das lächerlich aussieht? Dazu braucht es eben einen gewissen Flair und Stil. Es geht mir um die Perspektive eines jungen schwarzen Mannes, der ein ›Fly Motherfucker‹ ist – viel Spaß bei der deutschen Übersetzung für ›Fly Motherfucker‹! Aber Sie verstehen, schon, was ich meine. Total stylish, geil und angesagt.«

Erst als wir darüber diskutierten, ob das Zitat von Chuck D noch stimme, dass Hip-Hop das CNN des schwarzen Amerika sei, entspannte er sich wieder. »Ich glaube, diese Rolle spielt Hip-Hop immer noch«, sagte er. »Es ist jedenfalls immer noch die ungeschliffenste Form von Musik. Natürlich hat Hip-Hop auch unglaublich kommerziellen Erfolg. Aber die Basis ist immer noch da. Die wird er wohl auch nie verlieren. Er reißt auch immer noch Barrieren ein. Als Hip-Hop angefangen hat, gab es einfach noch viel schärfere Rassenspannungen. Heute tanzen viel mehr Leute zum gleichen Beat, ziehen sich ähnlich an. Man kann jemanden nicht mehr so einfach nach seiner Kleidung einstufen oder nach seiner Sprache.« Für Puff Daddy in seiner Suite im zentralsten Büroturm der Stadt mochte das schon stimmen. Nicht nur der Hip-Hop, auch New York hatte sich in den letzten zwanzig Jahren radikal verändert. Eine Veränderung, deren endgültiger Abschluss strenggenommen im Jahr 1993 begonnen hatte.

Times Square
Die Amerikanisierung New Yorks

Zu Beginn der neunziger Jahre hatte die geplante Verwandlung New Yorks schon zu lange gedauert. Die wunderbare Katastrophe war nicht mehr ganz so wunderbar, und selbst die liberale Mehrheit begann, an ihrer Stadt zu verzweifeln. Mit David Dinkins war nach dem egomanischen Ed Koch zwar ein umsichtiger und höchst diplomatischer Bürgermeister ins Amt getreten, ein eleganter Gentleman aus Harlem, dem seine Mitarbeiter nachsagten, dass er selbst in seinen Schlafanzügen Bügelfalten trage.

Dinkins war der perfekte Mann, um die Rassenspannungen der Stadt zu entschärfen. Mehrere spektakuläre Fälle hatten das Klima Ende der achtziger Jahre dramatisch verschlechtert. In Howard Beach hetzte eine Gang weißer Halbstarker den schwarzen Teenager Michael Griffith durch die Straßen, bis er von einem Auto überfahren wurde und starb. In Bensonhurst erschlug eine italoamerikanische Bande den schwarzen Oberschüler Yussuf Hawkins. Bei den Crown Heights Riots lieferten sich die schwarze und orthodox-jüdische Gemeinden des Viertels regelrechte Straßenschlachten. In Flatbush gerieten karibische und koreanische Einwanderer aneinander. Der Schwarzenprediger Reverend Al Sharpton begründete damals seine politische Karriere, indem er den Zorn der New Yorker Minderheiten anheizte und sich mit spektakulären Demonstrationen in Szene setzte.

New York hatte von den Spannungen schon bald genug. 1989 gewann Dinkins die Wahlen mit neunzig Prozent der schwarzen und siebzig Prozent der lateinamerikanischen Stimmen. Der Moment seines größten Triumphes war vielleicht der 29. April 1992, als weite Teile von Los Angeles während der Rassenunruhen in Flammen aufgingen. Vier weiße Polizisten, die den schwarzen Rodney King vor laufender Videokamera halb totgeprügelt hatten, waren mit Freispruch davongekommen. Die ganze Nation verfolgte die Prozesse wie gebannt, und auch in New York hatte Dinkins vorsorglich höchste Alarmstufe ausgerufen. Doch bis auf ein paar zertrümmerte Schaufensterscheiben in Harlem war die Stadt ruhig geblieben.

Doch im darauffolgenden Jahr verlor der Demokrat David Dinkins die Wahlen an einen Mann, der die Antithese zu dem umsichtigen Diplomaten darstellte – gegen den Republikaner Rudolph Giuliani, einen italoamerikanischen Staatsanwalt aus Brooklyn, der für seine kompromisslose Härte und seine erzkonservative Politik bekannt war. Giuliani versprach, das Ruder in der Stadt endgültig herumzureißen. Dabei fackelte er nicht lange. Er wusste, wie wichtig symbolische Erfolge waren. Also ließ er als erstes die Bettler, Penner und die sogenannten Squeegees von der Straße räumen, jene Arbeits- und oft Obdachlosen, die an den roten Ampeln mit Schwämmen auf die Autos losgingen und ungefragt die Scheiben putzten, um dafür Geld zu bekommen.

»Quality of Life Campaign« nannte Giuliani seine konzertierte Aktion gegen all die kleine Ärgernisse des Alltags. Giulianis Quality of Life war eine bürgerliche, mittelständische Lebensqualität, die es dem einzigen Menschenschlag leichter machen sollte, zu bleiben oder gar aus der isolierten Welt der Suburbia zurückzukehren, für den sich Giuliani als Politiker interessierte – den Steuerzahlern und den konservativen Wählern. Was nutzte der Stadt ihr großartiger Ruf, wenn der Alltag von Hunderten von Ärgernissen geprägt wurde, von denen jedes für sich alleine eine Bagatelle, in ihrer Gesamtheit jedoch eine Unerträglichkeit darstellten? Dazu gehörten die Bettler, die Penner, lärmende Horden des Nachtlebens, der Müll auf den Straßen und ein allgemeines Gefühl der Gesetzlosigkeit und des Laisserfaire.

Als sich die ersten Erfolge einstellten, beobachteten die Kolumnisten der örtlichen Presse ein amüsantes Dilemma. Die liberale Mehrheit der Stadt musste Giuliani schon aus Prinzip hassen. Schließlich stand er mit seiner fanatischen Ideologie von Recht und Ordnung für genau jene Weltsicht, die New Yorker sonst nur aus Provinzstaaten und der fernen Hauptstadt Washington kannten. Andererseits war jeder froh, wieder zum Bankautomaten gehen zu können, ohne sich mit einem Bettler auseinandersetzen zu müssen, der einem die Tür öffnete und dann flehend auf das Bare schielte. Man fand es auch ganz in Ordnung, wenn man auf der Straße nicht mehr über schlafende Junkies stolperte und von aufdringlichen Huren angeredet wurde. Niemand hatte etwas dagegen, dass man nun zwischen dem südlichen Harlem bis zum Battery Park zu jeder Tages- und Nachtzeit unbehelligt durch die Straßen spazieren konnte. Die Müllabfuhr funktionierte plötzlich besser, Taxifahrer wurden höflicher, das Elend verschwand von der Straße.

Größter und sichtbarster Triumph war die Renaissance des Times Square. Im April 2004 waren es einhundert Jahre her, dass der New Yorker Bürgermeister George McClellan die

Kreuzung Broadway und siebter Avenue nach der Tageszeitung benannte, die sich dort niedergelassen hatte: Times Square. Wer verstehen will, warum so vieleSchriftsteller den Platz als Herz der Welt beschrieben haben, braucht dafür fünf Minuten. Am besten nimmt man sich nach Einbruch der Dunkelheit irgendwo dort ein Taxi, wo die ehrwürdigen Wohnpaläste der Reichen und Berühmten ihr sanftes Licht auf das gepflegte Dunkel des Central Parks werfen.

Dann biegt man in den Broadway ein, und schon nach wenigen Metern verliert sich das zarte Dämmern des Parkviertels in den hysterischen Lichtkaskaden, die aus der Neonschlucht des Times Square scheinbar meilenweit in die Straßen gleißen. Ein paar hundert Meter noch, dann öffnet sich der Broadway auf eine Breite von zehn Fahrspuren, man erhascht einen Blick auf die haushohen Schriften, Plakate und Bilder, auf die Glasfronten, vor denen sich die Menschen stauen, und auf die pulsierenden Bänder der Börsenkurse und Nachrichtendienste, die wie goldfarbene Adern an den Fassaden entlanglaufen. Dann ist der Zauber auch schon vorbei, und man taucht ins schmutziggelbe Licht der Straßen von Downtown New York.

So einfach funktioniert der berühmteste Platz der Welt. Wer den Times Square und dessen Umgebung allerdings zum ersten Mal nach den Sanierungsarbeiten der neunziger Jahre besichtigte, wurde enttäuscht. Er fand nun im ehemaligen Rotlichtviertel einen klimatisierten Marktplatz der Konsumkulturen, mit Filialen der weltgrößten Imbiss- und Ladenketten, Erlebenisgastronomie und Shopping Malls. Für die Einheimischen war die Säuberung unter Bürgermeister Giuliani *das* Menetekel für die Amerikanisierung ihrer Stadt. Es bedeutete das Ende eines Mythos, der die Gegend um die ehemalige Redaktion der *New York Times* am Südende des Platzes zum exemplarischen Moloch geadelt hatte. In John Cassavetes' Film *Shadows* bewegten sich die Beatniks der fünfziger Jahre wie ein Trupp Entdeckungsreisender durch das Viertel. Hinter jeder Neonreklame, jeder Treppe, jeder Tür schien ein Abenteuer zu warten, eine Liebschaft, eine Prügelei oder auch nur ein Besäufnis. In *Taxidriver* durchpflügte Robert de Niro den nächtlichen Times Square wie einen feindlichen Dschungel, und Dustin Hoffman kämpfte hier in *Asphalt Cowboy* ums Überleben. Bis in die späten achtziger Jahre konzentrierte sich in der Gegend um den Times Square das New York der Sünder, Gauner und der käuflichen Liebe.

Die Einheimischen verfluchten den neuen Times Square als Futtertrog für Touristen. Den Vorwurf, der Platz sei ein Ort des billigen Vergnügens, gab es allerdings schon seit hundert Jahren. Während der Prohibition vertrieben Speakeasies die angestammten Lokale, später verdrängten Kinos die Theater. In den siebziger Jahren verkamen die Filmpaläste zu Pornoklitschen, die wiederum den Peepshows der Achtziger weichen mussten, bis Giuliani dann die gesamte Gegend rechtzeitig zur Jahrtausendwende sanierte und die multinationalen Vergnügungskonzerne ihre resopalgetäfelten Brückenköpfe etablierten.

Man konnte den Wandel buchstäblich riechen. Wo es früher nach Moder, Asphalt und Menschen roch, wehte nun der Duft von Kühl- und Putzmitteln über das Trottoir. Wer den alten Times Square trotzdem suchen wollte, musste sich in die Seitenstraßen drücken. Dann konnte er in der 44. Straße noch ein Bier im »Jimmy's Corner« trinken, einem düsteren Schlauch, dessen Wirt früher Boxweltmeister trainiert hatte und allabendlich Jazz- und Soulsongs in seiner Musikbox laufen ließ. Man konnte in der 43. Straße in die Lobby der *New York Times* spähen, die mit ihren Steintreppen und Linoleumböden eher wie das Polizeirevier in einem altmodischen Kriminalfilm wirkte als wie das Zentrum eines modernen Medienkonzerns. Oder man konnte am Busbahnhof in der 8. Avenue beobachten, wie Ausreißer und Glücksritter aus ganz Amerika ihre ersten Schritte auf den überfüllten Straßen von New York wagten.

Die Stadtväter von New York hatten für solche Nostalgie kein Verständnis. Für sie war der Times Square ein Erfolgsmodell. Hatte er zu seinem einhundertsten Geburtstag nicht heller und prächtiger denn je geglänzt und geleuchtet? Verkörperte er nicht wieder den Glamour des Broadway, die Energie der Stadt und den Stolz der Nation, so wie an jenem 14. August im Jahre 1945, als die New Yorker hier stellvertretend für die Welt das Ende des Zweiten Weltkrieges feierten?

Nur für einen kurzen Moment der Stadtgeschichte hatte dieser neonhelle Zauber nicht funktioniert. Im August 2003 waren die Lichter der Großstadt beim großen Stromausfall verlöscht. Da hatte der Times Square mit seinen gesichtslosen Bürotürmen und Zweckbauten plötzlich so unansehnlich und trist gewirkt wie der Paradeplatz einer sowjetischen Provinzstadt. Aber was waren schon ein paar Stunden gegen einhundert Jahre Glanz und Gloria für die Welt.

Die Kehrseite dieser städteplanerischen Säuberungsaktionen bekam der Normalbürger unter Giulianis Herrschaft nicht zu sehen. Er verachtete die sensible Rassen- und Sozialpolitik seines Vorgänger. Die passte nicht in sein Konzept vom harten Mann von Manhattan. Schwarze, lateinamerikanische und asiatische Lokalpolitiker hatten kaum eine Chance, bei ihm vorzusprechen. Die Zahl der Sozialhilfeempfänger halbierte er mit

Verordnungen und Auflagen, die es immer schwerer machten, in der Stadt Hilfe zu bekommen. Der Mann griff durch. Auf den Straßen war das jeden Tag zu sehen.

Manchmal ging es ganz schnell. Wie an diesem Nachmittag an der Ecke 3. Straße und Avenue D, dort, wo die Gründerzeithäuser des Bohemeviertels East Village mit den Sozialbautürmen der Lower Eastside zusammentreffen. Zwei Streifenwagen rasten heran, kamen schräg über die Fahrbahn zu stehen. Die Türen sprangen auf. Doch dann verlangsamte sich das Geschehen. Wie alle New Yorker Polizisten wussten die Cops, wie man einen wirkungsvollen Auftritt inszenierte. Ganz ruhig, ohne das aufgeregte Geschrei, wie man das aus dem Fernsehen kennt. Kein »Freeze!«, kein »Hands up!« Nicht einmal ein Kommando. Die Rechte ruhte auf der Pistole, eine nachlässige Geste mit dem Schlagstock in der Linken. Die fünf Burschen an der Straßenecke verstanden sofort. Ohne dass ein Wort fiel, reihten sie sich an der Mauer auf. Hände an die Wand. Blick auf den Boden. Polizisten blieben auch dann noch betont höflich, als sie den Burschen die Handschellen anlegten. »Haben Sie Ihre Ausweispapiere bei sich, Sir?«, fragte ein Beamter jeden einzelnen der jungen Männer, die überweite Jeans trugen, Sporthemden und neonfarbene Turnschuhe. Dann wurden sie sorgfältig abgetastet. Sie mussten den Inhalt ihrer Hosentaschen auf dem Trottoir ausbreiten und die Zunge herausstrecken, damit die Beamten nachsehen konnten, ob sie vielleicht Drogenpäckchen im Mund verbargen. Doch die Jungs waren sauber. Fünf Minuten später hingen sie wieder genauso lässig an der Ecke herum wie vor der Razzia. Alltag in New York. Für die fünf Burschen ein Alltag der Angst.

Sie hatten sich nichts zuschulden kommen lassen. Ihr einziges

Vergehen war es gewesen, in einem Viertel zu wohnen, in dem überwiegend Sozialhilfeempfänger und Minderheiten lebten, sowie in das Raster zu passen, nach dem die New Yorker Polizei Passanten auf der Strasse kontrollierte – farbig, jung und männlich. Offiziell stand das sogenannte Racial Profiling im Widerspruch zur Verfassung und wurde geleugnet. Doch inoffiziell führte die New Yorker Polizei einen Feldzug gegen genau die Bürger ihrer Stadt, die von den Grundrechten der amerikanischen Verfassung besonders geschützt wurden – gegen die Farbigen und Ausländer, gegen Homosexuelle, Arme, Kranke und Verrückte, gegen die Subkulturen und die Künstler. Denn seit Bürgermeister Rudolph Giuliani 1994 seine »Quality of Life Campaign« ausgerufen hatte, seinen Feldzug für erhöhte Lebensqualität, herrschten rauhe Sitten in der Stadt. Was wie ein Sanierungsprogramm klang, war in Wahrheit eine Politik, die auf der Strategie der »Zero Tolerance« basierte. Das konnte man, je nach Sichtweise, entweder mit »kein Verständnis« übersetzen, wie in »kein Verständnis für Kriminalität, Unordnung und Dreck«. Oder eben mit »gnadenlos«.

Zugegeben – im Verlauf seiner beiden Amtszeiten hatte Rudolph Giuliani die Kriminalitätsrate in New York um über zwei Drittel gesenkt. Auf der Liste mit den fünfzig gefährlichsten Städten Amerikas, die das Innenministerium alljährlich veröffentlicht, tauchte New York schon überhaupt nicht mehr auf. Die Stadt war schon bald nach seinem Amtsantritt so sicher und sauber gewesen, dass sich die Produzenten der Krimiserie *Law & Order* schon bald darüber beschwert hatten, dass sie für ihre Außenaufnahmen den Schutt und Dreck aus der Requisite besorgen mussten. In den Filmen und Fernsehserien musste New York ja immer noch die Rolle des bedrohlichen Molochs spielen.

Doch gerade deswegen hatte sich Rudolph Giuliani schon zu Beginn seiner Amtszeit vorgenommen, hier mit einem eisernen Besen aufzuräumen. In Brooklyn hatte er sich als Staatsanwalt seinen Spitznamen »Sheriff« verdient, weil er mit unnachgiebiger Härte gegen die Mafia vorgegangen war. Und auch als Bürgermeister machte er seinen alten Erzfeinden das Leben schwer. Dabei ging es der italienischen Mafia sowieso schon nicht mehr gut.

Seit FBI, DEA und Interpol Mitte der siebziger Jahre die »French Connection« und keine zehn Jahre später die »Pizza Connection« zerschlagen hatten, fehlte der Mafia der ertragreichste Zweig ihres Untergrundimperiums, der Heroinhandel. Dazu kam, dass die Glücksspielstädte Las Vegas und Atlantic City von großen, mächtigen Hotel- und Gastronomieketten übernommen wurden. Die einzigen Geschäfte, die der New Yorker Mafia noch blieben, waren der Fulton Street Fish Market und die Müllabfuhr. Doch in seinen ersten Amtsmonaten brach Giuliani erst das Müllmonopol der Mafia, dann ihre Macht am Fischmarkt. Später machte sich eine ganze Fernsehserie über den Niedergang der Mafia lustig. In *The Sopranos* ging der Pate zum Psychiater und seine Geschäfte laufen schlecht.

Doch Rudolph Giuliani war nicht nur ehemaliger Staatsanwalt, sondern vor allem ein ehrgeiziger Politiker. Mit einem hochgesteckten Ziel. Er wollte immer schon Präsident werden. Kein Politiker würde es wagen, solche Ambitionen öffentlich bekanntzugeben. Erst wer offiziell ins Rennen geht, darf das auch offiziell behaupten. Betrachtete man die Laufbahn von Giuliani, bemerkt man allerdings schon bald, dass der Mann alles tat, um auch auf Bundesebene eine gute Figur zu machen.

Eines hatte er seinen Parteikollegen als Bürgermeister jedenfalls bewiesen. Innerhalb kürzester Zeit hatte er die liberale Hochburg New York geschliffen und den Moloch in eine Boomtown verwandelt. Nun mussten selbst seine schärfsten Gegner Giulianis »Zero Tolerance«-Sieg über die Mafia applaudieren. Warum war der Bürgermeister dann im ganzen Land das ultimative Feindbild der Liberalen? Wie hatte er sich Spitznamen wie »Benito« und »Adolf« Giuliani verdient?

Für Menschenrechtsorganisationen wie Amnesty International und Human Rights Watch war New York seit Giulianis Amtseinführung eine Stadt geworden, die sie aufmerksam beobachteten. Denn das Klima von Sicherheit und Ordnung war ganz eindeutig auf Kosten der Bürgerrechte entstanden. Es mochte ja sein, dass im ehemaligen Rotlichtviertel um den Times Square Touristenfamilien nun unbehelligt zwischen Walt-Disney-Theatern und den Neonpalästen der Erlebnisgastronomie herumflanieren konnten. Es mochte auch sein, dass man selbst in ehemaligen Armenvierteln wie South Harlem oder der Lower Eastside keine Angst mehr haben musste, überfallen zu werden. Doch für die Bewohner der Minderheitenviertel in Brooklyn, Queens und der Bronx, für die Obdach- und Mittellosen der Stadt war das nur ein schwacher Trost. Denn Giuliani hatte sie in seinem Reich zu Staatsfeinden erklärt.

★

An einem frühen Abend in Chinatown, nicht weit von der Ecke, an der die beiden Polizeistreifen die Burschen gefilzt hatten, saß in der Automatenhalle einer Bank ein Mann, der eine Jogginghose und das T-Shirt einer Football-Mannschaft trug. In seiner Hand hielt er einen Kaffeebecher. Wann immer ein Automatenkunde nahte, öffnete er ihm höflich die Tür, schüttelte kurz die Münzen in seinem Becher und setzte sich dann wieder auf seinen Platz. Ein angenehmer Platz. Im Winter schön warm. Im Sommer angenehm kühl. Die Bankkunden in der Nachbarschaft hatten sich eigentlich schon an ihn gewöhnt. Melvin hieß er, kam aus dem Süden, hatte nach seiner Drogensucht keine Arbeit mehr gefunden und wohnte jetzt in einem der berüchtigten »Flophouses« auf der Bowery, wo man für vier bis fünf Dollar die Nacht eine kleine Parzelle mit Matratze mieten konnte.

Seit einigen Monaten brauchte er jedoch nicht nur Geld für Schlafplatz, Essen und Zigaretten. Kurz vor sieben kam die Streife. Er hatte sie nicht gesehen, und so fand er sich, Gesicht auf dem Boden, Hände hinter den Rücken gefesselt, auf dem Bürgersteig wieder. Die Beamten brachten ihn nun vorsorglich in der Sammelzelle des nächsten Reviers unter, wo er bis zum nächsten Morgen auszuharren hatte. Dann musste vor den Haftrichter, der ihm einen Strafbescheid wegen Belästigung, Betteln und sogenanntem Herumlungerns ausstellte. Bußgelder in der Höhe von zweitausend Dollar hatte er schon auf seinem Schuldenkonto. Im Winter hatte ihn die Streife vom Revier in eines der gefürchteten Obdachlosenasyle gebracht, eine Turnhalle mit fast zweitausend Männern, in der es so zuging, dass die Sozialarbeiter am Morgen den Lastwagen mit dem Essen einfach rückwärts in die Halle fuhren und darauf warteten, bis die Obdachlosen den Kampf um ihr Frühstück ausgetragen hatten. Wenn er noch ein paar Strafen mehr ansammelte, würden sie ihn ins Gefängnis stecken. Auch wenn jede Einzeltat nur ein Kavaliersdelikt war.

Diese »Zero Tolerance«-Politik beruhte auf einer Theorie, die in Amerika als Zauberformel gegen den Verfall der Städte galt.

1982 veröffentlichten die Kriminologen James Q. Wilson und George L. Kelling in der Zeitschrift *Atlantic Monthly* ihre »Broken Windows Theory«, die sie an der Rutgers University in Newark, New Jersey, entwickelt hatten. »Ein einziges Fenster, das nicht repariert wird, signalisiert, dass sich niemand um das Viertel kümmert«, schrieben sie. Es gäbe einen direkten Zusammenhang zwischen zerbrochenen Scheiben, Wandschmierereien, verwahrlosten Gebäuden und schwerer Kriminalität. Wenn aber eine Stadtregierung in Zusammenarbeit mit der Polizei selbst kleinste Vergehen mit unnachgiebiger Härte verfolgte, schaffe sie ein Klima, in dem schwerere Verbrechen niemals Fuß fassen könnten.

Giuliani nahm sich diese Theorie zu Herzen. Er übertrug seiner Polizei mehr Befugnisse, gab den Beamten mehr Freiheit. Er sorgte dafür, dass Bettler, Penner und kleine Drogenhändler aus dem Straßenbild verschwanden. Bald schon galt New York als Musterbeispiel für den Erfolg dieser Theorie. Selbst ein Nachtspaziergang durch den Central Park galt bald als so sicher wie ein Bummel durch die Münchner Fußgängerzone. Polizeichefs und Bürgermeister aus der ganzen Welt kamen, um den Fall New York zu studieren.

Selbst Normalbürger mussten mit drakonischen Strafen rechnen. Eine Flasche Bier in der Öffentlichkeit zu trinken kostete einhundert Dollar. Eine Zigarette auf dem Bürgersteig vor einer Schule zu rauchen ebensoviel. Wer mehr als zweimal dabei erwischt wurde, seinen Hund im Park ohne Leine spazierenzuführen, musste ein Bußgeld von eintausend Dollar bezahlen. Wen die Polizei mit der geringsten Menge Alkohol im Blut am Steuer erwischte, dessen Auto wurde beschlagnahmt und versteigert.

Doch es waren die dramatischen Fälle von Polizeibrutalität, durch die Giulianis Politik der Gnadenlosigkeit ins Kreuzfeuer der internationalen Kritik geriet. Der Fall des haitianischen Einwanderers Abner Louima, der vor dem Nachtclub, in dem sein Lieblingssänger auftreten sollte, grundlos verhaftet wurde und den die Beamten auf dem Polizeirevier Nummer siebzig in Brooklyn mit einem Gummiknüppel vergewaltigten. Der Fall des jungen Ghanesen Amadou Diallo, der auf dem Heimweg von zwei Beamten der gefürchteten »Street Crimes Unit« angehalten wurde. Sie hielten seine Brieftasche für eine Pistole hielten und erschossen ihn.

Die Zahlen sprachen Bände. In den ersten fünf Amtsjahren Giulianis stieg die Anzahl der Verhaftungen wegen Kavaliersdelikten um ganze neunundsechzigProzent. Latinos wurden dabei zu neununddreißig Prozent, Schwarze zu dreiundzwanzig Prozent öfter angehalten als Weiße. Gleichzeitig stieg die Anzahl der Beschwerden wegen polizeilicher Übergriffe um fünfundsiebzig Prozent.

In zwei New Yorker Stadtteilen gab es die »Zero Tolerance«-Politik übrigens schon seit Jahrzehnten: in Little Italy und Chinatown, den aneinander angrenzenden Vierteln im Südosten von Manhattan, die auch zu Zeiten sicher gewesen waren, als die New Yorker Straßen noch als die gefährlichsten der Welt galten. Dort sorgten allerdings nicht die Polizeikräfte für Ordnung, sondern jene sogenannten Kulturvereine, die sich seit dem neunzehnten Jahrhundert um die Belange der Einwandererviertel gekümmert hatten. Die chinesischen Tongs und die italienischen Social Clubs. Kein Einbrecher hätte sich in diese Viertel getraut. Es gab keine Raubüberfälle, keine Bettler, keine Penner. Daran hat sich auch seit Giuliani nichts geändert.

Es war noch gar nicht so lange her, da hatten die chinesischen Kulturvereine bewiesen, dass sie nach wie vor die unumschränkte Macht in ihrer Gegend ausübten. Im Sarah D. Roosevelt Park, einem schmalen Grünstreifen, der sich auf der Lower Eastside von der Houston bis zur Canal Street zog, missbrauchte ein Unbekannter eine junge chinesische Mutter. Sie glaubte, den Angreifer schon einmal gesehen zu haben, in den Sozialbauvierteln weiter im Osten.

Die Polizei hängte daraufhin in den Lokalen und Geschäften Steckbriefe auf, mit Phantombild und einem Hinweis auf Belohnung. Es dauerte nicht lange, da fand die Polizei den Täter. Im Wasser des East River. Unbekannte hatten ihn mit einem Genickschuss hingerichtet. Im Sarah D. Roosevelt Park kam es danach zu keinen Überfällen mehr. In den anderen Parks der Stadt dauerte die Befriedung allerdings ungleich viel länger.

Washington Square Park
Die Theorie vom zerbrochenen Fenster

Parks waren die ultimative Bastion jener »Quality of Life«, für die Giuliani in den Kampf gezogen war. Weil aber die New Yorker Parks in den siebziger Jahren samt und sonders zu Tummelplätzen für Penner, Junkies, Huren und Straßenräuber heruntergekommen waren, wollte er dort besonders hart durchgreifen. Er wusste auch schon, wann.

Wenn die erste Frühlingssonne den Himmel über New York aufgerissen hat und das Blau so weit und strahlend über der Stadt steht, wie man es sonst nur aus der kalifornischen Wüste kennt, dann wissen die Bewohner der Stadt, dass sie sich beeilen müssen. Dass ihnen nicht viel Zeit bleibt zwischen den winterlichen Sturmwolken aus Kanada und der karibischen Schwüle des Sommers, die über die Eastern Seaboard eine schwere Dunstglocke setzen wird, durch die weder Licht noch Luft dringen. Dann reduziere sich das Verhalten der Kosmopoliten auf einen simplen Prozess aus der Botanik. Sie versuchen, so viele Sonnenstrahlen wie möglich aufzusaugen, und drängen zum Licht. Und da es davon auf der Insel Manhattan aus architektonischen Gründen nur wenig gibt, strömen sie zu Tausenden auf die Freiflächen, die Parks, die Plätze und die Trottoirs.

Diese vier bis sechs Wochen der meteorologisch bedingten Kollektiveuphorie sind es auch, die den legendären Ruf des New Yorker Straßenlebens begründen. Nirgendwo sonst ließ sich das so gut beobachten wie am Washington Square Park im Greenwich Village, einem der kleineren, überschaubaren Parks, und wahrscheinlich der einzige, der von den Normalbürgern der Stadt in den Krisenzeiten der sechziger bis achtziger Jahre nicht aufgegeben wurde. Vermutlich ließen die internationalen Reisemagazine im Monat Mai hier fünfzig Prozent ihrer New Yorker Straßenbildillustrationen fotografieren. Da glitt dann ein Wall-Street-Banker in Jackett und Krawatte auf einem Tretroller vorbei. Ein Verrückter im Damennachthemd führte einen Veitstanz in Zeitlupe auf. Jungen und Mädchen drehten vor Stanford Whites Triumphbogen Pirouetten auf ihren Skateboards. Jedes Klischee der urbanen Pastorale wurde bedient – die Straßenschachmeister an den Steintischen, die Studenten der angrenzenden New York University beim Sonnenbad, die Gaukler und Breakdancer vor dem Brunnen.

Nur ein Klassiker des New Yorker Straßenbildes fehlte, seit Giuliani seine zweite Amtszeit angetreten hatte: der Dealer. Durch den ganzen Park hatten einen früher die geflüsterten Marktschreie der Händler begleitet. »Smoke, smoke«, hatten sie gezischt und einem dazu aufmunternde Blicke zugeworfen. Bis in die Nacht lungerten sie normalerweise im Park herum, eifrig bemüht, Kundschaft für ihre Nickel- und Dimebags zu finden, die winzigen Plastiktütchen mit dem braungelben Kraut.

Die Kleindealer waren im Village wohlgelitten. Sie verkörperten eine beruhigend harmlose Form der Straßenkriminalität. Freundlich waren sie, sogar gesprächig. Sie versorgten eilige Beatniks und Hippies mit Marihuana und betrogen nur arglose Touristen mit getrockneten Grasbüscheln, die sie aus dem Rasen gezupft hatten. Nicht einmal vor dem Gesetz galten die Händler als Verbrecher. 1977 erließ der Staat New York eine

Verordnung, nach der Besitz und Verkauf von kleinen Mengen Marihuana als mindere Vergehen lediglich mit einem Bußgeld geahndet wurden. Außerdem garantierte ihre ständige Anwesenheit, dass sich die Straßenräuber im Park nicht blicken ließen.

Doch dann wurde der Drogenkrieg zum konservativen Lieblingsthema. Bürgermeister Giuliani verkündete in der Antrittsrede seiner zweiten Amtszeit, bis zum Ende seiner Administration würde New York drogenfrei sein. Dagegen gab es prinzipiell nichts zu sagen. Die Hälfte aller Heroinsüchtigen Amerikas lebte in New York, Syndikate aus aller Herren Länder benutzten die Stadt als Drehscheibe und Schlachtfeld, und in den Armen- und Einwanderervierteln hatten Suchtepidemien verheerende Schäden angerichtet. Es gab viel zu tun. Weil es in der Politik aber nicht nur um effektive, sondern auch um kosmetische Maßnahmen ging, hatte Polizeichef Howard Safir mit dem Washington Square Park den perfekten Ort gefunden, um den Bürgern von Manhattan zu beweisen, dass es sein Chef ernst meinte mit seinem Versprechen. Denn in der Stadtgeschichte New Yorks steht der Washington Square Park als Symbol für all die Subkulturen, die brave Bürger verschrecken.

Die Beatniks waren es, die Ende der fünfziger Jahre durchsetzten, dass der Washington Square zur autofreien Zone erklärt wurde. Die Yippies und Hippies veranstaltete hier ihre Festivals und Protestkundgebungen. Abbie Hoffman hielt hier seine Reden, ebenso die Black Panthers und die Frauenrechtlerinnen von NOW. 1995 zementierte Larry Clark den Ruf des Washington Square Park als Zentrum suspekter Subkulturen mit seinem Skandalfilm *Kids,* für den er die Darsteller unter den Skateboardern vor Ort rekrutierte.

Und so stürmten zu Beginn jenes Sommers Einsatzkommandos den Park, um die Kleindealer zu vertreiben, tarnten sich Zivilbeamte als Drogenhändler, um ahnungslose Graskäufer zu verhaften. Man richtete sich auf einen permanenten Belagerungszustand ein. Da wurde der gesamte Park verkabelt. Am Südrand positionierte sich einer jener blau-weißen Busse mit dem martialischen Schriftzug »Commando«, die als mobile Einsatzzentrale dienten und mit einem dicken Kabelstrang an der Telefonleitung hingen. Rund um den Park wurden hinter Sichtblenden Videokameras installiert, die rund um die Uhr Bilder in die Zentrale übermitteln. Streifen patrouillierten die vier Hektar wie erobertes Feindesland. Ein einziger einsamer Dealer war an jenem Frühlingsnachtmittag unterwegs, an dem mir die Belagerung zum ersten Mal ins Auge stach. Verschüchtert bewegte er sich in der Menge und setzte während des gesamten Nachmittages kein einziges Beutelchen ab.

An den Rauchgewohnheiten der New Yorker hatte Giulianis Politik natürlich nichts geändert. Laut Statistik war der Bevölkerungsanteil an Marihuanakonsumenten in den USA schon immer doppelt so hoch wie in den Niederlanden. Ein Drittel der US-Amerikaner hat mindestens schon einmal im Leben Gras geraucht. Rund vierzehn Millionen US-Bürger ziehen regelmäßig einen durch. In der Realität hatte die Bevölkerung die Droge längst zum Genussmittel erklärt. Und weil der Normalkonsument mit der finsteren Welt der Drogensyndikate nichts zu tun haben wollte, hatte sich auch die Kaste der Kleindealer gehalten. Sie hatten sich nur umstellen und an die dominante Businesskultur ihrer Stadt anpassen müssen.

Ein junger Mann von fünfundzwanzig Jahren war einer von denen, die den Sprung vom Straßenhändler zum modernen

Dealer geschafft hatten. R-Nice nannte er sich, ein drahtiger Bursche mit kurzgeschnittenen blonden Haaren, der sich mit seinem Mountain Bike, dem Surfer-T-Shirt und der Kuriertasche nicht von den Studenten im Village unterschied. Er hatte eine Firma gegründet, ganz professionell. Fünf Fahrradkuriere arbeiteten für R-Nice. Zentrale war der Übungsraum seiner Reggaeband. Wer Kunde werden wollte, brauchte einen Bürgen, dann bekam er eine Kennzahl, ein Passwort und die Geheimnummer für die Bestellung. Um die Abwicklung zu vereinfachen, kostete jede Lieferung fünfzig Dollar, das Gewicht richtete sich dann nach der Qualität. Nach zehn Bestellungen gab es ein Haschplätzchen als Werbegeschenk.

Geliefert wurde in den neutralen gelblichen Geschäftsumschlägen, in denen normalerweise Akten und Dokumente verschickt werden. So unterschieden sich die Dealer nicht von all den anderen Fahrradkurieren, die durch New York unterwegs waren. Denn die meisten Lieferungen gingen längst nicht mehr ins Village, sondern an die Wall Street. Die Broker ließen sich zur Mittagspause ein Beutelchen kommen, erzählte er mir. Um den Adrenalinspiegel in den Griff zu kriegen, wenn die Kurse mal wieder in den Keller gingen. Aber seine Firma lieferte auch an Designstudios, Internetbüros, Redaktionen, Kanzleien, überall dorthin eben, wo die neue Generation der jungen New Yorker zu finden war. Gut einhundert solcher Kurierdienste gebe es in Manhattan, sagte er. Natürlich würden einige auch härtere Drogen liefern, aber das sei die Domäne der Syndikate, damit wolle er nichts zu tun haben. Es war ihm wichtig, dass man die scharfe Grenze zwischen organisiertem Verbrechen und der Subkultur der Marihuanaraucher erkannte. Die Kiffer hatten mit *High Times* immerhin eine eigene Fachzeitschrift für den Konsum und den Anbau von Cannabis. Sie hatten sogar eine Lobby. Unzählige Organisationen, wie die »Coalition for the Abolition of Marijuana Prohibition«, »Cures Not Wars« oder die »Drug Peace Campaign« versuchen in den USA, die Entkriminalisierung von weichen Drogen durchzusetzen.

Im Mai jenes Jahres marschierten sie wieder. Was als Smoke-in der Hippies im Washington Square Park begann, war inzwischen zum International Millennium Marijuana March angewachsen, straff durchorganisiert mit Webseiten, E-Mail-Listen und einem Organisationskomitee. Von Amsterdam über Berlin, Hamburg, Tel Aviv und Zagreb gingen Graskonsumenten weltweit in achtzig Städten für ihr Recht auf die Straße. New York galt dabei immer als Hochburg der amerikanischen Marihuanakultur.

Im Washington Square Park wurde in diesem Jahr allerdings nicht demonstriert. Zwar hatte ein Bundesrichter die Stadt New York angewiesen, den Marsch zu genehmigen, doch die symbolische Bastion des Washington Square Park wollte sich die Polizei nicht nehmen lassen und legte die Marschroute durch das am Wochenende verwaiste Wall-Street-Viertel. Wer am an diesem Frühlingssamstag als Demonstrant im Washington Square Park erwischt wurde, musste ganz offiziell mit seiner Verhaftung rechnen. So funktionierte die sogenannte Broken Windows Theory, von der Rudolph Giuliani behauptete, sie habe die Kriminalitätsrate von New York City um mehr als die Hälfte gesenkt.

Newark
Die Praxis vom zerbrochenen Fenster

Prinzipiell war die Broken Windows Theory das Musterbeispiel für eine konservative Soziologie, die eine vollkommene Abkehr von dem liberalen Ansatz der sechziger und siebziger Jahre bedeutete, dass Gettos Krisengebiete sind, die soziologisch, ökonomisch und kulturell von Grund auf reformiert werden müssen. Die Broken Windows Theory unterstützte dagegen die Haltung der meisten Polizeikräfte, dass Gettos feindliche Territorien sind, die man mit quasimilitärischen Strategien befrieden muss, damit der Rest der Stadt in Frieden leben konnte.

Es gab wohl keinen Ort, der besser geeignet war, die Broken Windows Theory in der Praxis zu studieren, als ihr Ursprungsort Newark, New Jersey, in dem die Krise der amerikanischen »Inner Cities« eine ganze Stadt erfasst hatte. Der junge Mann, der die Praxis an diesem Tag zu spüren bekam, hieß Malik. Und Malik hatte Angst. Aus gutem Grund. Gleich drei Detectives vom Newark Robbery Squad hatten sich vor dem schmächtigen Burschen aufgebaut. Das verhieß nichts Gutes, vor allem, wenn einem die Hände auf den Rücken gefesselt waren und man sich in einer fensterlosen Abstellkammer mit schalldichter Stahltür befand. Rechts neben ihm stand Gary Baker, ehemaliger Fallschirmjäger, ein schwarzer Koloss im hellgrauen Zweireiher. In der Tür lehnte sein Zwillingsbruder Barry, auch er im Zweireiher. Seiner war sandfarben. Direkt vor ihm Murrad

Muhammad, ein glatzköpfiger Black Muslim, der einen dunkelblauen Anzug trug.

Malik hatte überweite Hosen an, ein T-Shirt und Turnschuhe. Männer in Anzügen kannte er eigentlich nur aus dem Fernsehen. Wo sollte er denen auch begegnen? Er bewegte sich nur selten von seiner Straßenecke am Rand der Sozialbausiedlung am Rande von Newark weg. Dort verkaufte er Heroin für zehn Dollar die Portion. Nicht viel, aber genug, um davon zu leben und die Miete für die Wohnung zu bezahlen, in der er mit seiner Mutter und seinen vier Geschwistern lebte. New York City kannte der Neunzehnjährige nicht, obwohl das mit dem Vorortzug nur zwanzig Minuten Fahrt gewesen wären. Newark, New Jersey war seine Welt – »Brick City«, die Ziegelstadt, die so heißt, weil dort überall Sozialbauten aus rotem Klinker stehen.

Malik wusste nicht, dass die Soziologen von der Rutgers University Newark als Paradebeispiel für die urbane Katastrophe studiert und als hoffnungslosen Fall im Teufelskreis zwischen Stadtflucht und Verarmung beschrieben hatten. Er konnte sich auch nicht daran erinnern, dass Newark einst eine aufsteigende Metropole war, Industriezentrum und ernsthafte Konkurrenz für New York, dessen Skyline nun höhnisch über den Hudson River funkelte. 1967, als die Rassenaufstände Newark für Wochen in ein Bürgerkriegsgebiet verwandelt hatten, war Malik noch gar nicht geboren gewesen. Und als der Mittelstand in den folgenden Jahren die Flucht in die Suburbs antrat und sich die Stadtbevölkerung von vierhundertvierzig- auf zweihundertfünfundsiebzigtausend reduzierte, als nur die blieben, die es sich nicht leisten konnten wegzuziehen, da war Malik längst eine kleine Nummer in der Sozialstatistik. Ohne Vater, arbeits- und hoffnungslos. Die Mutter war drogensüchtig. Er wusste nur, dass Newark in Amerika einen ähnlichen Klang hatte wie anderswo Beirut, Belfast oder Sarajevo. Es war ein Synonym für Gewalt, der Spitzenreiter in den Kriminal- und Mordstatistiken, der Alptraum der Vorortbürger. Darauf war Malik ein bisschen stolz. Es gefiel ihm, dass sich die Leute auf der Straße vor ihm fürchteten.

Nur jetzt hatte Malik selbst Angst. Er hätte nie gedacht, dass sie wegen ihm die drei besten Cops von Newark rufen würden. Vor ein paar Stunden hatte ihn eine Streife vom Westrevier erwischt. Mit einer abgesägten Schrotflinte, siebenundzwanzig Heroinbriefchen, und weil es da nicht viel abzustreiten gab, lag jetzt auch das Bündel Zehnerscheine als Beweismaterial auf dem Klapptisch. Eigentlich kein Problem. Dafür gab es normalerweise eine Nacht im Gefängnis. Am nächsten Tag hätte ihn der Haftrichter dann laufenlassen, weil die Zellen notorisch überfüllt waren und das Gericht kleine Fälle wegen Überlastung erst nach Monaten bearbeiten konnte. Das hatte Malik schon ein dutzendmal durchgemacht. Aber darum ging es den Detectives gar nicht. Sie sagten, dass er letzte Woche jemanden niedergeschossen hatte. Mit genau dieser abgesägten Schrotflinte.

Der andere war ebenfalls ein Dealer. Er hatte Malik die Ecke streitig machen wollen, soviel wussten die Detectives. Sie hatten den Dealer letzte Woche im Krankenhaus verhört. Die Schrotladung hatte ihm das Rückgrat zerfetzt. Laufen würde er wohl nie mehr. Aber es war schwer, herauszufinden, wer geschossen hat. Schrotladungen kann kein Ballistiker der Welt identifizieren, und der Dealer wollte nichts sagen. Er behauptete, jemand habe ihn von hinten angeschossen, er wisse auch nicht, warum. In den »Projects«, den Sozialbausiedlungen, packte niemand freiwillig aus, nicht einmal die Opfer. In den Projects war es wie im Bürgerkrieg. Die Ordnungsmacht der Cops kämpfte gegen die Dealer, die mit ihrem Geld und ihren teuren Autos als Gettohelden gefeiert wurden. Die Cops waren der Feind, dem erzählte man nichts. Darauf zählte Malik.

Detective Muhammad stand jetzt ganz dicht vor ihm. Malik konnte das Rasierwasser riechen. Es war eines von der teuren Sorte. Von rechts spürte er den starren Blick von Gary Baker, der noch kein einziges Wort gesagt hatte und sich statt dessen mit diesem Weißen unterhielt, mit mir. Und was ich hier sollte, war ihm nicht klar.

»Du hältst mich also für einen Idioten«, sagte Muhammad ganz ruhig. »Ich habe zwei Zeugen, die gesehen haben, dass du abgedrückt hast, und du willst mir erzählen, dass du keine Ahnung hast?« Das stimmte nicht ganz. Es gab keine Zeugen, doch das wusste Malik nicht. Die Detectives verließen sich auf das »word on the street«. Das sagte, dass Malik an der Ecke arbeitete, an der sie den Niedergeschossenen gefunden hatten, und dass das Opfer vor ein paar Monaten angefangen hatte zu dealen. Mit dieser Mischung aus Gerüchten, Denunziationen und Hinweisen, die sie aus Informanten herauspressten, lösten die Fahnder vom Newark Robbery Squad mehr Fälle als mit den üblichen Computern, Labortests und neuen Hi-Tech-Spielsachen, die sich das Newark Police Department sowieso nicht leisten konnte. Es war hilfreich, dass fast alle Polizisten und Fahnder selbst aus Newark stammten. So kannten sie jede Ecke, und mit einigen ihrer Fälle waren sie früher zur Schule gegangen. Das »word on the street« reichte zwar nicht für einen Haftbefehl, aber wenn ein Verdächtiger von einer Streife aufgegriffen wurde, nahmen sie ihren Mann in die Mangel.

Malik schaute unruhig in die Runde. »Ich schwör's«, sagte er in seinem besten Jammerton. »Ich war das nicht. Ich habe keine Ahnung.« Barry Baker, der immer noch an der Tür lehnt, schüttelte den Kopf. »Wenn einer auf die Wahrheit schwört, dann lügt er garantiert«, sagte er. So was brachten sie einem nicht auf der Polizeiakademie bei. So was lehrte einen die Erfahrung. Die Detectives starrten Malik an, bis er ängstlich auf seine Schuhspitzen blickte.

Barry Baker seufzte. »Für uns gibt es nur zwei Möglichkeiten, auf den Straßen von Newark zu arbeiten: Wir können entweder Respekt einflößen oder Angst verbreiten. Wenn du dir keinen Respekt verschaffen kannst, musst du eben Angst verbreiten.« Er lachte. »Gary und ich haben mal eine ganze Sozialbausiedlung terrorisiert. Die haben Beamte bedroht, da konnten wir nicht mehr anders. Zwei Wochen lang haben wir sie uns vorgeknöpft. Dann war Ruhe.«

Das war fünf Jahre vor diesem Abend gewesen, als die Baker Brothers noch auf Streife gegangen waren. Nun gehörten sie zu den gefürchteten Detectives vom Robbery Squad, zuständig für alles, was nicht mit Drogen oder Mord zu tun hatte. Außerdem waren sie die bestangezogenen Cops an der ganzen Ostküste. Sie trugen Maßanzüge, Designerkrawatten und italienische Schuhe. Muhammad hatte sogar ein Gürtelhalfter für seine Neun-Millimeter-Smith & Wesson, das aus dem gleichen hellbraun genarbten Rindsleder war wie seine Schuhe. »Psychologische Kriegführung«, sagte Barry Baker und lachte. »Anzug und Krawatte verbinden die Leute hier mit Erfolg und Autorität. Das verschafft dir Respekt.«

Die Detectives verloren die Geduld. Malik wurde in eine der Revierzellen eingesperrt, einen stinkenden Käfig, in dem es so eng war, dass man sich nicht einmal hinsetzen konnte. Am nächsten Tag wollten sie beim Haftrichter dafür sorgen, dass er Malik nicht laufenließ. Jetzt wollten sie aber erst einmal wieder los. Draußen wurde es schon dunkel. »Wir versuchen alles vor Sonnenuntergang zu erledigen«, sagte Barry Baker. »Danach ist in Newark die Hölle los, und wir müssen andauernd zu Einsatz.« Der dunkelgraue Chevy Caprice, der ihnen zugeteilt war, ächzte schwer in den Stoßdämpfern, als sich die drei Kolosse in den Wagen zwängten. Gary hatte den Fahrersitz schon durchgesessen, deswegen klemmte jetzt ein Holzbalken zwischen Lehne und Rückbank. Für neue Autos gab es kein Geld. Deswegen klauten Teenager am Wochenende Sportwagen und lieferten sich Verfolgungsjagden mit der Polizei. Sie wussten, dass die Cops in ihren alten Kisten keine Chance hatten. Am Vortag erst war ihnen ein Drogendealer in einem Infinity Sportcoupé entkommen, weil bei dem Streifenwagen, der ihn verfolgte, in jeder Rechtskurve die Fahrertür aufsprang.

Schweigend kurvten die Detectives durchs nächtliche Newark. Ein tristes Stadtbild: heruntergekommene Bürgerhäuser, eintönige Sozialbaublocks, Ruinen mit vernagelten Fenstern. Wir kamen an einer verlassenen Siedlung vorbei. Drei zwölfstöckige Häuserblocks ohne Licht und Fenster. Die Stadt hatte die Siedlung räumen lassen. »Endlich sind sie darauf gekommen, dass man nicht Tausende von verarmten Menschen auf engstem Raum zusammenpacken kann«, sagte Barry Baker. »Das sind die reinsten Brutstätten für Verbrechen und Gewalt.« Die neuen vierstöckigen Sozialbauten waren zwar auch nicht besser, aber überschaubarer.

Kaum ein Mensch war auf der Straße zu sehen. Nur an ein paar Ecken standen junge Burschen in Gruppen zusammen. »Drogenhändler«, sagte Gary Baker. Alle? »Können wir ganz einfach beweisen.« Er rollte langsam auf eine Ecke vor einem Hochhaus zu. Fünf, sechs Burschen standen herum. Plötzlich schaltete Gary Baker die Innenbeleuchtung an. Die Burschen erspähten die drei eleganten Cops im Wagen, liefen los, sprangen über Mauern, Büsche, Autos, verteilten sich in alle Richtungen. Die Polizisten lachten, dass der Wagen wackelte.

»Die Hälfte aller Verbrechen in Newark haben mit Drogen zu tun«, sagte Barry Baker. »Bei den Morden würde ich sogar sagen, siebzig bis achtzig Prozent.« Newark galt im Umkreis von fünfzig Meilen als Drogensupermarkt. Von überallher kamen die Kunden, aus den feinen Vororten von New Jersey und aus New York City. Gary Baker hatte sogar schon Nummernschilder aus Connecticut gesehen. Deswegen wurden Fremde auch sofort von der Polizei angehalten. Vor allem, wenn sie weiß und jung waren. So wie die vier Kids in dem rostigen Ford, den die Detectives erspähten.

Sirene, Blinklicht, rechts ranfahren. »Wir haben uns verfahren«, stammelte der Fahrer, ein bleicher Junge im Heavy-metal-T-Shirt. »Den Blödsinn kannst du einem anderen erzählen«, schnauzte ihn Barry Baker an. »Der Highway ist in genau der entgegengesetzten Richtung, und es gibt überhaupt keinen Grund dafür, dass ihr euch hier herumtreibt.« Die Teenager schauten ganz verschüchtert drein, als die drei eleganten schwarzen Kolosse um ihr Autor herumschritten. »Ihr fahrt jetzt auf dem direktesten Weg zum Highway. Und wenn ich euch hier noch einmal erwische, dann sperr' ich euch ein.« Die Teenager nickten.

Im Wagen ein Funkspruch aus der Zentrale. Code 644 – Schießerei. »Es geht los«, seufzte Gary Baker und drückte aufs Gas. Als wir an der angegebenen Adresse ankamen, stand schon ein

Streifenwagen auf dem Bürgersteig. Die Beamten winkten die Detectives näher. Ein junger Mann lag auf dem Pflaster. Blaue Jacke, dunkles T-Shirt. Und ein rot umrandetes Loch in der Stirn. Eine dickflüssige Blutlache hatte sich um ihn gebildet. Einer der Beamten fühlte ihm den Puls. »Den Krankenwagen können wir uns sparen.« Die Detectives zuckten mit den Schultern. Die weiten Hosen, die Goldketten, die Mütze der Kleidung nach war der Tote ein Dealer. Der verdiente kein Mitleid.

Zynisch fanden sie ihre professionelle Härte nicht. »Irgendwann verliert man die Geduld mit diesen Idioten«, sagte Barry Baker. »Die leben wie die Tiere. Einer schießt den anderen über den Haufen. Wegen nichts. Und wir müssen uns dann mit den Folgen herumschlagen.« Dabei hielt er seinen Job als Detective noch für einen Luxusjob. »Wir kommen im Prinzip, wenn alles vorbei ist. Die Drecksarbeit machen die Streifenpolizisten. Die kriegen die Kugeln ab.« Barry Baker empfahl einen Besuch im Südrevier. »Viele Sozialbausiedlungen in der Gegend. Drogenverseucht und gewalttätig.«

Um neun Uhr abends herrscht Hochbetrieb auf dem Südrevier. Alle paar Minuten schleppte eine Streife einen Gefangenen in Handschellen an die Theke, hinter der der diensthabende Sergeant saß und die Neuaufnahmen in ein dickes Buch einschrieb. Immer wieder die gleichen Delikte – Drogenhandel, Körperverletzung, Raubüberfall. Im Nebenraum drängelten sich die Polizisten mit ihren Gefangenen um Klapptische, auf denen verschmierte Schreibmaschinen standen. Hier sah es nicht viel besser aus als in den Elendsquartieren, in denen die Gefangenen lebten. Gesplitterte Fensterscheiben waren mit Pappe verklebt. Der Putz bröckelte. Es gab nur eine Toilette, die auch noch als Vernehmungszimmer herhalten musste.

Die Streifenbeamten Thomas Ciccione und Franco Cefalu wollten mich mitnehmen. Die beiden jungen Italoamerikaner mit den aufgepumpten Oberarmen hatten es bei ihren Streifen auf die Drogenszene abgesehen. Nächtelang krochen sie über Dächer, durch Gebüsche und Höfe, um ihr Revier Block für Block »für die Bürger zurückzuerobern«.

Vorsichtig schlichen wir durch Hinterhöfe und Gärten, lagen mit Ferngläsern im Gebüsch. Keine hundert Meter entfernt hatten sich zwei Dealer und ihre Freunde vor einem Reihenhaus postiert. Ciccione und Cefalu kannten die Truppe schon. Vor ein paar Wochen hatten sie die mal eingebuchtet. Der Richter hatte sie dann gegen Kaution laufenlassen. »Einzig wirksame Taktik?«, flüsterte Ciccione. »So lange immer wieder verhaften, bis sie als Wiederholungstäter nicht mehr freigelassen werden können.«

Ein magerer Bursche in überweiter Jeans und Seidenhemd schlurfte heran, wechselte ein paar Worte, schüttelte Hände. »Jetzt haben sie das Geld.« Und noch ein paar Hände. »Jetzt hat er die Drogen.« Vorsichtig schlichen sich die beide Cops zurück zu ihrem Streifenwagen, rollten langsam um die Ecke. Dann ging alles ganz schnell. Scheinwerfer, Blaulicht, Sirene. Die Hand am Pistolenhalfter, sprangen sie aus dem Wagen. Die Dealer hoben die Hände. Nur ihr Käufer rannte davon, Cefalu hinterher.

Eigentlich wollten sie den Junkie laufenlassen, weil er für sie nur die Dealer identifizieren sollte. Aber dann ist er nicht nur davongerannt, sondern hat das Koksfläschen zerbissen, die Splitter mit dem Koks runtergeschluckt und auch noch einen Ringkampf mit Franco Cefalu angefangen. Die Dealer mussten sie auch wieder laufenlassen. Die hatten keine Drogen bei sich, keine Waffen und zuwenig Geld.

Der Kunde wollte allerdings auch im Streifenwagen keine Ruhe geben, pöbelte herum. »Du armseliger Wicht«, fauchte er Thomas Ciccione an. »Mein Seidenhemd hat mehr gekostet, als du im Monat verdienst.« Das ließ sich der noch gefallen, nur die Witze über seine Mutter fand er nicht so lustig. Außerdem ging ihm auf die Nerven, dass ihnen dieser Junkie da alle zwei Minuten mit dem Haftrichter und einer Misshandlungsbeschwerde drohte.

Im Revier ketteten sie ihn erst einmal mit Handschellen an eine lange Bank, an der in Abständen von einem Meter Stahlösen eingeschraubt waren. An diese Bank waren auch schon andere Gefangene gefesselt. Thomas Ciccione setzte sich an eine der Schreibmaschinen und versuchte den Bericht zu tippen. Der Junkie ließ ihm allerdings keine Ruhe. Als er dann Fragen zu seiner Person beantworten sollte, zog er mit seiner freien Hand einen Walkman aus der Tasche und setzte sich die Kopfhörer auf.

Thomas Cicciones Gesicht lief knallrot an. Er baute sich vor dem Junkie auf, riss ihm die Hörer vom Kopf und brach sie in der Mitte durch. »Erzähl das auf alle Fälle dem Haftrichter«, brüllte er. Auf dem Revier wurde es ganz still, doch keiner griff ein. Ciccione zerrte dem Junkie den Walkman aus der Tasche und schlug ihm das Gerät ins Gesicht. »Und das auch!« – »Keine Bange«, fauchte der Junkie höhnisch zurück. »Ich werde schon dafür sorgen, dass sie dich feuern.« Plötzlich griff ihm Ciccione an die Gurgel, schüttelte ihn hin und her, bis der Junkie röchelte. Dann warf er den Walkman in die Mülltonne und setzte sich wieder an seine Schreibmaschine. »Also noch mal von vorne. Name. Adresse. Geburtsdatum.«

Die anderen Cops wandten sich wieder ihren Arbeiten zu. Einer grinste und meinte: »Manchmal musst du ein bisschen grob werden, um ihnen zu zeigen, dass du's ernst meinst.«

Warum sie sich überhaupt um die kleinen Fälle kümmerten? »Neue Direktiven«, sagte Thomas Ciccione. »Wir müssen uns sogar um Schulschwänzer kümmern und um Minderjährige, die nach der Polizeistunde noch auf der Straße sind.« Polizeichef Joseph Santiago hatte die neuen Richtlinien ausgegeben.

Santiago schien das Vorbild für die eleganten Detectives zu sein. Er trug einen Designeranzug, kragenloses Hemd, akkurat geschnittene graue Haare und Schnauzer. Santiago war ein Ausnahmefall unter den Polizeichefs. Kein Karrierist von der Universität, sondern ein Cop, der sich vom Streifenpolizist zum Polizeichef hochgearbeitet hatte. Er erklärte auch gleich, warum sich seine Polizisten auch um kleine Vergehen kümmern mussten: »Das ist die Broken-Windows-Theorie«, sagte er. »Wenn die Polizei auch banale Delikte wie ein eingeschmissenes Fenster verfolgt, entsteht in diesem Revier eine Atmosphäre, in der es sich die Leute zweimal überlegen, ein Verbrechen zu begehen.« In New York City hatte die Methode doch funktioniert. Die gesamte Weltpresse berichtete über die phänomenalen Erfolge der Polizei. »Der Witz ist – die Theorie stammt aus Newark«, sagte Santiago. »George Kelling hat sie damals hier an der Rutgers University entwickelt.« Die harte Methode schien nicht nur in New York zu funktionieren. Seit zwei Jahren war Santiago im Amt, und er konnte schon Zahlen vorweisen. »Letztes Jahr ist die Zahl der Raubüberfälle um über vierzig Prozent zurückgegangen, die Mordrate um fünfzig Prozent.« Doch dann gab es wieder Phasen wie diesen Herbst. Vier Doppelmorde in einer Woche. Für eine Stadt mit nur zweihundertfünfzigtausend Einwohnern ist das ziemlich viel.

Die Männer vom Homicide Squad, dem Morddezernat, redeten nicht über Zahlen. Sie zeigten mir lieber ihre Polaroid-Sammlung. Tote junge Männer in Blutlachen, verweste Leichen, Bilder von Obduktionen. Protokolle ihres Alltags. »Das ist die Realität hinter der Statistik«, sagten sie. »Ganz egal, wie gut die Zahlen aussehen.«

★

Gilvo Gialanelle, den sie alle »Giuvo« nannten, zog sich die Plastikhandschuhe über. Der hagere Fahnder war an diesem Tag noch etwas grauer im Gesicht als sonst. Er musste einen richtigen Drecksjob erledigen. Gestern hatte er einen Doppelmord bearbeitet. Zwei »Stickup Kids« waren erschossen worden. Stickup Kids überfielen Drogenhändler, weil sie wussten, dass die nicht zur Polizei gehen konnten. Deswegen leisteten sich einige Drogenhändler inzwischen Bodyguards.

Die zwei von gestern waren mit ihrem Wagen zu einer Drogenecke gefahren. Die Pistolen hatten sie schon auf dem Schoß, doch noch bevor sie aussteigen konnten, war jemand von hinten an den Wagen herangetreten und hatte sie erschossen. Profiarbeit. Ein Genickschuss für jeden. Wie bei einer Hinrichtung.

»Giuvo« musste jetzt die Kleider der Toten zum Trocknen aufhängen. Er zog ein T-Shirt aus dem Plastiksack. Die Blutkruste war schon eingetrocknet und das Hemd steif wie ein Brett. Ein Teil nach dem anderen hängte er in der Dusche hinter der Abstellkammer auf. Mit einem Stift zeigte er auf ein paar dunkle Brocken auf der Hose. »Das ist die Gehirnmasse«, sagte er und lachte. »Wenn sie einem mit der Neunmillimeter in den Kopf schießen, sprengt das die Schädeldecke auf. Das ist dann immer eine Riesensauerei.«

Sein Partner Keith Sheppard, ein muskulöser Schwarzer mit kahlrasiertem Schädel, half ihm, die Habseligkeiten der Toten zu ordnen. Turnschuhe, Schlüsselbund, Brieftaschen, Kleingeld. Es grauste ihn dabei. »Du weißt nie, ob da nicht irgendwelche Nadeln in den Taschen sind.« Das war der Alptraum jedes Fahnders: in die Nadel eines aidskranken Junkies zu fassen.

Sergeant Lorraine stand mit einem Mal in der Tür. Ein Anruf aus dem Krankenhaus. Eine Babyleiche. Im Bett erstickt. Der Vater behauptet, es war ein Unfall, doch der Arzt glaubt, es war Mord. Detective Curtis Blue soll ins Krankenhaus fahren, »Giuvo« und Sheppard zum Vater.

Das Apartment lag im Souterrain eines Sozialbaus. Nackte Neonröhren beleuchteten den Gang. Ein schaler Geruch nach abgestandenem Essen lag in der Luft. Das Wohnzimmer mit der Kochecke war nur dürftig eingerichtet: ein ovaler Esstisch, zwei Sofas, mit Wolldecken abgedeckt, ein Schrank mit Glastüren, in dem Konservendosen gestapelt waren. An den Wänden hingen ein paar Familienbilder. Der Vater saß im Unterhemd am Esstisch und rauchte. Im Schlafzimmer kauerten ein Vierjähriger und ein Sechsjähriger auf dem Bett, in dem vor wenigen Stunden ihre vier Tage alte Schwester gestorben war. Ein Fernseher lief, und sie achteten nicht weiter auf die zwei Detectives, die sich jetzt ihren Vater vornahmen.

»Giuvo« begann das Verhör. Wie das Mädchen gestorben sei. »Ich war betrunken und hab' mich im Schlaf auf sie gerollt.« Was er getrunken habe, wie lange, wo, wann er aufgewacht sei. Der Vater antwortete mit monotoner Stimme. »Ich schwör's. Es war ein Unfall.« Die Fahnder zogen die Augenbrauen zusammen. Auch sie kannten diese Wahrheitsschwüre.

Ab ins Krankenhaus. In der Notaufnahme wartete schon Detective Curtis Blue, der den Arzt befragt hatte. Eine Krankenschwester führte Blue, Sheppard und »Giuvo« hinter einen Vorhang in der Notaufnahme. Ein kleines Bündel lag auf der Bahre. Curtis Blue und »Giuvo« streiften sich Plastikhandschuhe über. Blue begann mit der Untersuchung, drehte den winzigen leblosen Körper in alle Richtungen. An der Hüfte des Babys entdeckte er einen großflächigen Bluterguss. Obwohl das Opfer erst vier Tage alt war, waren schon alle Spuren des Todeskampfes zu sehen. Der verkrampfte Gesichtsausdruck. Die Exkremente überall, weil sich der Körper im letzten Moment ungewollt entleert hatte. Curtis Blues hängende Gesichtszüge wirkten noch trauriger als sonst.

Auch »Giuvo« war ganz still geworden. »Passiert andauernd«, sagte er fast flüsternd. »Der Vater oder Freund ist high und bleibt mit dem Baby alleine. Das schreit, er kann's nicht beruhigen und dreht durch.« Der Arzt erklärte den Detectives, dass die Geschichte des Vaters unglaubwürdig war. Hätte er sich auf das Baby gerollt, wären Druckspuren zu erkennen gewesen. Es war aber nichts dergleichen zu sehen. Ein Kopfkissen dagegen hinterließ keine Druckspuren. Curtis Blue verschnürte das Bündel wieder. »Giuvo« biss sich auf die Lippen. Der Galgenhumor war ihm vergangen. »Das sind die Fälle, über die du nicht hinwegkommst«, sagte er. »Solche Bilder verfolgen dich bis in deine Träume. Das können Zahlen nicht erfassen.«

1157 Wheeler Avenue
Lizenz zum Töten

In New York City hatte Rudolph Giuliani noch eine Geheimwaffe, mit der er gegenüber den überforderten Polizeikräften in urbanen Krisengebieten wie Newark einen entscheidenden Vorteil hatte: die gefürchtete »Street Crimes Unit«, eine Truppe hochdekorierter Zivilbeamter mit fast unbegrenzten Befugnissen. Kaum ein Normalbürger wusste von ihrer Existenz. Bis zu jenem 5. Februar im Jahre 1999, als vier Polizisten der Einheit in der Bronx den unbewaffneten afrikanischen Straßenverkäufer Amadou Diallo erschossen.

Fassungslos verfolgten die New Yorker eineinhalb Jahre später die Liveübertragung der Urteilsverkündung im Prozess gegen die vier weißen Polizisten der Street Crimes Unit, die einundvierzig Kugeln auf den Zweiundzwanzigjährigen abgefeuert hatten. Diallo hatte dem Phantombild eines Vergewaltigers ähnlich gesehen, den die vier Polizisten in der Gegend gesucht hatten. Als er sich verängstigt in das Vestibül des Mietshauses 1157 Wheeler Avenue flüchtete, in dem er logierte, als er sich, in die Ecke gedrängt, umwandte und den Cops seine Brieftasche entgegenstreckte, damit sie seinen Ausweis kontrollieren konnten, eröffneten die Beamten in einer Panikreaktion das Feuer.

Vierundzwanzigmal hallte das »Nicht schuldig« zu jedem einzelnen der Anklagepunkte durch den Gerichtssaal. Für die Bewohner der Minderheiten- und Einwandererviertel waren danach weder die ungewohnt versöhnlichen Worte des Bürgermeisters noch die Verkündung des Schwarzenführers Al Sharpton, man werde sofort in Revision gehen, ein Trost. Der Freispruch war Salz auf eine Wunde, die trotz Bürgerrechtsbewegung und gesetzlich verankerter Political Correctness nie verheilt war – das Gefühl, dass Amerika großen Teilen seiner Bevölkerung den Krieg erklärt hat.

Für Außenstehende ließ sich die Stimmung auf den Straßen der amerikanischen Gettos kaum nachvollziehen. Mich hatte schon öfter der Zorn gepackt, wenn ich Zeuge einer jener alltäglichen Ungerechtigkeiten wurde. Wenn ich gemeinsam mit einem schwarzen Freund abends in New York so lange kein Taxi Richtung Harlem bekam, bis der sich hinter einem Auto versteckte. Wenn ich mit ihm in eine der Polizeikontrollen geriet, bei der die Beamten mich als Weißen höflich baten, zur Seite zu treten, um ihn dann herumzuschubsen und zu durchsuchen. Wenn ich beobachtete, welche Kämpfe für ihn jeder noch so kleine Erfolg im Berufsleben erforderte, der für seine weißen Altersgenossen längst selbstverständlich geworden war. Doch was es bedeutete, als Angehöriger einer Minderheit ein ganzes Leben in einer Gesellschaft zu verbringen, die einen auf Schritt und Tritt verfolgt, kontrolliert und benachteiligt, konnte ich höchstens verstehen, aber niemals nachfühlen.

Kurz nach den tödlichen Schüssen auf Amadou Diallo organisierten die »100 Black Men in Law Enforcement«, eine Gruppe schwarzer Polizeibeamter, einen Trainingskurs, mit dem sie durch die Schulen der New Yorker Minderheitenviertel zogen. In Rollenspielen übten sie mit den Kindern und Teenagern, wie man sich als Schwarzer oder Latino zu verhalten hatte, wenn man von der Polizei angehalten wurde.

Das Programm erinnerte eher an die Schulungen, die Nachrichtenmedien für ihre Kriegsberichterstatter veranstalteten, bevor sie sie nach Bosnien oder in den Kosovo schickten, als an eine Nachhilfestunde in Staatsbürgerkunde. Erste Grundregel: nicht auffällig verhalten. Oft reichte schon ein misstrauischer Blick, schnelles Laufen oder das rasche Abbiegen in einen Hauseingang oder eine Gasse, um sich verdächtig zu machen. Auf Anruf der Polizei sofort anhalten. Nur sprechen, wenn man gefragt wurde. Während des gesamten Vorgangs sollte man nichts in den Händen halten und die Hände vor allem so halten, dass die Beamten sie immer sehen könnten. Für den Fall, dass die Beamten Handschellen anlegten: Hände auf den Rücken und kooperieren. Abrupte Bewegungen waren auf alle Fälle zu vermeiden.

Die 100 Black Men sprachen aus, was es offiziell nicht geben durfte. Sie wussten, dass ihre weißen Kollegen sehr wohl mit dem streng verbotenen »Racial Profiling« arbeiteten, jenem Rasterdenken, nach dem es schon ausreichte jung, schwarz und männlich zu sein, um sich verdächtig zu machen. Und sie wussten auch, dass die amerikanische Polizeiausbildung keinen Schuss auf die Beine vorsieht. Detective Gary Baker hatte mir das in Newark einmal erklärt. Er würde ja seine Pistole doch nur ziehen, wenn sein eigenes oder das Leben eines Dritten gefährdet wäre. »Wer hat da schon Zeit, noch auf die Beine zu zielen, die unglaublich schwer zu treffen sind. Nein, da hält man auf die Mitte.«

Für die unzähligen Einwanderer war es noch schwieriger, mit diesen Situationen umzugehen, als für Menschen, die im Getto aufgewachsen sind. Sie lebten in einer isolierten Welt, die weit weg war von Amerika. In den Einwandererstraßen wie der 116nd Street in Harlem, dem Grand Concourse in der Bronx oder der

Roosevelt Avenue in Queens waren sie noch lange nicht in den USA angekommen. Hier hatten die Einwanderer vielmehr ihre eigene Vorstellung von Amerika in die USA importiert, und so erinnerten die Blocks mit ihren Imbissstuben und Discountläden weniger an New York als an die Innenstädte von Dakar, Bogotá oder Bangkok, die versuchen, mit Neonlicht und Markenprodukten Amerika zu imitieren. Der einzige Kontakt, den sie in den ersten Jahren mit ihrem Gastland hatten, waren die Beamten der Behörden und die Polizisten auf der Straße. Und weil sie schließlich nach Amerika gekommen waren, um der Armut, der Gewalt und der Verfolgung in ihrer Heimat zu entkommen und in der Demokratie und Freiheit der USA zu leben, standen sie dem institutionalisierten Rassismus vollkommen unvorbereitet gegenüber.

Deswegen hatte Amadou Diallo auch nicht sofort auf den Befehl der Beamten reagiert, stehenzubleiben, sondern hatte versucht, sich in das Vestibül zu drücken. Als er sich in die Enge getrieben sah und umdrehte, zückte er seine Brieftasche mit dem Ausweis, die Officer Sean Carroll dann für eine Pistole hielt. Ein Verhalten, das einem normalerweise außerhalb von aktiven Kriegsgebieten höchstens einen Rüffel eingebracht hätte. Amadou Diallo war nicht der erste, dem auf den Straßen Amerikas der Griff nach der Brieftasche, dem Führerschein, Ausweis oder Mobiltelefon zum Verhängnis geworden war. Für die Geschworenen und die New Yorker Polizei hatte der Prozess trotzdem bewiesen – er hatte seinen Tod selbst verschuldet.

Aber auch auf der anderen Seite wurde die Situation auf den Straßen als extrem feindselig empfunden. Die meisten Polizeibeamten lebten in den Vorstädten und kamen nur zum Dienst in die Gettos, in eine für sie fremde Welt. Unter den dreihundertfünfzig Beamten der Street Crime Unit gab es zum Beispiel nur neun schwarze Beamte. Weiße Polizisten arbeiteten in den Gettos in Gemeinden, in denen sie seit Jahren als Feindbild galten, und das ließ man sie auch spüren. Überall, wo sie auftauchten, begegneten sie offener Ablehnung, die sie nur brechen konnten, indem sie sich bedingungslosen Respekt verschafften. Wenn es sein musste, mit Gewalt. Dann schlug die Ablehnung wenigstens in ängstliche Unterwürfigkeit um. Am grundsätzlichen Verhältnis zwischen Polizei und Bürgern im Getto änderte das nichts.

Der Rapper und Aktivist KRS One schrieb vor Jahren einen der erfolgreichsten Politsongs zu diesem Thema. In »The Sound Of Da Police« verglich er die Polizisten mit den Aufsehern der Sklavenplantagen, und in der letzten Strophe sprach er das Wort »Officer« so oft und schnell, bis daraus phonetisch »Overseer« geworden war – Sklavenaufseher. Das war vielleicht überspitzt, aber den Refrain des Stückes riefen sich schwarze Jugendliche noch lange auf der Straße zu – einen kurzen Aufschrei, der die Sirene eines New Yorker Polizeiwagens imitierte.

Reverend Calvin Butts, der politisch einflussreiche Prediger von der Abyssinian Baptist Church in Harlem, beschrieb die Wut der Erwachsenen über das Urteil am darauffolgenden Sonntag in seiner Predigt: »Ich fühle mich ein bisschen wie unser Herr Jesus. Ich würde gerne ein paar Tische umwerfen.« Das Urteil sei das Symptom eines tief verwurzelten Rassismus gewesen, ähnlich wie der, der einstmals friedliche Schwarzenführer in Südafrika dazu gebracht hatte, sich in ihrem Befreiungskampf zu bewaffnen. Ungewohnt harte Worte von einem konservativen Geistlichen, der sich eher in der Tradition von Bürgerrechtlern wie Martin Luther King als der von Revolutionären wie Malcolm X sah.

Bürgermeister Giuliani hatte an diesem Punkt begriffen, dass er seine Polizei nicht länger bedingungslos verteidigen konnte. Strenge Auflagen zwangen seine Beamten seitdem zum korrekten Umgang mit Verdächtigen. Bürgerrechtsorganisationen veranstalteten Sensibilisierungskurse, bei denen sie versuchten, den Beamten die Realitäten jener fremden Welten nahezubringen, in denen sie auf Streife gingen. Doch all die Bemühungen waren durch das Urteil zunichte gemacht worden. Gegen das Gefühl der Unterdrückung und die Wut waren wohlgemeinte Gesten machtlos. Auf den Straßen von New York galt das Urteil als eine Lizenz zum Töten für die Polizei. »Diese Stadt hat uns den Krieg erklärt«, klagte der Moderator einer der schwarzen Radio-Talk-Shows damals. Das klang nach absurden Verschwörungstheorien. Aber er traf damit den Nerv seiner Zuhörer. Es war ja auch nicht nur die Exekutive, die so feindlich gestimmt war. Der institutionalisierte Rassismus ging noch viel tiefer. Wer als Schwarzer oder Latino einmal in die Mühlen der Justiz geraten war, bekam das überdeutlich zu spüren. Ein Viertel aller schwarzen Amerikaner zwischen zwanzig und neunundzwanzig Jahren ist entweder im Gefängnis, auf Kaution oder auf Bewährung frei. Das sind mehr, als an höheren Schulen eingeschrieben sind. Der Alltag an einem New Yorker Gericht verläuft heute immer noch entlang längst vergessen geglaubter Rassengrenzen.

100 Centre Street
Das Ende der Gerechtigkeit

Es war der Morgen eines beliebigen Werktages vor dem weit in den Himmel ragenden Gründerzeitgebäude des New Yorker Strafgerichts in der Centre Street 100. Ich hatte für den Termin mit dem Pflichtverteidiger Zwi Wasserstein Sakko und Krawatte angezogen, schließlich sollte ich ihn eine ganze Schicht lang begleiten, aber der Effekt war doch erstaunlich. Junge Damen und Herren auf dem Weg ins Gebäude grüßten mich überhöflich und mit einem angedeuteten Bückling. Sie waren die Angeklagten oder die Freunde und Verwandten von Angeklagten, und weiße Männer mit Krawatten, das wussten sie, würden ihnen in einem der sechzehn Stockwerke des Gerichtsgebäudes mit ziemlicher Sicherheit in einer Machtposition als Anwalt, Richter oder Geschworener begegnen. Die jungen Damen und Herren, allesamt Schwarze und Latinos, hatten zwar ihr bestes Gewand aus dem Schrank geholt, doch das beschränkte sich bei den Bewohnern der New Yorker Armenviertel oft auf einen sauberen Trainingsanzug oder ein Baseballhemd ohne Löcher. In jedem Fall wollte man einen guten Eindruck machen. Denn im amerikanischen Strafrecht gab es de facto längst keine Ankläger und Angeklagten mehr, sondern nur noch die Strafmacht der Justiz und die beschuldigten Bittsteller.

Thomas Washington, ein achtundzwanzigjähriger schwarzer, arbeitsloser Metallarbeiter aus Harlem, war einer von ihnen. Er war angeklagt, für einen Drogendeal Schmiere gestanden zu haben, bei dem ein Straßendealer für zwanzig Dollar Crack an einen Zivilbeamten verkauft hatte. Jetzt drohte er als Kollateralschaden des Antidrogenkrieges zu enden, wie so viele Schwarze und Latinos, die rund sechzig Prozent der über eine Million Häftlinge in den USA stellten.

Seit sieben Monaten saß Washington schon in Untersuchungshaft. Der Staatsanwalt hatte ihm drei Jahre Gefängnis angeboten, wenn er auspacken würde. Aber Washington war stur geblieben und beharrte auf seiner ersten Aussage: Er sei nur zufällig an der Ecke herumgestanden, als der Dealer verhaftet wurde. Sein Verteidiger Zwi Wasserstein, ein drahtiger junger Mann, der sein leidenschaftliches Plädoyer mit ausladenden Gesten unterstrich, hatte nicht allzu große Hoffnungen. Die Zeugen, allesamt Polizeibeamte, hatten sich ganz offensichtlich gut abgesprochen. Schuldig oder nicht – Washington hatte sich auf das Angebot nicht eingelassen, raubte dem Staat in den Augen von Staatsanwalt und Richter mit dem aufwendigen Prozess Zeit und Geld und lief nun Gefahr, zu viereinhalb bis fünfundzwanzig Jahren verurteilt zu werden. Denn, so Zwi Wasserstein, »wer sich auf die Angebote des Staatsanwaltes nicht einlässt, der hat die Justiz schon von vorneherein verärgert«. Dann verhängte der Richter auch gerne mal die Höchststrafe.

Es war keine reine Polemik, wenn amerikanische Anwälte das Ende der Strafjustiz beklagten, sondern ihre tatsächliche Meinung über den gegenwärtigen Zustand ihres Rechtssystems. Sogar im *New York Magazine,* dem Wochenblatt für Besserverdienende, war eine sechsseitige Reportage über den Niedergang der Strafverteidigung zu lesen gewesen. Prominente Anwälte meldeten sich in dem Artikel zu Wort. Der Staranwalt Ben

Brafman zum Beispiel, ein bulliger Mann, dessen breite Schultern stets in maßgeschneiderten Nadelstreifen steckten. »Früher waren Prozesse noch ein sportlicher Wettkampf. Da ging es darum, wer sich besser durch den Paragraphendschungel schlagen konnte, wer rhetorisch fitter war«, wurde er in der Reportage zitiert. »Heute ist das alles nur noch Verhandlungssache.«

Man kannte Brafman aus den Schlagzeilen der Boulevardzeitungen, weil er den Musikproduzenten und Rapstar Sean »Puff Daddy« Combs davor bewahrt hatte, wegen einer Schießerei im New Yorker Nachtclub »USA« für fünfzehn Jahren ins Gefängnis zu wandern. Als das Urteil damals verkündet wurde, brach Brafman in Tränen aus. Nicht weil er ein so emotionaler Mensch war, sondern weil er wusste, dass ein Sieg der beklagten Partei vor Gericht in den meisten Strafrechtsfällen eine Ausnahme geworden war. Nicht nur das – alleine der Umstand, dass Puff Daddys Fall überhaupt vor Gericht verhandelt wurde, war schon ungewöhnlich.

Das amerikanische Justizsystem hatte in drei Jahrzehnten eine Metamorphose durchlaufen, welche die Grundsätze des Rechtsstaates in Frage stellte. Alleine das Strafgesetzbuch des Bundesstaates New York war von zweihundert auf sechshundert Seiten angewachsen. Hier in New York hatte diese Metamorphose auch begonnen, und zwar mit den strengen Drogengesetzen, die Nelson Rockefeller während seiner Amtszeit als Gouverneur des Staates New York durchsetzte. Die Rockefeller Laws legten 1973 für den Verkauf von zwei Unzen (etwas über sechsundfünfzig Gramm) beziehungsweise den Besitz von vier Unzen (knapp einhundertvierzehn Gramm) Rauschgift erstmals Mindeststrafen von fünfzehn Jahren Gefängnis ohne Bewährung fest. Weitere Bundesstaaten folgten dem Beispiel. Höhepunkt der drakonischen Gesetzgebungen waren bisher die 1994 per Volksentscheid erlassenen sogenannten 3-Strikes-Laws in Kalifornien, die auf der Grundregel des Baseball basierten: Nach drei verpatzten Aufschlägen scheidet man aus dem Spiel aus. Wiederholungstäter erhielten für ihre dritte Straftat automatisch lebenslänglich.

Das Fatale an Gesetzen dieser Art ist, dass die Legislative, sprich die Politiker, damit der Judikative, also den Richtern, jeden Spielraum nimmt. Viele Gesetze waren so eng ausgelegt, dass es zu kuriosen Verurteilungen kam, wie in dem Fall in Los Angeles, bei dem ein zweifach vorbestrafter Neunzehnjähriger gegen den Willen des Richters für den Diebstahl einer Pizza zu einer lebenslänglichen Haftstrafe verdonnert werden musste. Gleichzeitig wurden die Staatsanwälte mit immer neuen Befugnissen und Mitteln ausgestattet. Das Büro des New Yorker District Attorney war innerhalb von zwei Jahrzehnten von einhundertfünfzig auf sechshundert Staatsanwälte angewachsen. Statt einem »Investigator« gab es inzwischen achtzig fest angestellte »Detectives«, die nach Indizien und Beweisen suchten.

Nur wenige Pivatkanzleien konnten da noch mithalten. Also wurde außergerichtlich verhandelt. Sogenannte Plea Bargains waren längst die Norm: Der Staatsanwalt machte ein Angebot, das deutlich unter der Höchsstrafe lag. Der Verteidiger versuchte das noch etwas runterzuhandeln. Brachte er beispielsweise Kooperationsbereitschaft oder die Aussicht, strafrechtlich relevante Informationen über Dritte weiterzugeben, ins Spiel, machte er seinen Mandanten also zum Spitzel, konnte er in den meisten Fällen eine geringere Strafe herausschlagen.

»Unsere Arbeit hat früher immer Spaß gemacht«, sagte Verteidiger Joel Rudin. »Man hat mit den Staatsanwälten auf gleicher

Ebene gerungen. Aber heute halten die Staatsanwälte alle guten Karten in der Hand. Es ist buchstäblich unmöglich geworden, gegen das System zu gewinnen.« Was aus dem Mund eines Verteidigers mit Stundensätzen bis zu zweihundertfünfzig Dollar noch wie die wehmütige Erinnerung an den Sportsgeist vergangener Zeiten klang, wurde in den Schützengräben der Strafjustiz zum existentiellen Problem. Dann nämlich, wenn sich ein Angeklagter keinen privaten Anwalt leisten konnte und darauf angewiesen war, sich von einem Pflichtverteidiger vertreten zu lassen. Wer da in Texas vor Gericht stand, hatte besonderes Pech, denn dort gibt es kein Public Defenders Office, sondern nur die Auflage für alle Anwälte, dem Staat als Pflichtverteidiger für ein Minimum an Zeit zur Verfügung zu stehen. Da konnte es dann eben auch vorkommen, dass ein Spezialist für Steuerrecht einen Todeskandidaten verteidigen musste.

In New York war die Lage besser. Beispielsweise wurden sechzig Prozent aller Angeklagten, die sich keinen eigenen Anwalt leisten können, von der Legal Aid Society übernommen, einem Büro von dreihundertfünfzig hauptamtlichen Pflichtverteidigern, die ihre Mandanten mit dem kämpferischen Ethos von Menschenrechtsaktivisten vertraten. Doch selbst die stießen mit ihrem Kampfgeist schnell an die Grenzen des Machbaren.

Genauso erging es Zwi Wasserstein an diesem Morgen. Im Normalfall bearbeitete er als Pflichtverteidiger sechzig bis achtzig Fälle gleichzeitig. In Verhandlung ging dabei nur ein Bruchteil. »Wir sind eigentlich fast immer gezwungen, auf das Angebot des Staatsanwaltes einzugehen«, sagte er. »Das reduziert unsere Arbeit auf ein reines Verhandeln. In vielen Fällen sind wir als Verteidiger eigentlich nur die professionell geschulten Bittsteller unserer Mandanten.«

Der Prozess gegen Thomas Washington dauerte nicht lange. Nach zwei Verhandlungsterminen befand die Jury einstimmig: schuldig. Zwar glaubten einige der Juroren, die Praxis der Polizei, kleine Straßendealer zum Verkauf von Drogen anzustiften, sei nicht gerade konform mit der amerikanischen Verfassung. Aber das war hier ja nicht verhandelt worden. Das wäre eine Frage für das Verfassungsgericht gewesen. Sie fanden den Angeklagten auch viel sympathischer als die beiden Zivilbeamten, die mit dem verschüchterten jungen Mann ganz offensichtlich ihre Verhaftungsquote heben wollten. Aber auch das stand nicht zur Debatte. Und so blieb ihnen nichts anderes übrig, als nach Beweislage zu entscheiden. Die Richterin zeigte sich gnädig, gab ihm nur viereinhalb Jahre.

Hätte der Dealer an diesem Tag übrigens zwei Briefchen mit Kokainpulver verkauft und nicht zwei Röhrchen mit Crack, wäre Thomas Washington vielleicht sogar mit einer Bewährungsstrafe davongekommen. Doch auch da ließ das Gesetz keinen Spielraum. Bei Crack reichte schon ein Zehntel der Menge, damit das Vergehen als Schwerverbrechen eingestuft und mit hohen Haftstrafen ohne Bewährung geahndet wurde. Der Bürgerrechtler Reverend Jesse Jackson hatte diesen Unterschied in der Rechtsprechung schon mehr als einmal als rassistisch angeprangert. Koksen war die Sucht der meist weißen Mittel- und Oberschicht, Crack die Droge der armen Minderheiten.

Für Zwi Wasserstein war diese strafrechtliche Feinheit nur ein Steinchen im Mosaik des amerikanischen Strafrechts, das ein recht monochromes Bild ergab. »Die überwiegende Anzahl meiner Mandanten sind Schwarze und Latinos«, stellte er trocken fest. Und auch der Umstand, dass Weiße von ihnen vor dem Gerichtsgebäude präventiv gegrüßt werden, verwunderte ihn nicht weiter. »Hier unten am Gericht herrscht manchmal schon eine ziemlich koloniale Atmosphäre«, sagte er. Für ihn war das nur ein Grund mehr, für das Recht seiner Mandanten zu kämpfen. Gegen das Unrecht schützt nur eines: wirtschaftlicher Aufstieg.

Adam Clayton Powell Jr. Boulevard, Ecke 131st Street
Das Gelobte Land

Mit einer eleganten Drehung glitt der junge Mann im anthrazit-farbenen Anzug zurück auf die weiße Lederbank. Ein Eiskübel stand an seiner Seite, mit einer Flasche Champagner darin, an dem seine Begleiterin stilecht aus einer schmalen Kristallflöte nippte. Harlems Supper Club »Jimmy's Uptown« war wie jeden Samstagabend bis auf den letzten Tisch besetzt. Deswegen musste sich der junge Mann immer wieder erheben, Handschlä-ge mit Freunden, Bekannten, Kollegen austauschen. Scott hieß der junge Mann, und heute abend hatte er etwas zu feiern. Er hatte einen Firmenzusammenschluss gedeichselt, und wenn er weiter so erfolgreich arbeitete, wollte ihn die Anwaltskanzlei bald zum Partner machen.

Mit seinen weißen Lederecken, den Edelholztischen, Blumen-arrangements und Niedervoltlampen wirkte das fast zweitau-send Quadratmeter große »Jimmy's Uptown«, als hätten sich die Designer von Gucci ein Lokal ausgedacht. Das Dinner kostete um die einhundert Dollar pro Kopf, die Weinliste war exzellent, und der Chef der separaten Sushi-Bar kam aus Japan. Junge, erfolgreiche Schwarze trafen sich hier, seit den Achtzigern in Anspielung auf die Yuppies »Buppies« genannt. Jene obere Mit-telschicht, die mit ihren satt sechsstelligen Jahreseinkommen den Beweis dafür geliefert hatte, dass es eben doch geklappt hatte mit den Versprechungen der Bürgerrechtsära, dass wirklich jeder ein Anrecht auf den amerikanischen Traum hatte, der für viele immer noch Wohlstand bedeutete.

Es war noch nicht so lange her, da waren die Jungs aus den Sozialbaublöcken gleich gegenüber in dicken Jacken und klobigen Stiefeln an dieser Ecke Adam Clayton Powell Boulevard und 131. Straße herumgestanden, und hatten ihre Drogengeschäfte in der Telefonzelle abgewickelt. Nun standen am Wochenende die Limousinen und Taxis vor dem »Jimmy's« Schlange, und die Kleindealer ließen sich längst nicht mehr blicken.

Überhaupt hatte sich in Harlem einiges verändert, hier in der Hauptstadt des schwarzen Amerika, jenem Teil des nördlichen Manhattan, das der Kongressabgeordnete Adam Clayton Powell Anfang der vierziger Jahre das »Gelobte Land« der Schwarzen genannt hatte. Erst später hatte die Gettoisierung der amerikanischen Innenstädte während der sechziger und siebziger Jahre das ehemals prächtige Bürgerviertel in einen Slum verwandelt. Ein paar Straßen weiter, an Harlems Hauptstraße, der 125th Street, hatten sich sich die Fastfood-Lokale neben den Discountläden gedrängt. Harlem war ein Niemandsland gewesen. Es hatte dort keine Supermärkte, keine Bankfilialen gegeben. Zwei Drittel aller Gebäude waren in den Besitz der Stadtverwaltung übergegangen. Ganze Häuserzeilen waren dem Verfall preisgegeben gewesen, die Fenster vernagelt, die Türen vermauert. Für die wenigen Mutigen, die hier oben investieren wollten, gab es von den Banken kein Geld.

Eine kleine Gruppe schwarzer Power Broker hatte schon Anfang der neunziger Jahre den ökonomischen Aufstand geprobt, unter ihnen der ehemalige Stadtteilpräsident und Medientycoon Percy Sutton, Charles Rangel (Adam Clayton Powells Nachfolger im Kongress) und die Immobilienmakler Webb & Brooker. Mit David Dinkins hatte New York damals nicht nur einen schwarzen Bürgermeister, sondern sogar einen Harlemiten im Rathaus gehabt. Sie setzten durch, dass Harlem zur bevorzugten Steuerzone erklärt wurde. Mit Erfolg.

Die Buppies waren die ersten, die in die urbane Wüste zurückkehrten. Sie kauften die ehemals prächtigen Brownstones und renovierten die legendären Bürgerhäuser mit den steilen Treppenstufen. Dann folgten die Banken. Pathmart eröffnete die erste Supermarktfiliale, Carver Federal Savings die erste Bank. Während der Wirtschaftswunderjahre unter Clinton ergoss sich der Wohlstand dann wie eine Flutwelle über die 125. Straße. Nun sah es dort aus wie in einer adretten Kleinstadt. Es gab Kopfsteinpflaster auf dem Trottoir, kleine Bäumchen säumten die Straßen. Große Einzelhandelsketten hatten Filialen eröffnet – der CD-Großhändler HMV, der Foot-Locker-Turnschuhmarkt, ein Magic-Multiplexkino, sogar ein Disney Store und eine Cappuccinobar von Starbucks.

Auch die Touristen waren zurückgekehrt. Vor allem die Europäer und Japaner freuten sich, im neuerdings sicheren Harlem ein wenig »tough, urban atmosphere« zu schnuppern. Sie aßen Rippchen bei »Sylvia's«, hingen nachts in Jazzclubs wie der »Lennox Lounge« oder »Showman's Café« herum, besuchten am Sonntag eine Gospelmesse, und am Mittwoch ließen sie sich in Bussen zur Talentnacht im »Apollo Theater« karren, jener Insitution, in der das legendäre Harlemer Scharfrichterpublikum schon Jungtalente wie James Brown und Luther Vandross entdeckt hatte.

Nun war von der zweiten Harlem Renaissance die Rede, vom Phoenix aus der Asche. Und spätestens als Ex-Präsident Bill

Clinton mit einem triumphalen Straßenfest in sein neues Büro an der Ecke 125. Straße und Malcolm X Boulevard einzog, gleich neben dem neuen Cajun-Restaurant »Bayou«, war Amerika klargeworden: Harlem hat sich gewandelt.

Clinton wusste, dass sein Einzug ein wichtiges Signal bedeutete. Aber er wusste auch, dass seine Anwesenheit in einem so labilen Viertel wie Harlem nicht nur ein positives Signal war. Als er da unter der Mittagssonne inmitten all der schwarzen Honoratioren auf der Bühne stand, bemerkte er ganz nebenbei: »Ich hoffe, dass die lokalen Geschäftsleute jetzt nicht vertrieben werden.« Ein heikles Thema: Die Kulturgeschichte der amerikanischen Städte waren eben auch immer die Geschichte des Immobiliengewerbes.

★

In Harlem kehrte sich in den Jahren von Clinton und Giuliani eine Entwicklung um, die vor rund einhundert Jahren aus dem damaligen beschaulichen Vorort deutscher, italienischer und jüdischer Einwanderer ein Schwarzenviertel gemacht hatte. Damals hatten sich zwei Hausbesitzer zerstritten. Der eine vermietete sein Haus daraufhin aus purer Boshaftigkeit an Schwarze aus dem Armenviertel Hell's Kitchen, wohl wissend, dass dadurch auf dem rassistischen Immobilienmarkt die Preise aller umliegenden Areale fallen würden. Er behielt recht. Die Weißen zogen fort. Mehr Schwarze kamen nach. Wenige Jahre später erklärten sechs Banken die Gegend zwischen 110. und 145. Straße inoffiziell zum »Negerviertel« und damit für wertlos.

Am Rassendenken des Immobilienmarktes hat sich bis heute

nichts geändert. Mit jedem Weißen, der in die Gegend zog, stiegen die Preise. Nach Clintons Ankündigung, er wollte nach Harlem ziehen, explodierten die Immobilienpreise im Umkreis von zehn Blocks um bis zu dreihundert Prozent. Wer sich die neuen Mieten nicht leisten konnte, musste über den Harlem River in die Bronx. Deswegen mochten die Radikalen von der New Black Panther Party an jenem Sommermontag auch nichts Gutes daran finden, dass ein Ex-Präsident die Grundstückspreise in Harlem in die Höhe trieb. Ganz egal, ob ihn die Schriftstellerin Toni Morrison zum »first black president« stilisiert hatte. »Sklavenschinder«, riefen sie, und: »Geh doch dahin, wo du hergekommen bist.«

Es gehörte auch eine gehörige Portion Zynismus dazu, den momentanen Wirtschaftsboom als zweite Harlem Renaissance zu romantisieren. Dafür gab es weder historische noch faktische Gründe. Damals, in den zwanziger und dreißiger Jahren, hatte sich in Harlem eine eigenständige schwarze Hochkultur entwickelt. Schriftsteller wie Langston Hughes und Zora Neale Hurston formulierten ein neues Lebensgefühl. Künstler wie Aaron Douglas und Richmond Barthe fanden eine eigene Bildsprache. Die Big Bands von Fletcher Henderson, Duke Ellington und Chick Webb erhoben den Jazz zu symphonischer Größe. Arthur Schomburgs Sammlung schwarzer Literatur und historischer Dokumente wurde damals der New York Public Library angegliedert. Am Harlem Hospital wurden die ersten schwarzen Ärzte zugelassen.

Doch auch damals profitierten vor allem Außenstehende von Harlems Aufschwung. Die Ladengeschäfte wurden von Deutschen und Italienern geführt. Weniger als zwanzig Prozent aller wirtschaftlichen Unternehmungen in Harlem waren in schwarzer Hand. Aber es gab immerhin eine kulturelle Bewegung.

★

In Giulianis New York beschränkte sich die sogenannte Renaissance vor allem auf die offiziellen Bilanzen. Claude Sharreff, der das Restaurant »Windows Over Harlem« leitete, brachte es auf den Punkt: »Viele Geschäfte haben in letzter Zeit eröffnet. Und das ist vor allem für die Geschäfte gut, denn die Bürger von Harlem sind Konsumenten. Die Arbeitsplätze, die mit dem angeblichen Boom kamen, haben der Gemeinde hier überhaupt nichts gebracht. Das sind Jobs für sechs, sieben Dollar die Stunde.« Die Renaissance war nur ein Etikett für das neue Geschäft.

Und die schwarze Kultur? Seit AOL-Time-Warner das »Apollo Theater« übernommen hatte, sangen bei den Talentnächten ein paar Gospelsänger aus der Provinz für jetlaggeplagte Japaner. Im »Showman's Café« spielten weiße Jazzabenteurer für die schwarzen Stammgäste. Es gab allerdings auch Ausnahmen wie das »Studio Museum« und Galerien wie »The Project«. Die wirklichen Impulse für die schwarze Kultur kamen jedoch aus Brooklyn, Oakland und Atlanta, von den Fakultäten von Harvard und der New York University.

Der Geist der Harlem Renaissance schwelte höchstens an der Basis. Zur politischen Hip-Hop-Nacht in der Synod Hall fanden sich im August 2001 vor allem Teenager und Frühtwens ein. Gut fünfzehnhundert waren gekommen, um dem Agitprop der neuen Stars zuzuhören. Talib Kweli trat auf, die Dead Prez und die Welfare Poets. Vor der Bühne formulierte sich der Protest auf Flugblättern und T-Shirts: gegen Polizeibrutalität, gegen den Drogenkrieg, gegen Präsident Bush, für Reparationszahlungen, gegen die Todesstrafe, für den politischen Häftling Mumia Abu Jamal.

Und als der DJ die Musik herunterfuhr und Chuck D von Public Enemy zum Widerstand aufrief, standen die Kinder des Civil Rights Movement mit todernsten Mienen im Saal, die rechte Faust zum Black-Panther-Gruß in den Himmel gereckt. Wie ein Mantra wiederholten sie den Slogan, der das schwarze Amerika trotz Bürgerrechte und Buppies immer noch antrieb: »No Justice, no Peace.« Daran sollte sich auch in naher Zukunft nichts ändern. Das große Geld schafft es ja nur selten weiter nördlich als bis zur 110. Straße. Auch das gutgemeinte Geld, von dem es in dieser Stadt so viel gibt. Doch selbst unter Philanthropen gilt das schwarze Amerika meist als hoffnungsloser Fall.

Broadway, Ecke 45th Street
Grund zum Feiern

Wohltätige Veranstaltungen gehören in New York schon seit dem frühen zwanzigsten Jahrhundert zu den wichtigsten Terminen im Kalender der besseren Gesellschaft. Deswegen wusste Bono, was sich gehört. Er hatte sich einen schwarzen Anzug angezogen, ein sauberes Hemd und eine Krawatte. Immerhin wurde er an diesem Abend im Ballsaal des New Yorker »Marriott Marquee Hotels« für seine Verdienste um die Menschheit ausgezeichnet. Das war selbst für einen Rockstar mit einer Wagenladung an Video- und Schallplattenpreisen ein besonderes Ereignis. Nur die blaugetönte Romeo-Gigli-Brille blieb. Irgendwie musste er ja in der Menge der Smokingträger als Rockstar erkennbar bleiben. Er saß etwas linkisch zusammen mit dem Fotomodell Helena Christensen am runden Tisch der Honoratioren. Eine Jazzcombo spielte Evergreens. Es gab ein dreigängiges koscheres Menü. Bono ließ sich begaffen.

Ein Großteil der Gäste hatte seinen Namen zum ersten Mal auf der Einladung für die alljährliche Benefizgala des Simon Wiesenthal Center gelesen und dabei erfahren, dass Bono der Sänger einer irischen Rockgruppe namens U2 war und ansonsten erstklassige Menschenrechtsarbeit leistete. Warum das Simon Wiesenthal Center ausgerechnet ihm den alljährlichen »Humanitarian Laureate Award« verlieh, konnte niemand so genau sagen. Die ersten drei Ansprachen drehten sich jedenfalls um das neue Kulturzentrum, den Holocaust und Antisemitismus – Themen, mit denen Bono eigentlich so gar nichts zu schaffen hatte.

Aber dann betrat endlich Professor Jeffrey Sachs die Bühne, der Wirtschaftswissenschaftler aus Harvard, von dem Bono so einiges über den Schuldenberg der Dritten Welt gelernt hatte, über die diskriminierende Struktur der Weltmarktpreise und über die unmenschlichen Patentrechte, die verhinderten, dass billige Aids-Medikamente für Afrika produziert wurden. Alles Dinge, für deren Abschaffung sich Bono seit einigen Jahren bei Staatschefs und Wirtschaftskapitänen einsetzte, wie Professor Sachs in der Laudatio erklärte. Dann hängte er dem Rockstar einen Orden um, und Bono faltete sein Textblatt auf.

Dem durchschnittlichen Rockfan hätte sich in den folgenden zehn Minuten sicher der Magen umgedreht. Bono erzählte in blumigen Worten von afrikanischen Aidsdörfern, von Armut, Hunger, Krankheit, sagte Sachen wie: »Gott ist in die Knie gegangen und bittet uns inständig, diesen Supertanker der Gleichgültigkeit zu stoppen.« Aber gerade weil er keine Sekunde den coolen Rockstar gab, funktionierte seine Rede. Und war das nicht sowieso der Bono, den so viele nicht ertrugen, weil er schon immer mit Pathos und großer Geste gearbeitet hatte?

»Es kann nicht angehen, dass wir bis in den hintersten Winkel der Welt kalte Sprudelgetränke liefern können, aber keine Medikamente«, fuhr er fort. Die antikapitalistische Spitze war wohldosiert. Bono wusste sehr wohl, wen er hier vor sich hatte. Auf den Spendenkärtchen fürs neue Kulturzentrum, die jeder bekommen hatte, konnte man schließlich Summen zwischen fünfundzwanzigtausend und einer Million Dollar ankreuzen. Und so schlug er auch gleich den rhetorischen Haken: »Es darf nicht darum gehen, die Konzerne anzuklagen. Wenn wir Afrika retten wollen, brauchen wir die Coca-Cola-Kühlwagen und die Pharmafirmen sogar dringend.« Das kam an. Dafür gab es Applaus.

Als die Lichter im Saal wieder angingen, war es auch egal, dass der Abend etwas holprig verlief. Bono hatte seinen Preis schließlich nicht dafür bekommen, dass er George W. Bush dazu überredet hatte, fünf Milliarden Dollar mehr für Afrika lockerzumachen, die G-8-Staaten zum Nachdenken über die Schulden der Dritten Welt gebracht oder den Papst für den Kampf gegen das Elend in Afrika mobilisiert hatte. Letztlich ging es um etwas ganz anderes.

»Ich bin nicht einfach nur Rockstar«, erklärte Bono. »Ich bin vor allem prominent. Prominenz ist eine Währung, und ich habe inzwischen gelernt, wie man die investieren kann.« Wen kümmerte es also, dass Bono und der Veranstalter nicht viel miteinander zu tun hatten? Das Simon Wiesenthal Center konnte mit einem glamourösen Ehrengast wie Bono die Jugend rekrutieren. Bono konnte seine Anliegen in einem ganzen Saal voller Entscheidungsträger vortragen, die mit seiner Musik nichts anfangen konnten. Beide kamen in die Medien. Und genau dafür hatte er einen Preis verdient: weil er als Pionier der sozial engagierten Superstars dafür gesorgt hatte, dass sich der rebellische Symbolismus der Woodstock-Generation in konkreten Aktivismus verwandelt hatte.

Sein Schlüsselerlebnis hatte Bono, als er vor zwanzig Jahren sechs Wochen lang als Entwicklungshelfer in einem äthiopischen Flüchtlingslager arbeitete. Später half er Bob Geldof bei Live Aid, engagierte sich für Amnesty International und Greenpeace. Sein Vorbild machte Schule. Spätestens Ende der neunziger Jahre war es selbstverständlich, dass Stars sich für einen guten Zweck engagierten. Nicht alle bewiesen dabei so viel Geschick und politisches Wissen wie Bono. Da taumelte die Schauspielerin Angelina Jolie mit verwirrtem Gesichtsausdruck über kambodschanische Minenfelder. Und fast schon legendär ist das Zitat von Mariah Carey: »Wenn ich diese armen, hungernden Kinder im Fernsehen sehe, muss ich immer weinen. Ich wäre ja auch gerne so dünn, aber nicht mit all den Fliegen und dem Sterben und dem Kram.« Auch das ehemalige Spice-Girl »Ginger« machte als Botschafterin der UNESCO meist einen etwas verlorenen Eindruck.

Bono hingegen war von seinem Freund Jeffrey Sachs so umfassend geschult worden, dass er auf jedem Podium bestehen konnte. Und für die nicht ganz so gebildeten Unterhalter gab es längst Agenten, die dafür sorgen, dass sich die Stars für einen Zweck engagieren, der ihnen wenigstens ansatzweise nahestand.

Bei der Allianz zwischen Glamour und Wohltätigkeit ging der gegenseitige Nutzen weit über die der traditionellen wohltätigen Zweckgemeinschaft hinaus. Während das soziale und kulturelle Engagement für Konzernchefs und Investoren harte Steuerdollars bedeuetete, war es für Stars vor allem der enorme Prestigegewinn, der sich auszahlte.

Bestes Beispiel dafür war Leonardo DiCaprio. Der geisterte nach seinem Erfolg in *Titanic* als wilder Partyboy durch die Klatschpresse, kurvte mit seinen Freunden in Luxusgeländewagen durch New York und Hollywood und betrank sich in Nobellokalen. Noch mehr schlechte Presse gab es, als bekannt wurde, dass die Dreharbeiten für *The Beach* in einem thailändischen Nationalpark schweren Schaden angerichtet hätten. In einem publizistischen Kraftakt stilisierte sich DiCaprio daraufhin innerhalb von wenigen Monaten zum prominentesten Sprecher der Umweltbewegung, wurde zum Ehrenvorsitzenden des »Earth Day 2000« ernannt und durfte sogar den damaligen Präsidenten Bill Clinton interviewen.

Hinter dem Imagewechsel stand Ken Sunshine, der zuvor Politiker wie David Dinkins und Hillary Clinton beraten hatte. Ken Sunshine gehörte auch zum Vorstand der New Yorker »Creative Coalition«, einer Art Eheanbahnungsinstitut für Stars und wohltätige Zwecke, zu der neben Bestsellerautoren und Fernsehstars vor allem Hollywoodgrößen wie die Baldwin-Brüder, Robin Williams und Harvey Keitel gehörten. Für die Wohltätigkeitsorganisationen waren die Promis ein Geschenk. Ein Benefizdinner mit einem Superstar brachte leicht das Zehnfache an Spenden und Presse wie eine Gala ohne ein solches Zugpferd. Und Benefizgalas wurden im New York der neunziger Jahre wichtiger Bestandteil des gesellschaftlichen Lebens, denn für die Reichen, Schönen und Berühmten Amerikas war die Philanthropie keine Geste, sondern Verpflichtung. Die *New York Times* hatte in ihrer Sonntagsausgabe sogar eine eigene Kolumne eingerichtet, die fast eine halbe Seite füllte und die Benefizveranstaltungen der kommenden Woche ankündigte.

Hier in New York war die amerikanische Tradition der Philanthropie ja auch begründet worden. In dem Essay »The Gospel of Wealth«, das der Stahl- und Eisenbahnmagnat Andrew Carnegie 1889 in der Juniausgabe des *North American Review* veröffentlichte, hatte er den neuen Geldadel aufgefordert, spätestens mit dem Testament Fonds einzurichten, die der Öffentlichkeit zugute kämen. Er selbst ging schon zu Lebzeiten mit bestem Beispiel voran. Die Konzerthalle unter seinem Namen gilt noch heute als einer der weltweit besten Veranstaltungsorte für klassische Musik.

Keine zwei Jahre später heuerte der Ölmillionär John D. Rockefeller einen Stab an, der nur damit beschäftigt war, seine Spendengelder zu verwalten. Doch erst 1921 befreite der Kongress Spenden von der Steuer. Mit Erfolg: Bis zu den Jahren der neuen Märkte war das Spendenaufkommen in den USA von 1,7 auf jährliche zweihundert Milliarden Dollar gestiegen. Das war mehr als das Bruttosozialprodukt von Ländern wie Belgien, Schweden oder der Schweiz.

Unerlässlicher Bestandteil der wohltätigen Arbeit war von Anfang an die Gala. So wurde das Feiern in New York zum unantastbaren Akt der Wohltätigkeit. Daran konnten nicht einmal Wirtschaftskrisen etwas ändern. Drei Jahre nach dem Dotcomcrash zum Beispiel bat Baulöwe Donald Trump seine zahlenden Gäste in der Vorweihnachtszeit zu einer Party, auf der als Spielzeug verkleidete Schauspieler den Festsaal in ein überdimensionales Kinderzimmer mit Kaviarbuffet verwandelten. Matthew Broderick und Eartha Kitt sangen auf einer Dinnerparty für verarmte Schauspieler. Technostar Moby gab eine Party für eine Organisation, die Jungwähler mobilisierte. Und dann waren da noch die Galas und Parties für politische Gefangene, die Erforschung von Aids und multipler Sklerose, den Schutz von Pelztieren und die Unabhängigkeit Tibets. Im Durchlauferhitzer der globalen Geldströme gab es auch in Krisenjahren immer die Möglichkeit, ein wenig für gute Zwecke abzuschöpfen.

★

Bono hatte die Werbung für den guten Zweck perfektioniert. Er betrieb seine Lobbyarbeit für Afrika in den obersten Etagen von Politik und Wirtschaft und hatte so dafür gesorgt, dass Stars von den Entscheidungsträgern ernst genommen und als Gesprächspartner akzeptiert wurden.

Gespräche mit George W. Bush, Kofi Annan und dem Papst – wirklich cool war so viel Realpolitik natürlich nicht. Seine Bandkollegen nahmen ihm diesen missionarischen Eifer auch hin und wieder übel. Damit konnte er leben. Er kokettierte an jenem Abend im »Marriott« sogar damit und meinte, seine Managerin Sheila Roche habe ihn schon gebeten, doch wenigstens ab und zu mal ein Hotelzimmer zu zertrümmern oder wegen Drogen verhaftet zu werden. Wirklich vermisst hat den Rock 'n' Roll allerdings niemand. Das neue, junge Geld wollte sich möglichst schnell legitimieren. Es war ja gerade dieses Image als jugendliche Ungestüme, das den Nachwuchsmillionären den Zugang in den Olymp des Geldadels verwehrte. Das Schicksal teilten sie mit allen anderen Aufsteigern der früheren Generationen. Die Philantropie war da meist der schnellste Weg in die Respektabilität. Niemand hatte das so gut verstanden und verwirklicht wie Bono. Und als die Combo zum Abschluss seinen Hit »I still haven't found what I'm looking for« als Bossa Nova spielte, lächelte er höflich und posierte für ein Foto.

11 Wall Street
Das Ende der Dotcoms

An jenem unseligen Freitag, dem 14. April 2000, als es mit dem Neuen Markt endgültig zu Ende ging, mit den Dotcoms, dem Boom und dem unerschütterlichen Zukunftsglauben, ist an der Wall Street niemand aus dem Fenster gesprungen. Es band sich auch keiner seinen Laptop um den Hals, um sich von der Brooklyn Bridge zu stürzen. Zwar waren an einem einzigen Handelstag über eine Billion Dollar vom Erdboden verschwunden, und irgend jemand musste das ja bezahlen, aber die Hauptgeschädigten, die Dotcoms, saßen nur etwas betreten in ihren Lofts an der Silicon Alley und ihren Arbeitsparks im Silicon Valley, ein wenig wie Lausebengel, die beim Griff in die Keksdose erwischt worden waren.

Es hatte ja kaum Familienväter getroffen und kaum Institutionen. Die meisten der Jungmillionäre waren Anfangs- und Mittzwanziger, die seit ihrem Aufstieg oft nicht einmal die Zeit gehabt hatten, aus ihren Einzimmerapartments auszuziehen, und sich nach wie vor von Pizza und Softdrinks ernährten. Für sie war der Reichtum noch so neu und unerwartet, dass es in New York und Kalifornien Psychologen gab, die sich auf die Therapie des »Sudden Wealth Syndrome« spezialisiert hatten – die psychologischen Probleme, die das allzu schnelle Geld mit sich brachte. Die Dotcoms hatten hoch gespielt und hoch verloren. Pech für die Spekulanten und Kleinanleger, die sich auf die Hysterie eingelassen hatten. Die blieben auf der Strecke.

Der »Dotcom Collapse«, wie das *Time Magazine* titelte, erschütterte jedoch weder die Grundfesten des Systems noch die der Gesellschaft. Deswegen sahen die Wirtschaftsprofis der Zukunft trotz der Rekordbaisse eher gelassen entgegen. David Malpass von der Investmentfirma Bear Sterns sagte: »Man kann es eine harte Korrektur nennen. Aber ich erinnere mich an den Crash von 1987, als sich die Leute Sorgen machten, ob unser Finanz- und Bankensystem überhaupt noch funktioniert. So ist es diesmal nicht. Die Leute machen sich eher Gedanken über realistische und angemessene Bewertungen.« Ed Yardeni, Wall-Street-Guru der Deutschen Bank, meinte lakonisch: »Die Blase ist geplatzt, aber die Wirtschaft kann auch die nächsten zehn Jahre weiter wachsen.«

Außerhalb der heiligen Hallen der Hochfinanz machte sich in New York sogar so etwas wie Schadenfreude breit. Ein Aufatmen der Erwachsenen, dass die Börse die Jugend endlich in ihre Schranken verwiesen hatte. Denn die Dotcoms hatten sich nicht damit begnügt, brav und redlich Geld zu verdienen. Sie hatten eine Kulturrevolution ausgerufen, die für alle sichtbar aus dem mythischen Moloch Manhattan einen urbanen Vergnügungspark für infantile Jungmillionäre gemacht und die Kulturmetropole in die Welthauptstadt der Habgier verwandelt hatte.

Ein Spaziergang durch die Lower Eastside reichte, um zu sehen, wie rapide sich die Stadt verändert hatte. Es war noch keine drei Jahre hergewesen, da hatten in den Straßenzügen zwischen der Houston und der Delancey Street vor allem lateinamerikanische Einwanderer und verarmte Subkulturangehörige gelebt. Abgemagerte Junkies waren dort herumgeschlichen, wie früher in Alphabet City, aus den Kellern war die Musik von Underground Bands gescheppert, in den oberen Etagen hatten Tag und Nacht die Neonröhren der Sweatshops gebrannt, und nur wenige Mutige hatten es damals gewagt, hier eine Kneipe zu betreiben. Nun glühten Niedervoltlampen in den betagten Mietskasernen, in denen man für eine eilig zurechtrenovierte Etage sechstausend Dollar Monatsmiete bezahlen musste. An der Ecke Houston und Ludlow Street stand mitten auf der Straße ein mobiler Geldautomat. Sushi-Bars und Lounges hatten die Bodegas und Kramläden vertrieben, und auf der Orchard Street, der Meile der Discountkleidergeschäfte, hatten die ersten Designerboutiquen eröffnet. Da konnte man im »Alife« für fünfhundert Dollar japanische Actionpuppen kaufen oder im »Zao« ein Seidenjackett für neuntausend Dollar.

»Fauxhemians« – falsche Bohemiens – nannte das *New York Times Magazine* die Kids damals, die zuviel Geld hatten, um richtig jung sein zu können, die frisch vom College mit ihren Internetfirmen an die Börse gegangen waren und trotz ihrer Millionen nicht auf die Popkultur verzichten wollten, die ihrem Alter entsprach. Ein Triumphzug der Jugend, der die Erwachsenen in Angst und Schrecken versetzt hatte. Der Hippie-Schlachtruf »Trau keinem über dreißig« war plötzlich zur grausamen Wirklichkeit der Arbeitswelt geworden. Horden von Früh- und Mittdreißigern ließen sich die Haare färben, Nasenringe stechen und das Fett aus Kinn und Bauch absaugen, um unter dem Diktat der Jugend zu bestehen. Das *New York Times Magazine* hatte die kollektiven Versagensängste der nicht mehr ganz so Jungen analysiert und den neuen Beginn der Midlife-crisis bei fünfunddreißig Jahren angesetzt. Denn die Dotcom-Twens schienen unschlagbar.

Natürlich wurden sie gefeiert. Lebten sie doch den ultimativen amerikanischen Traum vom Sieger auf dem freien Markt. Doch sosehr Amerika den Erfolg vergötterte, so zuwider war ihm der Exzess. Gott belohnt die Tüchtigen, aber dreistellige Millionensummen für eine schlichte Idee grenzten an Sünde und Frevel. Die Yuppies der achtziger Jahre hatten ihre Gier wenigstens noch in den Traditionen des Wirtschaftsestablishments ausgelebt. Sie hatten sich als Erben des Kapitalismus verstanden, sich aggressiv von unten nach oben gearbeitet, Brooks-Brothers-Anzüge getragen, auf der Park Avenue gewohnt, und das große Geld hatte seine elitäre Aura behalten. Die Welt war vielleicht nicht ganz gerecht, aber doch in Ordnung. Die Dotcoms jedoch scherten sich nicht um die Alten und verweigerten sich den Institutionen, weil sie sich ihnen längst überlegen fühlten. Während die Titanen an der Wall Street noch mit ihren E-Mail-Programmen kämpften, hatten sie schon längst neue Welten im Cyberspace geschaffen. Und von der Unsicherheit, die daraus folgte, hatten sie gewaltig profitiert.

Niemand wollte den Zug verpassen, sich nachsagen lassen, nichts zu verstehen, der Jugend hinterherzuhinken. Gegen jede Vernunft überhäuften die Venture-Capital-Firmen die Dotcoms mit Millionen, obwohl sich die nicht einmal die Mühe machten, Gewinne zu versprechen. Über achtzig Prozent der Internetfirmen, die in den USA an die Börse gingen, hatten bis zum Crash keinen Profit gemacht. Die Börse, bis dahin Gradmesser für wirtschaftliche Realitäten, wurde so zum Marktplatz der Illusionen und Phantasien – virtuelle Luftschlösser waren plötzlich mehr wert als jahrzehntelang gewachsene Firmen. Spätestens als der Internetprovider AOL den Medienkonzern Time Warner übernahm, hatte sich an der Wall Street ein mulmiges Gefühl breitgemacht.

Natürlich hatte es schon früher Zweifel gegeben. Doch die räumten die Dotcoms mit der selbstbewussten Arroganz der Jugend aus dem Weg. Als sich die Verlage beim Chef der Internetbuchhandlung Amazon.com Jeff Bezos beschwerten, dass er negative Leserrezensionen auf seinen Seiten veröffentlichte, und ihm vorwarfen, er verstehe ihr Geschäft nicht, sie verkauften schließlich Bücher, um Geld zu verdienen, antwortete er frech: »Nein, Sie verstehen unser Geschäft nicht. Wir machen kein Geld.«

Und nun also der Crash. Ganz altmodische Faktoren hatten ihn ausgelöst: Alan Greenspans Heraufsetzen der Leitzinsen, das Urteil gegen Microsoft, die Meldung, dass die Inflationsrate zwei Zehntelprozentpunkte höher lag als erwartet. Es war der Triumph der alten Werte über die wohl erfolgreichste Jugendkultur aller Zeiten. Die erwachsene Welt atmete auf, denn bis zum Crash hatte es so geschienen, als wäre die Rebellion nicht aufzuhalten gewesen. Es hatte keinen Weg gegeben, sie zu verniedlichen oder zu vereinnahmen wie all die Jugendbewegungen zuvor, denn die Dotcoms hatten das Getto der Subkulturen verlassen und sich der ultimativen Domäne der Erwachsenen bemächtigt – der Weltwirtschaft. Damit waren einer Gesellschaft, in der Wohlstand und Reichtum als ultimativer Beweis für ein erfolgreiches Lebens gilt, die Argumente ausgegangen. Erst der Crash hatte ihnen den Glauben an die Gerechtigkeit zurückgegeben.

Forsythe Street
Der Neue Markt verstummt

Es war sowieso nicht schwer, die New Economy und den Motor der Globalisierung auszubremsen. Die wackeren Streikposten des Arbeitskampfes gegen den Betreiber fast sämtlicher Telefonanschlüsse an der amerikanischen Ostküste und den neu geschaffenen Fusionskonzern Verizon Communications führten das im folgenden Sommer vor. Es reichte die Wut im Bauch, eine Kneifzange, ein paar Genossen, die Schmiere standen, und schon kam die Maschinerie der Neuen Märkte mit einem kläglichen Knistern zum Erlahmen. Die durchgeklemmten Kabel, die in jenen Tagen in diversen New Yorker Hinterhöfen traurig aus den Verteilerkästen baumelten, waren ein erster Beweis, dass die Cyberwelt so virtuell denn auch nicht war.

Selbstverständlich wollte es niemand gewesen sein. Das Streikkomitee und der Konzern bezichtigten sich gegenseitig, die momentanen Verhandlungen mit Gewalt und Tücke unnötig belasten zu wollen. Fest stand nur, dass die Reparaturmeldungen mit zweiundachtzigtausend alleine in New York City für den August 2000 um fünfzigtausend höher lagen als die Beschwerden zur gleichen Zeit im Vorjahr. Eine peinliche Schlappe für eine Stadt, die sich als Herz der New Economy und Welthauptstadt der neuen Medien verstand.

Es traf alle, die ihr Geld noch in der neuen Wirtschaft verdienten. Von der Dotcomfirma, deren Webseiten abstürzten, über den Designer, der seinen Auftrag bei einem verständnislosen Westcoast-Kunden verlor, bis zum Broker, der seine Order nicht in der geforderten Sekundenschnelle plazieren konnte. Kommunikationsschwierigkeiten führen im Weltbild der Mediengesellschaft zu sofortiger Irritation und Verstörung.

Verzweifelte Versuche, die angebliche Freiheit des freien Marktes als Ausweg zu nutzen und eilig die Telefongesellschaft zu wechseln, schlugen fehl. Theoretisch hätte man ja zu einem anderen Anbieter desertieren können, so wie es Konzerne und Regierung bei der Deregulierung des Telefonmarktes versprochen hatten. Doch das gesamte New Yorker Telefonnetz gehörte physisch nach wie vor der ehemals staatlichen Telefongesellschaft Bell Atlantic, die vor einigen Wochen in den Verizon-Konzern aufgegangen war. Die Alternativanbieter offerierten lediglich Leitungskapazitäten desselben Netzes zu vergünstigten Preisen.

Aber auch die Herren und Damen aus den Chefetagen bekamen die Auswirkungen des Streiks zu spüren. Die bis dahin noch stabilen Verizon-Aktien wurden an der Börse mit spitzen Fingern herumgereicht, als hätten sie die Krätze. Und weil die Firma seit der Fusion der größte Telefonkonzern der USA war, gingen auch die hochmodernen Telemedia-Fonds weiter in den Keller.

In den Lokalteilen der Zeitungen fand sich auch noch der eine oder andere Kollateralschaden. Die Rentnerin, die dem Herztod erlag, weil das Telefon für den Notruf nicht funktionierte. Der Hausbesitzer, der die Feuerwehr von der Telefonzelle aus anrufen musste und wegen der fünf Minuten Zeitverlust sein gesamtes Vermögen verlor und seine Mieter ihre Wohnungen. Vor dem Hauptsitz des Verizon-Konzerns standen sie schon seit Tagen und fluchten – die Gewerkschafter der Communication Workers of America, die von den Propheten des neuen Radikalkapitalismus und Informationszeitalters längst als Anachronismen abgeschrieben worden waren. Über siebenundachtzigtausend Verizon-Angestellte hatten ihre Arbeit niedergelegt. Zehn Meter Abstand mussten sie aufgrund eines Gerichtsbeschlusses zu dem Gebäude halten, weil sie während der ersten Streiktage Chefs und Streikbrecher nicht nur mit Flüchen, sondern auch mit einem Regen aus Steinen, Dosen und verfaulten Früchten bedacht hatten. Allein während der ersten drei Streiktage waren bei Polizeirevieren in den zwölf bestreikten Bundesstaaten von Maine bis Virginia vierhundertfünfundfünfzig Strafanzeigen eingegangen, die von Belästigung über Sachbeschädigung bis zu tätlichem Angriff reichten.

Dabei ging es noch nicht einmal um klassenfeindliche Grausamkeiten wie Massenentlassungen oder Arbeitszeitverkürzungen. Die Streikenden kämpften gegen arbeitnehmerfeindliche Überstundenregelungen, gegen die Anstellung nicht gewerkschaftlich organisierter Arbeitskräfte im Internetbereich und um ein paar innerbetriebliche Feinheiten. Nachdem Bell Atlantic mit dem Billiganbieter GTE zu Verizon fusioniert hatte, wollten die neuen Konzernchefs einige Bell-Atlantic-Operationen über den kostengünstigeren GTE-Teil der neuen Firma laufen lassen.

Seit der letzten Juliwoche dauerten die Arbeitskämpfe schon an. Für ein System, das sogar die Zeitrechnung mit der sogenannten Internet Time neu erfinden wollte, war das eine Ewigkeit. Ein Vierundzwanzig-Stunden-Tag war nach der neuen Zeitrechnung eine Handlungseinheit von achtundsechzig Trillionen und vierhundert Milliarden Nanosekunden – eine Zahl mit elf Nullen. Verlorene Äonen irgendwo da draußen in der Einsamkeit des Cyberspace. Eine digitale Eiszeit, deren Auswirkungen noch gar nicht abzuschätzen waren.

Nun hätte man einwenden können, dass zweiundachtzigtausend tote Leitungen in einer Stadt, die über mehr Telefonanschlüsse verfügte als der gesamte afrikanische Kontinent südlich der Sahara, wirklich kein Drama sind. Doch die Saboteure schlugen mit der Willkür eines Zufallsgenerators zu. Niemand war sicher, keiner gefeit. Auf die Anfrage, wer denn nun für die Verluste aus dem Streikschaden aufkomme, vermeldete die Geschäftszentrale von Verizon trocken, man würde Telefonservice zwar verkaufen, aber eine Garantie dafür, dass die Leitung auch funktioniere, gebe es nicht.

★

Als müsste die Firma ihre Unzuverlässigkeit auch wirklich beweisen, begann das Ende des Streiks erst einmal mit noch größerem Chaos. Unzählige Leitungen wurden wieder angeschlossen. Nur leider nicht an die richtigen Verbindungen. Eine Woche nachdem mir die Streikposten die Leitungen durchtrennt hatten, rief mich beispielsweise ein Bekannter auf dem Handy an. Er habe es gerade übers Festnetz versucht und dabei eine chinesische Familie am Telefon gehabt, von denen niemand auch nur ein Wort Englisch gesprochen habe. Ich versuchte es selbst. Da hob auch wirklich eine ältere Dame ab, die mich auf chinesisch bestammelte, mich weitergab an einen Herrn, der unbeeindruckt von meinen englischen Worten weiter auf chinesisch redete.

Es dauerte noch einige Tage, bis sich endlich ein gewichtiger Herr meine Treppe hinaufschleppte. Er trug nagelneue Arbeiterstiefel und Schutzhelm, dazu einen Werkzeuggürtel. Schwer schaufend ließ er sich erst einmal ein Glas Wasser reichen, bevor er sich umständlich entschuldigte. Die Firmenleitung habe das mittlere Management zu einem Schnellkurs in Telefontechnik verdonnert und die gesamte Verwaltung auf Montage geschickt. Offensichtlich habe dann einer der Chefs im Straßeneinsatz meine Leitung an den falschen Haushalt angeschlossen. Er deutete durch mein Küchenfenster in den Hinterhof. Dort stand ein Häuflein ebenso gewichtiger Herren in ebenso nagelneuen Arbeitsmonturen um eine elegante Dame herum, die einen der sabotierten Verteilerkästen betrachtete. Die Konzernchefin persönlich besah sich den Schaden, zwischen den illegalen Tofuküchen unter den Plastikplanen, den Sperrmüllbergen und Autoreifen. Es schien zu helfen. Am nächsten Tag klingelte zum ersten Mal seit einer Woche mein Telefon.

Eldridge, Ecke Delancey Street
Ein Jahrhundertsommer

Das Chrysler Building war nicht nur New Yorks schönster Wolkenkratzer, sondern konnte auch als persönliches Stimmungsbarometer benutzt werden. Ging man beispielsweise die Eldridge Street entlang, um einen der neuen Nachtclubs auf der Lower Eastside zu besuchen, konnte man kurz nach Norden sehen, auf die Strahlenkränze, mit denen die Art-déco-Nadel über den Lichtern von Midtown thronte. Schoss einem daraufhin der Gedanke durch den Kopf, »genau deswegen bin ich in New York«, konnte man davon ausgehen, mit sich und der Stadt im reinen zu sein. Grübelte man daraufhin darüber nach, warum man eigentlich nicht in einem Penthouse wohnte, von dessen Dachterrasse man einen Blick auf das Chrysler Building hatte, sollte man kurz in sich gehen und fragen, ob man hier in New York nicht auf dumme Gedanken gekommen war.

Zugegeben, die letzten drei Jahre des ausgehenden zwanzigsten Jahrhunderts waren in New York kein Spaß gewesen. Bürgermeister Rudolph Giuliani und die Dotcoms hatten die ehemalige Hauptstadt der kulturellen Impulse und lässigen Weltanschauungen in eine unangenehme Geldstadt verwandelt. Man ertappte sich dabei, ein schlechtes Gewissen zu haben, nur weil man eben keine dreihunderttausend Dollar im Jahr verdiente, was in etwa erforderlich war, um sich und seiner Familie in New York einen im europäischen Sinne mittelständischen Lebensstil leisten zu können. Hatte man in einer der unzähligen neuen Niedervolt-Bars endlich einen Platz in dritter Reihe ergattert, um ein kleines Fläschchen Bier zum Preis einer Maß Bier auf dem Oktoberfest zu trinken, erinnerten einen die anwesenden Dotcom-Twens mit ihrem Angebergehabe daran, dass man an der Börse und in den neuen Medien sämtliche Züge verpasst hatte, die einen in Hochgeschwindigkeit zum Frührentnerdasein mit Anfang Dreißig gebracht hätten. Die Veteranen und Optimisten unter den New Yorkern hatten für derlei Selbstzweifel nur ein ungeduldiges Schulterzucken übrig. Und den Satz: »Da sind schon ganz andere gekommen – New York kriegt keiner klein.«

Der erste Sommer des neuen Jahrhunderts sollte ihnen recht geben. Zuerst kam der Frühling. Dann brach der NASDAQ zusammen, jener schicke neue Börsenindex, der als Motor der neuen Märkte die Amerikanisierung New Yorks vorantrieb und seine Bewohner mit Habgier und falschem Ehrgeiz erfüllte. Nach dem Crash gab es plötzlich wieder Plätze in den Bars und Tische in den Lokalen, und die Eröffnung von Michelin-Star Alain Ducasse' Restaurant, in dem ein Dinner für zwei mit rund siebenhundert Dollar zu Buche schlug, wurde von der Lokalpresse nicht mehr als gastronomische Sensation gefeiert, sondern als albernes Unikum abqualifiziert.

Auf der Vernissage der Frühlingsausstellung in der »Alleged Art Gallery« im neuen In-Viertel Meat Packing District gab es schon die ersten Indizien dafür, dass sich die Stadt bald erholen würde. Da standen die jungen Subkultur-Angehörigen auf der Washington Street, braune Papiertüten mit Bierdosen in der Hand, die sie in der Bodega an der Ecke gekauft hatten, weil Galerist Aaron Rosen bei Eröffnungen keinen Angeberwein ausschenkt, dafür aber mit konsequenter Regelmäßigkeit junge Talente ausstellt, die in einigen Jahren die Seiten der Kunstzeitschriften dominieren werden. Die Skateboardprofis Mark Gonzalez und Ed Templeton aus Kalifornien beispielsweise, die mit dem Design von Brettern begannen und nun im San Francisco Museum of Modern Art gezeigt werden. Auch Sonic-Youth-Chefin Kim Gordon, die sich längst als Malerin profiliert hat, stellt hier aus, oder der schwule Pornokünstler Bruce La Bruce, dessen Hardcorestreifen und -fotos die kopulierenden Muskelmänner zu obszönen Körperstudien adeln.

Gleich um die Ecke langweilten sich die Dotcoms in den überfüllten In-Lokalen wie dem prätentiösen »Fressen« oder dem von Touristen überlaufenen »Pastis«. Sie langweilten sich, weil ihr überzogenes Selbstbewusstsein keine kulturelle Grundlage hatte.

Die Stars vergangener Epochen hatten wenigstens einen Grund, sich so selbstverliebt zu benehmen. Rockstars schrieben immerhin Lieder, die die ganze Welt hören wollte, Schriftsteller litten für ihr Werk jahrelang in ihrer Kammer, bevor sie ihren Ruhm genießen durften, Künstler sahen die Welt mit neuen Augen, und Schauspieler verstanden es, den Menschen als solchen zu erfassen und seine Stärken und Schwächen auf Bühne und Leinwand zu übertragen. Die Dotcoms? Schrieben Codes und hatten Geld. Wen interessierte das schon.

Eines musste man ihnen jedoch zugestehen. Sie hatten so viel Geld in die Stadt gebracht, dass sich New York in diesem Sommer von seiner großzügigsten Seite zeigen konnte. Denn im Sommer macht die Stadt ihren Bürgern alljährlich Geschenke, vor allem in den Parks. Da half es, dass sich der Sommer in diesem Jahr von seiner sanften Seite zeigte. Anstatt New York wie normalerweise von Juni bis September mit erstickender Schwüle und grauen Wolkendecken zu erdrücken, strahlte die meiste Zeit ein weißblauer Himmel über der Stadt, der an den Big Sky des amerikanischen Südwestens erinnerte, und vom Meer wehte eine kühle Brise.

Im Bryant und im Prospect Park konnte man sich ganz umsonst Filme auf Riesenleinwänden ansehen. Hollywoodschauspieler zeigten bei »Shakespeare In The Park«, was sie wirklich konnten. Die New Yorker Philharmoniker hatten wie jedes Jahr Mut zum Kitsch, spielten im Central Park Ouvertüren und erste Sätze, die von einem Feuerwerk gekrönt wurden. Der Soulsänger Al Greene bewies, dass er einem auch nach seiner Weihe zum Prediger Schauer den Rücken hinunterjagen konnte. Und in den Rockclubs gab es plötzlich neue Musik zu entdecken.

Nun konnte man einwenden, dass selbst die Newcomer der Popmusik Vertreter des kulturellen Mainstreams waren, dass Giuliani und die Dotcoms all den Nischen und Winkeln, in denen die Subkulturen blühen konnten, mit Polizeigewalt und jugendlicher Verschwendungssucht den Garaus gemacht hatten. Es stimmt auch, dass New York seinen Status als Vorreiter subkultureller Impulse verloren hatte. Aber plötzlich schien es, als ob die Stadt noch eine Chance bekommen hatte, sich ihre Rolle zurückzuerobern. Schließlich gehörten Brooklyn, Queens und die Bronx ja ebenfalls zu New York City. Und dort blüht das untergründige Leben. In Williamsburg, Fort Green, Long Island City und der South Bronx gab es sie wieder, die Nischen und Winkel, das New York der Subkulturen. Und die sogenannten Outer Boroughs rächten sich für die jahrzehntelange Erniedrigung durch die Elite von Manhattan. Als »Bridge & Tunnel People« waren die Vorstädter mit den suburbanen Provinzlern aus New Jersey in einen Topf geworfen worden, die eben über Brücken und Tunnels auf die Spaßinsel Manhattan reisen müssen. Jetzt hatte sich das Blatt gewendet. In Brooklyn und der Bronx waren die neuen Bridge & Tunnel People die Dotcoms aus Manhattan, die sich vorsichtig mit ihren zentral-verriegelten Luxusgeländewagen in Gegenden vortasteten, in denen die Straßen nicht numeriert und die Lofts noch nicht luxussaniert waren.

Dabei gab es in den Außenbezirken gar keinen Grund mehr, zu befürchten, man könnte in eine vergleichbare Situation geraten wie Sherman McCoy in der Anfangsszene von Tom Wolfes *Fegefeuer der Eitelkeiten*. Da war der Manhattan-Yuppie Sherman mit seinem Mercedes aus Versehen in der South Bronx gelandet und hatte dort einen jungen Schwarzen überfahren, der ihn, wie er glaubte,überfallen wollte. Eine postive Begleiterscheinung von Giulianis autoritärer Polizeistaats-Politik und der Luxus-sanierung der Subkulturen durch die Dotcoms war es, dass man selbst in den Minderheitenvierteln nun auch als Außenseiter geduldet und sicher war. Die Gangster saßen entweder im Gefängnis oder benahmen sich ganz höflich. Und die Ge-schäftsleute und Clubbesitzer wussten, dass brave Bürger aus Manhattan in ihrem Kielwasser eine Mischung aus Kaufkraft und Krediten nach sich ziehen würden.

Nein, das war alles keine Einbildung. Selbst Rudolph Giuliani zeigte sich von einer freundlicheren Seite. Sein Prostatakrebs hatte ihn gezwungen, seine Ambitionen auf Washington erst einmal aufzuschieben. Als er am 19. Mai im Wahljahr 2000 auf einer Pressekonferenz seinen Rücktritt von der Senatskan-didatur verkündete, hatte er ganz sanfte Töne angeschlagen. Reumütig bekannte er, dass seine Amtszeit die Stadt in Arm und

Reich, in Weiß und Farbig, in Satt und Zornig gespalten hat, und gelobte für seine letzten achtzehn Monate im Amt Besserung. Niemand hätte damals ausgerechnet Rudolph Giuliani zugetraut, zum Helden der Stadt, der Nation, der Welt aufzusteigen. Denn noch konnte niemand ahnen, wie kurz dieser Moment der Euphorie andauern würde.

World Trade Center 1 & 2
Der 11. September 2001

Plötzlich gab es keine Zuflucht mehr. Seit mehr als einhundert Jahren war New York der rettende Hafen gewesen. Manhattan war die Insel der Seligen gewesen, die sich nach den Schiffbrüchen der Weltgeschichte hierher retten konnten. Mit ihrem Versprechen von Sicherheit und Freiheit hatte die Stadt als Projektionsfläche für Ambitionen, Sehnsüchte und Träume gedient. Doch an diesem Tag konnte es die ganze Welt sehen: Mit einem Schlag waren die Verzweifelten von Downtown Manhattan jene »dichtgedrängten Massen« aus den Versen von Emma Lazarus, die buchstäblich nicht mehr atmen konnten. Über die Brücken zogen die Flüchtlingsströme nach Brooklyn und Queens, wie in einem Exodus aus dem Gelobten Land.

Von den Brücken sahen die Flüchtlinge die brennenden Türme, die Menschenmengen, die Schulter an Schulter über die gesperrten Fahrbahnen nachdrängten. Panikwellen erfassten die Menge, als sich das Gerücht verbreitete, die Brücke könnte gesprengt werden. Fassungslosigkeit, als am Horizont die Türme des World Trade Centers langsam und lautlos in Staubwolken versanken.

In New York gab es niemanden, der nicht unmittelbar von den Anschlägen betroffen war. Verwandte, Freunde, Nachbarn, Kollegen, Bekannte waren dort gestorben. Ein deutscher IT-Manager erzählte mir: »Ich habe mit einer ganzen Abteilung im sechsundsiebzigsten Stockwerk des World Trade Centers zusammengearbeitet.« Nicht nur die Türme, ganze Gemeinden der internationalen Geschäftswelt waren verschwunden. Menschen, die den Gipfel ihrer Laufbahn erreicht hatten. Jenen Punkt also, an dem sich der arbeitende Mensch sonst sicher und geborgen fühlt. Und es waren Polizisten und Feuerwehrleute, die Retter in der Stunde der Not, die unter den Trümmern begraben wurden. Der Terror kämpfte nicht um geopolitische, strategische oder militärische Ziele. Er attackierte ganz direkt die Herzen und Köpfe der Menschen. Der 11. September 2001 hatte das Urvertrauen Amerikas und der Welt unabänderlich erschüttert. Seit dem Zweiten Weltkrieg hatten sich die industrialisierten Zivilisationen als Hort der Sicherheit und als Hoffnungsträger für die Welt gewähnt. Bisherige Krisen und Terroranschläge verunsicherten, aber erschütterten nicht. Die Bilder, die nach dem Anschlag des 11. September zu sehen waren, zeigten noch nicht einmal das unendliche Grauen, das sich hinter den Explosionen, Staubwolken und Trümmern verbirgt. Diese visuelle Schweigsamkeit hatte gute Gründe.

Mit allen Mitteln mussten die Behörden versuchen, eine Massenpanik zu verhindern. Regierungsstellen wie die Federal Emergency Management Agency (FEMA), die bei Katastrophen die oberste Leitung der Rettungsmaßnahmen, Evakuierungen und Wiederaufbauarbeiten übernahmen, konnten bestimmte Rechte in solchen Fällen außer Kraft setzen. Doch ganz egal, ob die Bilder auf Anordnung nicht gezeigt wurden oder ob es diese Bilder nicht gab, was blieb, war das Signal, dass es keinen Ort der Sicherheit mehr gab. Keinen Schutz. Keine Rettung. Der Wille und der Hass von wenigen hatte ausgereicht, eine Zivilisation in die Knie zu zwingen.

Und die Angst griff um sich. Auf der Lower Eastside irrten die Menschen am Nachmittag des 11. September durch den Supermarkt der Pathmart-Kette. Statt der üblichen Hintergrundmusik tönte eine Ansprache von Bürgermeister Giuliani aus den Lautsprechern. Viele wussten nicht, was kaufen, packten wahllos Waren in den Korb. Wohlstand und Vielfalt waren bedeutungslos geworden.

»The Day Of Infamy« titelte der Fernsehsender CBS. Das war eine direkte Anspielung auf Pearl Harbor. Doch der Vergleich hielt nur begrenzt. Im traditionellen Krieg hatte die Angst der Zivilbevölkerung ganz klar definierte Koordinaten. Feinde, Fronten und Ziele waren bekannt. Der Terrorismus hingegen agierte aus dem Nichts. Auf Pearl Harbor folgten Hiroshima und Nagasaki. Die Angst war in der endgültigen Entfesselung von Macht und Stärke überwunden worden. Doch Unbekannte mit Teppichmessern – das war kein Feind, den man mit einem militärischen Gegenschlag zurückwerfen konnte.

Pearl Harbor lag außerdem fast zweieinhalbtausend Meilen vom amerikanischen Festland entfernt. Das World Trade Center und das Pentagon waren dagegen die Zentren der amerikanischen Macht. New York war der Nabel der Handelswelt, das Pentagon im kalten Krieg der westliche Ruhepol im Gleichgewicht des Schreckens und nach dem Mauerfall die Schaltzentrale der neuen Weltordnung, von der aus die weltweiten Einsätze der Supermacht geleitet wurden. Das eine war nun ausgelöscht. Verschwunden. Das andere stand in Flammen.

Keiner konnte sich in diesen Tagen gegen die Angst, gegen das Entsetzen und die Trauer wehren. Und doch begegnete New York der Katastrophe mit einer Souveränität, die den Rest der Welt beeindruckte. An vielen Ecken gab es schon am Tag nach den Anschlägen wieder ein fast normales Leben. Menschen gingen zur Arbeit, ins Kino und Theater. In der Alphabet Lounge an der Avenue C feierten Menschen einen Geburtstag. Um die östliche Grand Street herum hatten die Geschäfte und Lokale ganz normal geöffnet. Es waren kleine Nischen scheinbar regulärer Lebensfreude zwischen der Trauer und den Anstrengungen.

War das ein Beweis für die legendäre New Yorker Coolness unter Extrembedingungen, die dem Überleben diente? Sah nun die ganze Welt, wie hart und unerschütterlich die Menschen dieser Stadt bis in ihr tiefstes Innerstes waren? Und schwang in solchen Fragen nicht gleich wieder ein wenig von althergebrachten Vorurteilen mit? Dass wer nicht ordentlich trauert und leidet, eben kein sehr tief empfindender Mensch sein konnte?

Zwei Zitate aus der Flut der Bilder und Worte des 11. September hatten sich mir eingeprägt. Kurze Flüche auf der Tonspur jener Aufnahmen, die als erste zeigten, wie die Türme des World Trade Centers zusammenbrachen. »Holy Shit!« rief da einer entsetzt aus der Menge. Ein anderer sagte »Oh Shit«, was allerdings eher wie eine nüchterne Feststellung klang. Das wirkte cool, fast schon wie bei Kinohelden, die auch angesichts von Gewalt, Gefahr und Katastrophen noch einen lockeren Spruch auf den Lippen haben. Und doch steckte hinter diesen zwei vermeintlich so lässigen Reaktionen die gesamte Bandbreite des Entsetzens und der unendlichen Trauer.

Auch in ihrer Bedeutung unterschieden sich die beiden Flüche ganz grundlegend. »Holy Shit« markiert in der New Yorker Umgangssprache die Erkenntnis, dass der Ernstfall eingetreten ist, was sofortiges Handeln verlangt. Dem Spruch folgt meist sofortige Aktion – es gibt noch etwas zu retten, jetzt nur keine

Sekunde verlieren. »Oh Shit« dagegen markiert den Endpunkt, die Resignation angesichts unveränderbarer Tatsachen. Dem Spruch folgt meist der Rückzug. Angesichts der Trümmer gab es zunächst nichts mehr zu tun oder zu sagen, bis man sich ans Aufräumen machte. Die Lässigkeit lag also höchstens in der Form. An der Tiefe der Reaktion änderte sie nichts.

Allerdings: in New York leben Menschen, die gelernt hatten, mit Katastrophen umzugehen. Dieses Sicherheitsgefühl, das vor allem das westliche Europa nach dem Zweiten Weltkrieg wie ein Kokon umhüllte, ist den meisten New Yorkern fremd. So waren das Feiern und die Geschäftigkeit weder ein Tanz auf dem Vulkan noch Verdrängung. Die Ladenbesitzer und Kellner an der Grand Street waren allesamt Chinesen, die meisten Neuankömmlinge der letzten fünf bis zehn Jahre, nur wenige von ihnen Dissidenten, die vor dem Regime geflohen waren. Die meisten von ihnen hatten Armut, Hungersnöte oder Überschwemmungen überlebt und sich nach Amerika gerettet, um nicht politisch, sondern ganz existentiell zu überleben. Und die, die da in der Alphabet Lounge feierten, Musik hörten, tranken und es sich gutgehen ließen, waren Kolumbianer. Junge Menschen aus einem Land, in dem ein Bürgerkrieg tobt, der älter ist als die meisten von ihnen. Ein sogenannter lokal begrenzter Konflikt, der ihre Heimat jahrelang mit Terrorkampagnen überzogen hat, in dem ganze Dörfer ausgelöscht, Passagierflugzeuge gesprengt und öffentliche Gebäude zerstört wurden.

Auch die gebürtigen Amerikaner selbst sind keine weltfremden Konsummenschen. Es ist zwar richtig, dass seit dem amerikanischen Bürgerkrieg auf ihrem Kontinent keine bewaffneten Auseinandersetzungen mehr stattgefunden haben. Deswegen konnten die direkten Angriffe auf das Land wie in Pearl Harbor, in

Oklahoma City oder in New York und Washington am 11. September auch jedesmal eine so eine massive Schockwirkung entwickeln. Aber sie haben keineswegs auf einer niedlichen Spaßinsel gelebt. In Los Angeles ist es selbst für die Reichen und Schönen von Malibu und Beverly Hills selbstverständlich, immer ein Notköfferchen mit Trinkwasser, Taschenlampe, Kurzwellenradio und den wichtigsten Papieren gepackt zu haben, weil sie jederzeit mit einem Erdbeben rechnen müssen. Die Sonnenmenschen von Florida werden jedes Jahr von Stürmen heimgesucht, deren verheerende Wucht man sich als Europäer kaum ausmalen kann. Entlang der großen Ströme sind die Menschen von Überschwemmungen bedroht, im gesamten Westen können Feuersbrünste ganze Städte in Asche legen, selbst Sommerhitze und Winterkälte werden immer wieder zu tödlichen Ereignissen. Die Lässigkeit hatte also nichts mit Kaltschnäuzigkeit zu tun. Sie war vielmehr ein längst verinnerlichter Überlebensmechanismus.

Die New Yorker würden nun lernen müssen, mit der Bedrohung zu leben, die in Ländern wie Israel oder Nordirland zum Alltag gehörte. Ohne Folgen blieb das nicht. In Bügerkriegsgebieten hatte das ganze Generationen traumatisiert. Auch in New York hatte die Katastrophe psychologische Wunden geschlagen, die nie mehr heilen würden. In einer Grundschule in Downtown Manhattan saßen die Kinder zur Zeit des Anschlages in einem Raum mit Blick auf das World Trade Center. Die Fenster wurden an diesem Morgen verdunkelt. Nur an einer Stelle war die Jalousie kaputt. Ein kleiner Junge sah durch die Lücke nach draußen. »Warum brennen denn die Vögel?« fragte er. Und erkannte dann voller Entsetzen, dass es Menschen waren, die da in Flammen herabstürzten.

Der Schriftsteller Nick Cohn hatte New York als das Herz der Welt bezeichnet. Am 11. September 2001 stand dieses Herz für einen ewigen Moment lang still.

Broadway, Ecke Park Row
Der Mann der schweren Stunde

Rudolph Giuliani trat an diesem Tag im Rathaus vor die Kameras, sichtlich erschüttert, aber gefasst, er blickte auf seine Bürger und vermittelte vor allem eines – Hoffnung. »Die großartigste Stadt der Welt wird sich nicht in die Knie zwingen lassen«, sagte er. Das war eine Kampfansage, die nicht an die Feinde der Nation gerichtet war, sondern, wie es schon Franklin D. Roosevelt 1933 getan hatte, an das Gefühl der Angst. Er weigerte sich sogar, den Anschlag einen Kriegsakt zu nennen, wie es die Regierung in Washington getan hatte. »New York wird die Krise überstehen. Sie wird uns sogar ganz neue Kräfte verleihen – emotional, politisch und wirtschaftlich.« Das klang nicht wütend, sondern entschlossen.

Kein amerikanischer Politiker bewies in den Tagen nach dem Anschlag solche Führungsqualitäten wie Rudolph Giuliani. Als George W. Bush in den zwölf Stunden nach dem Anschlag noch mit seinem Air-Force-One-Jet von Florida quer durchs Land bis nach Nebraska geschickt wurde, stand Giuliani vor den Kameras und ermahnte zur Ruhe. Nicht nur die New Yorker fühlten sich angesprochen. Das ganze Land, die ganze Welt sah zu ihm auf. In diesen ersten Momenten des Schocks und der Verwirrung, in denen das Land seine Leitfiguren am dringendsten brauchte, war es Giuliani, der der amerikanischen Nation ein Mindestmaß an Vertrauen zurückgeben konnte. Nicht nur, weil er die richtigen Worte fand. Allein seine Präsenz reichte schon aus, um Amerika zu sagen: Dies war nicht das Ende der Welt. Dabei beschönigte er nichts. »Die Anzahl der Opfer wird größer sein, als wir ertragen können«, sagte er, als die Schätzungen noch mit bis zu dreißigtausend Toten rechneten. Rudolph Giuliani nutzte die Situation nicht, um politische Punkte zu sammeln. Er wusste, dass er neben den unermesslichen Anforderungen, die Rettungsarbeiten zu koordinieren und die Stadt vor dem Chaos zu bewahren, vor allem die emotionale Lage seiner Stadt und auch der Nation in Balance halten musste. Immer wieder gab er Pressekonferenzen, berichtete von den Fortschritten der Räumungs- und Rettungsarbeiten. Kein Detail schien ihm zu banal. Er gab Notruf- und Infonummern durch, meldete detaillierte Zahlen und Fakten, aber dann war er auch gleich wieder in Bewegung, besuchte die Bergungsmannschaften im Süden Manhattans, Verletzte in den Krankenhäusern, redete, zeigte sich.

Eine Hundertachtzig-Grad-Wendung hatte stattgefunden in den Köpfen seiner Bürger. Für die einen war er am 10. September noch der meistgehasste Politiker Amerikas gewesen, weil er nun schon seit acht Jahren seine Politik der »Zero Tolerance« verfolgte. Aber auch für seine Stammwähler, die Konservativen, war der erst siebenundfünfzigjährige Giuliani ein Mann auf dem absteigenden Ast. Nach dem furiosen Beginn seines Wahlkampfes um den Posten des New Yorker Senators gegen Hillary Clinton, als man schon munkelte, er werde das politische Kapital, den liberalen Moloch New York zurechtgestutzt zu haben, nutzen, einmal für das Amt des Präsidenten zu kandidieren, hatte er seine Kandidatur von einem Tag auf den anderen zurückgezogen, während die Boulevardpresse jedes noch so kleine

Detail der Trennung von seiner Frau Donna Hanover aus-
schlachtete. Als er sich aus der angestammten Residenz des Bürgermeisters, der Gracie Mansion, zu einem befreundeten homo-
sexuellen Paar geflüchtet hatte, sah man in ihm nur noch einen
Mann, der die letzten Monate seiner Amtszeit aussitzt.

All das war vergessen. Wie ein Phönix aus der Asche stieg
Rudolph Giuliani aus den Skandalen an die emotionale Spitze
der Nation. Er illustrierte diesen Aufstieg sogar mit einem Versprechen: Das World Trade Center werde wiederaufgebaut
werden, sagte er. »Die Skyline wird wieder vollständig sein.«

Broadway, Ecke Liberty Street
Die Stadt an der Front

Es war an einem Nachmittag nur wenige Wochen nach den Anschlägen. Um kurz nach halb vier stand der Welthandel für einen Moment lang still. Breitbeinig marschierten fünfzehn Polizisten in schweren Stiefeln über das hell gebeizte Parkett der New York Stock Exchange. Einige von ihnen trugen noch immer die Gasmasken um den Hals, mit denen sie sich draußen bei den Aufräumungsarbeiten vor den giftigen Dämpfen und Staubwolken schützten. Sie marschierten geradewegs zur marmornen Kanzel, auf der sonst den Reichen, Berühmten und Mächtigen die Ehre zuteil wurde, die Eröffnungs- oder Schlussglocke der Börse zu läuten. Seit dem 11. September vor vier Wochen waren es nun die neuen Helden Amerikas, die Feuerwehrleute, Sanitäter und Cops, die hier symbolisch jene Stunden an- und abschlugen, in denen auf den paar hundert Quadratmetern des Trading Floors tagtäglich das Schicksal der Weltwirtschaft entschieden wurde.

Normalerweise war das Glockenschlagen ein kurzes, kaum beachtetes Zeremoniell. In diesen Tagen aber unterbrachen die Trader und Broker mitten in der Hektik der letzten Handelsminuten ihre Arbeit, bildeten ein Spalier für die Ehrengäste, applaudierten, riefen »Bravo!« Polizisten und Händler versammelten sich unter der Kanzel zum Gruppenbild, klatschten sich gegenseitig zu.

Seit dem 11. September, da waren sich alle einig, standen sie als New Yorker gemeinsam an der vordersten Front eines neuartigen Krieges, eines Krieges ohne Soldaten und Gewehre, ohne territoriale Ansprüche oder strategische Überlegungen. Die Anschläge waren ein Angriff auf die westliche Zivilisation an sich gewesen. Und deswegen bekam plötzlich jede alltägliche Handlung eine neue Bedeutung. Jede Transaktion an der Börse, jeder Stein, den sie am World Trade Center wegräumten, war der Beweis dafür, dass sich New York, Amerika und die westliche Welt nicht unterkriegen ließen. Sogar das Einkaufen galt jetzt offiziell als patriotischer Akt, denn der American Way of Life musste verteidigt werden, und der beruhte ja auf der freien Marktwirtschaft.

Sicher, die Generäle und Admiräle würden schon bald einen konventionellen Krieg führen, einen Krieg mit Schiffen, Flugzeugen und Truppen. Doch zunächst waren die Konsumenten das Fußvolk, und dass sie hier an der Wall Street die Speerspitze bildeten, bewies ja nicht zuletzt George W. Bushs erster Gegenschlag. Keine Bomber hatte er am letzten Montag losgeschickt, sondern Buchhalter und Finanzspezialisten, die zunächst einmal die Vermögen potentieller Terroristen einfroren.

Niemand in New York wagte es allerdings, das Wort »Krieg« auch auszusprechen. Vom Krieg redeten sie in Washington, in Europa, im Rest der Welt. Hier sprach man vom Anschlag, von der Tragödie, der Katastrophe, »den Ereignissen«. Rudolph Giuliani weigerte sich weiterhin standhaft, die Anschläge als Kriegshandlung zu definieren. Zu allgegenwärtig waren die Folgen in New York, zu viel war noch aufzuarbeiten, um an Rachefeldzüge zu denken, auch wenn der 11. September nördlich der 14. Straße rasch etwas Surreales bekam und sich das Leben dort schon nach dem zweiten Tag normalisiert hatte. Doch man musste nur mit der U-Bahn bis zur Canal Street fahren und zehn Blocks nach Süden laufen, um sich das Ausmaß der Katastrophe noch einmal vor Augen zu führen. Denn kein Fernseh-, kein Zeitungsbild konnte wirklich vermitteln, was für eine Zerstörung der Anschlag angerichtet hatte.

Nicht weit von der Börse, an der Ecke Liberty Street und Broadway, konnte man bis auf einen Block an das ehemalige World Trade Center herankommen. Wenn es dunkel war, wenn die riesigen Scheinwerferkräne, die sich die Stadt von den Filmstudios ausgeborgt hatte, die Aufräumarbeiten in Ground Zero in gleißendes Tageslicht tauchten, fühlte man sich plötzlich wie unter Wasser. Die Überreste der Südturmfassade zeichneten sich wie überdimensionale Korallen gegen den schwarzblauen Himmel ab. Die Trümmer schlangen sich um die schmalen weißen Zakken. Rauchschwaden und Dampfwolken zogen träge durch die Luft. In Scharen kamen die Menschen hierher, um selbst einmal einen Blick auf die Unglücksstelle zu werfen, bewegten sich wie in Zeitlupe, die meisten stumm. Ein vierschrötiger Mann mit dichtem blonden Bart und schweren Arbeiterstiefeln stieg auf eines der Podeste, die Fotografen an der Absperrung errichtet hatten. Kein Wort sagte er, bis sich seine Augen ganz langsam mit Wasser füllten. »Fünfundzwanzig Freunde von mir liegen dort«, murmelte er, wie zur Entschuldigung. »Wir sind Möbelpacker. Fast jeden Tag haben wir dort gearbeitet. Umzüge und so.« Dann schwieg er wieder.

Überall begegnete einem in New York diese Trauer. Immer noch war die ganze Stadt übersät von den selbstkopierten Vermisstenanzeigen. Vor den Feuerwachen standen Blumensträuße, darüber waren Dankeskarten und selbstgemalte Bilder von

Kindern angebracht. An allen möglichen Ecken stieß man auf improvisierte Altäre und Gedenkstätten. Da stand vor dem Revier der U-Bahn-Polizei im Untergeschoss am Union Square ein Klapptisch voller Blumen und Kerzen. Zwei Polizisten machten sich daran zu schaffen. Ganz still. Der eine ordnete einen Blumenstrauß. Der andere zündete zwei erloschene Kerzen an. Auf einer Papptafel stand: »Im Gedenken an Ray Suarez und Mark Ellis«. Darunter ein Foto von zwei Polizisten, die einen Verletzten über das Trümmermeer von Downtown tragen, und der Vermerk: »Officer Ray Suarez wurde am 11. September um 9:00 Uhr zum letzten Mal am World Trade Center Nummer 1 gesehen. Er kehrte in das Gebäude zurück, um Verwundete zu bergen. Seither wird er vermisst.«

Vermisst. In dem Wort lag immer noch Hoffnung. Dabei hatten sie unten bei Ground Zero noch nicht einmal Leichen gefunden. »Wir wissen, wo die Vermissten sind«, hatte ein Feuerwehrmann gesagt. »Auf unseren Schaufeln, an den Sohlen unserer Stiefel, in den Filtern unserer Atemmasken.« In den Trümmern der Türme hatten sich die Menschen zu Staub aufgelöst. Bei vielen war nicht einmal die DNS übriggeblieben, jene molekularen Zellstränge, mit deren Hilfe nun die Leichenteile identifiziert werden sollen. Zu heiß war es gewesen in der Feuersbrunst des 11. September, die nicht nur den Stahl des World Trade Centers, sondern auch die kleinstmögliche Form irdischen Lebens ausgelöscht hat. Die Helfer verzweifelten daran. An der Straßensperre Hudson Street, durch die sie in ihren schlammverschmierten Timberlands zur Pause stiefeln, konnte man die Hoffnungslosigkeit in ihren Augen sehen. Sie wussten, dass die unzähligen Lastwagen, die Tag und Nacht den dampfenden Schutt über den Belt Parkway und die Verazzano-

Narrows Bridge nach Staten Island brachten, nicht nur Stahl, Beton und Glas transportierten. Sie waren so verzweifelt wie die Notärztin vom St. Luke's Hospital, mit der ich sprach: »Innerhalb von einer halben Stunde war unsere gesamte Belegschaft versammelt. Wir hatten alles vorbereitet. Operationssäle, Bettenlager, Medikamente. Aber es ist niemand gekommen. Es gab keine Verletzten.«

Die Halle des Family Centers am Hudson River glich einem Marktplatz der Nothilfen. Behörden, Botschaften und Hilfsorganisationen hatten Stände errichtet, versuchten zu helfen. Es gab Adressen für Notunterkünfte, Hotels boten Firmen an, sich zu Niedrigstpreisen zeitweise bei ihnen niederzulassen. Seelsorger gewährten den Überlebenden Beistand. Vor allem aber den Angehörigen.

New York musste sich an diese neue Rolle noch gewöhnen. Die Betreuer der Nothilfeorganisationen, die Emergency-Einheiten, die Arbeiter mit ihren Gasmasken, die patrouillierenden Soldaten der National Guard, die Straßensperren des FBI – solche Bilder kannte man sonst nur aus der Dritten Welt, höchstens noch aus den Katastrophengebieten des amerikanischen Hinterlandes. Seit den Anschlägen roch es in New York sogar wie in den Entwicklungsländern – eine Mischung aus verkohltem Plastik, Benzin und feuchter Erde. Als Frontstadt war die Metropole nun plötzlich nicht mehr der »Global Player«, der Nabel der Welt, die Hochburg von Glamour und Größe, sondern Opfer und Zielscheibe, hilfsbedürftig und verwundbar.

Eines war vor allem neu: die Angst, die unter der allgemeinen Gelassenheit schwelte. Verunsicherung kannte die Stadt vielleicht, auch Skepsis und Sorge. Aber panische Angst vor dem Alltag, die einem den kalten Schweiß auf die Stirn trieb? Bei der einem jedes laute Geräusch wie ein Stromstoß durch den Magen fuhr? Und die Angst wurde geschürt. Jeden Tag aufs neue. Wie in einer belagerten Stadt kursierten die Gerüchte. Vor allem vor einem militärischen Gegenschlag der US Army im Nahen Osten fürchteten sich die New Yorker. Dann nämlich, so glaubten viele, würden die Terroristen ein zweites Mal zuschlagen.

Wo würde das passieren? An der Penn oder der Grand Central Station? Am Empire State Building oder im Gebäude der Vereinten Nationen, die für Touristen inzwischen gesperrt sind? Würde es noch schlimmer kommen? Ein chemischer oder biologischer Angriff auf ein Kino, eine U-Bahn, die Börse? Eine Mini-Atombombe im Zentrum oder ein gesprengtes Kernkraftwerk? Hunderttausende dahingerafft vom Gas, von Bakterien, Viren, Strahlen? Es nutzte nichts, dass Experten im Fernsehen und in den Zeitungen plausibel erklärten, warum ABC-Angriffe durch Terroristen eher unwahrscheinlich waren und selbst im Falle einer Milzbrandattacke die Zahl der Toten niemals so hoch sein könnte wie beim Anschlag auf das World Trade Center. In den Army Navy Stores waren Gasmasken ausverkauft. Im East Village, wo sich die Szene sonst mit Koks und Ecstasy versorgte, gab es schon einen Schwarzmarkt für Medikamente gegen Milzbrand. Die ersten Familien verließen die Stadt.

Die Verhaltenspsychologin vom Pier 92 sagte, dass Trauerarbeit und Schock nah beieinanderlägen. Auf die Trauer folge die Angst. Dann die Wut. Das konnte dauern. Fast schon beruhigend, dass sich die ersten Ausbrüche schon artikulierten. Don Imus, der Talk-Radio-Moderator, der jeden Nachmittag auf WNEW Anrufer beschimpfte, die Welt verfluchte und gerne rechtspopulistische Vorurteile propagierte, polterte stellvertretend für die Stadt. »Was? Die Franzosen überlegen es sich noch, ob sie mit uns in den Krieg ziehen sollen?« bellte er ins Mikrofon. »Diese Weicheier. Sollen sich lieber mal duschen.« Dann verlas er einen Aufruf: »In der letzten Bar in Ground Zero geht das Bier aus. Schickt Bier da runter!« Und weil er schon beim Thema war, schlug er vor, Afghanistan mit Bierfässern zu bombardieren. »Das wird den Moslems endlich mal ordentlich Angst einjagen.« Einen Anrufer, der sich über solch derbe Worte in so schweren Zeiten beschwerte, putzte er herunter, bis dem hörbar die Tränen kamen.

In diesen Tagen machte einem Don Imus' Zorn fast schon Mut. Denn diese Freundlichkeit, diese Vorsicht und Höflichkeit, mit der die New Yorker zur Zeit miteinander umgingen, war der wahre Ausnahmezustand. Die ruppigen Umgangsformen und die mit derben Flüchen gespickte Sprache hatten genauso zu New York gehört wie die Freiheitsstatue, die Brooklyn Bridge, das Empire State Building. Und bis vor wenigen Wochen das World Trade Center. Man freute sich über jeden Taxifahrer, der einem den Weg abschnitt, über jedes herzhafte »Fuck You!«, das man auf der Straße hörte. Selbst Giuliani vermisste die Pöbeleien seiner Bürger. »Ich bekomme viel zuviel Applaus«, sagte er bei seinem Auftritt in der *Late Show with David Letterman.* »Ich warte sehnsüchtig auf den Moment, an dem sie mich bei meinen öffentlichen Auftritten wieder ausbuhen. Dann hat sich New York endlich erholt.«

Genauso schlimm war die blinde Wut, die an einigen wenigen Ecken aufblitzte. In Queens verprügelten Jugendliche indische Sikhs, weil sie Turbane trugen wie Bin Laden. In der Bronx wurde nicht weit vom Krankenhaus ein Araber niedergeschossen. Die Einwanderer spürten diese Gefahr. Die Taxifahrer, die zu zwei Dritteln vom indischen Subkontinent stammten, dekorierten ihre

Wagen allesamt mit amerikanischen Flaggen. Viele traten erst gar nicht ihren Dienst an. In Chinatown gab es kein einziges Lokal, kein Geschäft, keinen Hauseingang, an dem nicht ein Star Spangled Banner angebracht worden war. Als Schutzschild gegen den Fremdenhass. Auch wenn es nur Einzelfälle waren, spürten die Neuankömmlinge, dass Amerika in den Krieg zog. Gegen Menschen, die anders aussahen, lebten und glaubten als die Amerikaner, so wie eben die Einwanderer auch. Besser den Kopf einziehen, als ins Fadenkreuz des Volkszorns zu geraten.

Dabei richtete sich die wahre Wut der New Yorker eher gegen all jene, die ihre Tragödie nun für ihre fremdenfeindlichen Ressentiments oder geopolitische Interessen ausnutzten. »Unsere Trauer ist kein Kriegsgebrüll!« stand auf dem Plakat, das ein junges Mädchen zum Union Square gebracht hatte. Aktivistengruppen von den Mitarbeitern des sozialistischen »Revolution Bookstore« über die »Socialist Worker's Party« bis zu den neuen Organisationen der Seattle-Generation riefen zu einem spontanen Friedensmarsch auf. Das »International Action Center« des ehemaligen obersten US-Staatsanwaltes und Menschenrechtsaktivisten Ramsey Clark wollte die breitgefächerte Aktivistenszene bündeln und hatte die Koalition »International Answer« (als Abkürzung für »Act Now to Stop War and End Racism«) ins Leben gerufen.

Der erste Marsch war spontan und nicht genehmigt. Gegen sechs Uhr abends trafen sich rund fünftausend Demonstranten am Union Square. Um sieben marschierten sie los nach Norden. Ihr Ziel war das Rekrutierungsbüro der US Army auf dem Times Square, rund drei Meilen entfernt.

Eigentlich war es zu früh für eine Demonstration gegen den Krieg, denn der hatte noch gar nicht begonnen. Sheila, eine zweiundzwanzigjährige Studentin der Columbia University, war da anderer Meinung. »Die Stimmung ist schon am Kippen«, sagte sie. »Da können sie im Yankee Stadium noch so viele Mullahs und Rabbis zur Gedenkfeier einladen. In den Köpfen der Amerikaner brennt sich jetzt ein neues Feindbild ein.«

Und so marschierten sie ordentlich und diszipliniert die Park Avenue hinauf. Die Polizei ließ sich noch nicht blicken. Junge Männer und Frauen mit Walkie-talkies achteten darauf, dass die Demonstranten auf Linie blieben. Helfer riegelten die Nebenstraßen mit Menschenketten ab.

An der Ecke 22. Straße gab es einen kleinen Zwischenfall. Eine Dame im weißen Cabrio versuchte sich hupend einen Weg durch die Marschierenden zu bahnen. Die Demonstrationsordner schrien, sie solle niemanden über den Haufen fahren, die Cabriofahrerin brüllte: »Keine Ahnung habt ihr! Verpisst euch!« und fuhr ihren Wagen noch ein Stück weiter in die Menge. Die Flüche flogen hin und her. Tränen der Wut standen in den Augen der Frau. »Ich habe meinen Bruder da unten verloren! Ihr wisst doch gar nicht, wie das ist.« Die Demonstrationsordner hielten betreten inne. Dann räumten sie ihr den Weg frei.

An fast jeder Ecke kam es zu lauten Auseinandersetzungen zwischen den Demonstranten und Patrioten, die kein Verständnis für Pazifismus hatten. Ein Zivilpolizist sprang sogar aus dem Wagen, ging auf eine der Ordnerinnen los, wollte sie verprügeln. Doch da war dann schon der erste Streifenwagen zur Stelle. Die Beamten rangen ihren Kollegen nieder, setzten ihn in den Fond ihres Wagens.

Kurz vor dem Times Square ging es nicht weiter. Die Einsatzpolizei hatte dort schon gewartet und Barrikaden errichtet. Das wäre dann doch zu weit gegangen, dass Friedensdemonstranten das New Yorker Wahrzeichen lahmlegen, während rein rechtlich noch der Ausnahmezustand galt. Bis zum Broadway ging der Marsch weiter. Dann war Schluss. Zwei- bis dreihundert Demonstranten schlugen sich noch bis zum Kiosk der US Army durch und wurden dort sofort eingekesselt. Sie waren trotzdem zufrieden. CNN war da, ABC, NBC, CBS. Wenigstens hatten sie der Nation und der Welt gezeigt, dass New York keinen Krieg wollte.

Am nächsten Tag versammelten sich ein paar der Organisatoren wieder im »Revolution Bookstore«. Keiner mochte heute Bücher verkaufen. Joan, die Ladenbesitzerin mit dem mädchenhaften Gesicht und den grauen Haaren, kniete über einem Plakat, das sie mit Filzstiften beschrieb. Zwei junge, bärtige Männer wuchteten Kisten mit Flugblättern umher. Vielleicht würde am Abend wieder marschiert. Oder am nächsten Tag. Ganz sicher sollte später am Nachmittag eine Versammlung stattfinden. Denn auch wenn die Weltbank und der Internationale Währungsfonds ihre Konferenz in Washington nächstes Wochenende abgesagt hatten, die Protestler aus New York würden trotzdem kommen. Und sie würden es nicht bei höflichen Floskeln belassen.

27th Street, Ecke 11th Avenue
Patriotischer Akt

An der Ecke elfte Avenue und 27. Straße in New York hatte das FBI seit dem 11. September eine Straßensperre aufgebaut. »Road closed« stand auf dem Schild an der Holzbarriere. Daneben parkte ein Geländewagen, auf dessen offener Heckklappe zwei Bundesagenten saßen und darauf achteten, dass auch wirklich niemand hier vorbeifuhr. Der Jüngere der beiden sah mit seinen fein gemeißelten Gesichtszügen ein wenig aus wie Agent Mulder aus der Fernsehserie *Akte X*. Er führte einen niedlichen, schwarz-braun-weiß gescheckten Sprengstoffhund an der Leine, der auf Befehl in meinen Wagen sprang und aufgeregt schwanzwedelnd herumschnüffelte. Das war possierlich und der Agent sehr charmant, deswegen ließ ich die Prozedur gutgelaunt über mich ergehen. Als sich der Hund an einem Holzschemel im Fond festschnüffelte, scherzte der Agent: »Den müssen wir jetzt aufsägen.« Wir lachten, und als er mich dann doch durch die Sperre fahren und unter seiner Aufsicht einparken ließ, war ich sogar ein bisschen dankbar.

War doch klar. In diesen unsicheren Zeiten tat das FBI nur seinen Job. Für uns, die Bürger im Fadenkreuz des internationalen Terrorismus. Auch die Sperren der National Guard, Stichproben der NYPD, die zügige Ratifizierung neuer Antiterrorgesetze, die bedingungslose Bewunderung konservativer Heroen wie Rudolph Giuliani, Colin Powell und John Ashcroft – patriotische Selbstverständlichkeiten. Präsident Bush hatte es in seiner Rede schließlich unmissverständlich gesagt: »Wer nicht für uns ist, ist gegen uns.« Doch zwei Wochen nach den Anschlägen regte sich langsam der Widerstand gegen all die neuen Maßnahmen und Gesetze, die in Kauf nehmen, dass die bürgerlichen Freiheiten und Rechte als Kollateralschäden der Terroranschläge auf der Strecke bleiben.

George W. Bush und der oberste Staatsanwalt der USA John Ashcroft drängten den Kongress, beim Erlassen neuer Gesetze keine Zeit mit den üblichen Debatten zu verschwenden. Damit stellten sie den Rechtsstaat an sich in Frage. Die Gelegenheit war günstig, das Klima, bisher unbeliebte Gesetze durchzubringen, war noch nie zuvor so gut gewesen. Zwei Drittel aller befragten Amerikaner gaben bei einer Umfrage des Fernsehsenders ABC an, dass sie bereit seien, ihre Bürgerrechte der inneren Sicherheit zu opfern. Selbst normalerweise kompromisslose Institutionen wie die »Civil Liberties Union« hatten ihre Unterstützung zugesagt.

Mehr als fünfzig Gesetzesänderungen forderte Ashcroft im Rahmen seines Antiterrorpaketes. Dazu gehörten auch vernünftige Maßnahmen wie der Einsatz sogenannter Air Marshalls. Rechtsexperten beklagten jedoch, die meisten seiner Vorschläge würden den Kampf gegen den Terrorismus nicht wirklich voranbringen, er würde lediglich Gesetze einführen, die bisher nicht konsensfähig waren. So sollte beispielsweise die Einwanderungsbehörde INS Ausländer in Zukunft auf unbegrenzte Zeit festhalten dürfen. CIA und Polizeibehörden sollten fortan eng zusammenarbeiten und somit die Trennung zwischen Spionage und Polizeiarbeit auflösen. Polizeikräfte sollten in Zukunft auf Verdacht hin Durchsuchungen, Lauschangriffe und vorübergehende Festnahmen durchführen dürfen. Gesetze, welche die Unterstützung von Terroristen und terroristischen Vereinigungen als Schwerverbrechen klassifizierten, sahen vor, Besitz von Verdächtigen zu beschlagnahmen, auch wenn diese noch nicht für schuldig befunden worden. Vor allem aber wollte man nun all jene Gesetze zur Kontrolle elektronischer Kommunikationsmittel inklusive des Internets durchsetzen, die bisher selbst an konservativen Gesetzgebern gescheitert waren.

Ted Galen Carpenter, Vizepräsident des konservativen Cato-Instituts in Washington, warnte in einem Essay, dass Gesetze, die in Kriegszeiten überstürzt erlassen wurden, oft langfristige Folgen hatten. Der Erste Weltkrieg habe die legislativen Voraussetzungen für die Prohibition geschaffen. Die zunächst temporäre Regierungsmaßnahme aus der Zeit des Zweiten Weltkriegs, Steuern automatisch von Gehältern abzuziehen, sei immer noch Gesetz. Auch sollte man aus Fehlern der Vergangenheit lernen. So habe es während des Ersten Weltkriegs Gesetze gegeben, die selbst sanfte Kritik an der amerikanischen Beteiligung am Krieg mit langen Gefängnisstrafen belegten. So weit wollte natürlich niemand gehen, doch als der Fernsehmoderator Bill Maher in seiner Sendung anmerkte, der Anschlag sei keineswegs feige gewesen, ganz im Gegenteil zu der Taktik amerikanischer Militärs, Feinde aus der Entfernung von Hunderten von Meilen zu bombardieren, verlor er nicht nur Werbekunden, sondern wurde auch ganz offiziell vom Weißen Haus abgemahnt und kurz darauf gefeuert. Carpenter erinnerte in seinem Essay daran, dass gegen Ende des Zweiten Weltkrieges mehr als hunderttausend Amerikaner japanischer Abstammung in Sammellagern interniert worden waren, die Präsident Roosevelt später als »Konzentrationslager« bezeichnete. Auch jetzt sorgten sich Bürgerrechtler schon, weil nicht nur blindwütige Mobs, sondern auch staatliche Kräfte Araber in den USA mit dem verfassungsfeindlichen »Racial Profiling« verfolgten.

Niemand wollte den Regierenden in diesen Zeiten bösen Willen unterstellen. Doch dass ihnen die innere Sicherheit wichtiger war als das Wohl ihrer Bürger, hatten sie ausgerechnet in New York schon bewiesen. Unabhängige Messungen hatten ergeben, dass die Schadstoffbelastung in Downtown New York schwere gesundheitliche Schäden nach sich ziehen würde. Vor allem die Rettungshelfer und Arbeiter, die an der Unglücksstelle die Aufräumungs- und Bergungsarbeiten vorantrieben, waren Staubwolken ausgesetzt, die so giftige Stoffe wie PCB, Fiberglasfasern und Asbest enthielten. Unzählige Apartments und Büros waren wahrscheinlich verseucht. Doch die Federal Agency of Emergency Management hatte die Belastung für harmlos erklärt. Einerseits, um die Arbeiten am Ground Zero nicht zu gefährden. Andererseits, um einen Massenauszug aus Manhattan zu verhindern.

Ganz nebenbei hatte Rudolph Giuliani sein Verhältnis zur inneren Sicherheit und Bürgerrechten bei einem Auftritt in der *Late Show with David Letterman* offenbart. »Wir tun alles für die Sicherheit, was in einer freiheitlichen Gesellschaft möglich ist«, sagte er. Da gab es berechtigten Applaus. Auch wenn es ein wenig so klang, dass er es bedauerte, durch diese freiheitliche Gesellschaft gebremst zu werden. In der Woche nach dem Anschlag auf das World Trade Center hatte er ja schon ganz nebenbei bemerkt, die Kriminalitätsrate der Stadt sei innerhalb von wenigen Tagen um zweiundsechzig Prozent gesunken. Ein Rückgang, für den er zu Beginn seiner Amtszeit immerhin drei Jahre gebraucht hatte.

Innerhalb von nur fünf Wochen ratifizierte der amerikanische Senat dann Ashcrofts Gesetzespaket mit dem hübschen Namen »Uniting and Strengthening America by Providing Appropriate Tools Required to Intercept and Obstruct Terrorism«. Das ließ sich mit »Amerika vereinen und stärken, indem man angemessene Werkzeuge bereitstellt, um terroristischen Anschlägen vorzubeugen und sie zu verhindern« übersetzen. Vor allem aber konnte man den umständlichen Titel der Initiative abkürzen, und dann las sich das als U.S.A. Patriot Act, was natürlich unterstellte, dass jedes Mitglied der Legislative, das dieses Paket in Frage stellte, in den Verdacht der unpatriotischen Umtriebe geriet. Und das kam bei der martialischen Exekutive und der nicht minder wehrhaften Wählerschaft in Zeiten des Krieges gar nicht gut an. Eine einzige Gegenstimme gab es. Die New Yorker Wochenzeitschrift *The Nation* zeigt auf ihrem Titelbild daraufhin eine Karikatur, auf der Amerikas oberster Staatsanwalt John Ashcroft vor einer von Kugeln durchsiebten Verfassung wie ein Revolverheld den Rauch von einer Pistole blies.

Trump Tower
Der Wolkenkratzer wird niemals sterben

Die Wolkenkratzer der Stadt waren schon gleich nach den Anschlägen in Hochsicherheitstrakte verwandelt worden. Auch vor dem Trump Tower an der 5th Avenue, der mit seiner Einkaufspassage zu den beliebtesten Sehenswürdigkeiten für Shopping-Touristen gehört, standen nun Sicherheitsbeamte, die die Handtäschchen und Einkaufstüten der Besucher durchsuchten und strenge Fragen nach dem Einkaufsziel stellten. Wer in die oberen Etagen wollte, der musste seine Anmeldung telefonisch durch den Liftführer bestätigen lassen. Donald Trump, der dem Turm den Namen gegeben hatte, residierte im sechsundzwanzigsten Stock. Er war der richtige Mann, um über die Zukunft des Wolkenkratzers zu reden.

Den Panoramablick über den Central Park im Rücken, einen Bodyguard vor der Türe, thronte er hinter seinem Schreibtisch. Sein Maßanzug betonte die breiten Schultern, das schüttere blonde Haar hatte er als Mähne um seinen massiven Schädel gefönt. Kein Bauherr hatte so viele Wolkenkratzer gebaut wie er. Mit dem Trump Tower hatte sich der Unternehmer aus Queens als Inbegriff der finanziellen und architektonischen Exzesse der achtziger Jahre etabliert. Er war ein Immobilientycoon, der vor nichts und niemandem haltmachte, der sich Milliarden von den Banken pumpte, um damit immer verwegenere Projekte zu finanzieren. Gleichzeitig betrieb er einen größenwahnsinnigen Persönlichkeitskult. Alle Welt wusste, dass er der Mann mit dem meisten Geld und dem schlechtesten Geschmack von New York war. Das war gar nicht zu übersehen. Sein Trump Tower, dieses Scheusal aus Rauchglas, rosa Marmor und Messing, stand auf einem der besten Blocks der ehrwürdigen Fifth Avenue, an dessen Nordende sich das Artdéco-Gebäude von »Tiffany's« nun in seinen Schatten duckte. In Atlantic City hatte er sich mit dem »Taj Mahal Casino« ein bonbonfarbenes Momument des Kitschs bauen lassen. Seine Scheidung von Ivana hatte nicht nur eine zweistellige Millionensumme gekostet, sondern den Boulevardblättern eine Soap Opera geliefert, vor der sich die feine Gesellschaft mit Grausen abwendete.

Doch dann kam das Ende der Goldenen Achtziger. Die Märkte bröckelten, die Banken verloren die Geduld, und Donald Trump, der für seine Darlehen persönlich gebürgt hatte, war plötzlich der höchstverschuldete Mann von New York. Alles wollten sie ihm pfänden, sogar seine Armbanduhren. Damals, so erzählte er gerne, lief er mit seinem Finanzberater über die Fifth Avenue, deutete auf einen Obdachlosen und seufzte: »Der Penner da ist keinen Cent wert, aber wenigstens ist er auf Null. Damit ist er mir mit neunhundert Millionen Dollar im Vorsprung.«

Ende der neunziger Jahre gehörte Donald Trump wieder zu den ganz Mächtigen der Stadt. Das Geheimnis seines Comebacks: Anstatt während seiner Pleite die Banken zu besänftigen und Kompromisse einzugehen, engagierte er Steve Bollenbach, einen »financial tough guy«. Der wusste, dass die Banken Angst vor dem Kernstück des Trump Imperiums hatten – vor den Spielkasinos in Atlantic City. Das war ein klassisches Mafiageschäft, davon hatten sie keine Ahnung. 3,7 Milliarden Dollar Profit warfen die Kasinos von Atlantic City im Jahr ab, zwanzig Prozent mehr als die in Las Vegas. Ein gutes Drittel davon ging direkt an Donald Trump.

Und so hatte Donald Trump auch bald wieder Zeit, sich seinem Lieblingsprojekt zu widmen – dem Mythos Donald Trump. Denn noch größer als seine Bauvorhaben ist sein Ego. Er trieb sich auf Parties mit Popstars und Models herum, spielte in Woody Allens *Celebrity* sich selbst und parodierte seinen eigenen Größenwahn in einem Werbespot für eine Pizza-Kette. Er hatte die Schönheitswettbewerbe Miss Universe, Miss USA und Miss Teen USA gekauft, bei denen er sich persönlich um die Kandidatinnen kümmerte, und eine Modelagentur gegründet.

Jetzt rankten sich auch wieder Siegerlegenden um den Mann. Auf dem Rückweg von Atlantic City sei ihm die Limousine abgesoffen. Ein arbeitsloser Mechaniker, der zufällig vorbeikam, brachte sie wieder in Gang, weigerte sich jedoch, dafür Geld anzunehmen. Wenige Tage später erhielt er einen Brief. Donald Trump hatte seine Hypothek bezahlt.

In New York hatte er dann auch wieder mit Bauprojekten Schlagzeilen gemacht – wie schon in den Achtzigern vor allem mit Wolkenkratzern, die das Stadtbild veränderten: Am Columbus Circle eröffnete er das »Trump International Hotel«. Die Uno stand seit der Jahrtausendwende im Schatten eines schwarzen Glasmonolithen namens »Trump World Tower«, dem größten Wohngebäude der Welt. Im Sommer 2000 machte »The Donald« mit Plänen von sich reden, den Petronas Towers in der malaiischen Hauptstadt Kuala Lumpur den Titel als höchstes Gebäude mit einem Superwolkenkratzer in Chicago abzujagen. Und daran sollten ihn auch die Anschläge nicht hindern. »Der

Wolkenkratzer wird niemals sterben«, sagte er mit seiner dröhnenden Stimme, die keinen Einwand duldete und schon gar keine Kritik. »Der Wolkenkratzer ist eine der wichtigsten Formen von majestätischer Größe, ein essentielles Symbol für Macht und Stärke. Was mit dem World Trade Center geschehen ist, hat den extrem hohen Gebäuden sicherlich nicht gedient. Aber der Wolkenkratzer an sich wird uns auch in Zukunft erhalten bleiben.«

Einer wie Trump gab nicht klein bei. Er disponierte höchstens um. »Ich glaube, dass Gebäude solider gebaut werden müssen, damit sich so etwas nicht wiederholen kann«, sagte er. »Ich habe schon mehrfach gesagt, dass wir robustere Gebäude bauen müssen. Vor allem, wenn sie über eine bestimmte Höhe hinausgehen. So wie das World Trade Center konstruiert wurde, war es offensichtlich nicht sicher genug. Wir müssen in Zukunft wirklich höhere Maßstäbe anlegen. Wir müssen verschiedene Arten von Stahl und vor allem viel mehr Beton benutzen, besseren Feuerschutz verwenden, damit der Stahl länger hält, bevor er nachgibt. Und wir müssen die Gebäude widerstandsfähiger konstruieren. Das World Trade Center hatte im Inneren keinerlei Säulen. Hätte es tragende Säulen gehabt, würde es wahrscheinlich heute noch stehen. Das waren fast fünftausend Quadratmeter große Stockwerke, die freischwebend von der äußeren Kante bis zum Kern verliefen. Vielleicht gibt es in Zukunft eben einfach keine säulenfreien Räume mehr. Ich glaube nicht, dass Gebäude wie 40 Wall Street oder das Empire State Building so schnell zusammengebrochen wären wie das World Trade Center. Die alte Form säulengestützter Baustrukturen war eben robuster.«

Aber dann schlich sich doch ein Hauch von Pessimismus in

seinen Monolog. »Ich glaube auch, dass man zumindest in naher Zukunft kaum Gebäude planen wird, die höher als sechzig Stockwerke sind«, sagte er. »Weil Gebäude ab einer bestimmten Höhe eher zur Zielscheibe werden. Zumindest scheint das so seit dem Anschlag auf das World Trade Center. Davor hat man über solche Kriterien überhaupt nicht nachgedacht. Aber jetzt ist das eben alles anders. Deswegen glaube ich, dass der Trend, Superwolkenkratzer zu bauen, erst einmal abflauen wird.«

Canal, Ecke Allen Street
Neue Helden

Am Nachmittag kam Paul McCartney kurz beim Feuerwehr-
haus der Ladder Company Six and Engine Nine vorbei. Unten
an der East Canal Street in Chinatown, wo man bei Westwind
immer noch den Qualm der schmorenden Unglücksstelle riechen konnte. Er hatte Freikarten für sein »Concert for New
York City« mitgebracht – zwei für jeden Feuerwehrmann. Die
waren erst einmal belustigt. Rummel waren sie inzwischen gewohnt, denn zur Ladder Six gehören auch die Magic Six, jene
sechs Feuerwehrmänner, die den Zusammenbruch des Nordturms überlebt hatten, weil sie eine Großmutter die Treppen
hinuntergeschleppt und die Trümmer wie durch ein Wunder
eine Luftkammer um sie herum gebildet hatten. Seitdem schauten fast jeden Tag irgendwelche Fernsehteams vorbei.
Sal D'Agostino war einer der sechs. Ein kräftiger Mann von
einunddreißig Jahren, den Schädel kahlrasiert. Er trug die Som-
meruniform der New Yorker Feuerwehrleute – blaue Bermuda-
shorts und ein kurzärmliges, blau-weiß gestreiftes Hemd –, über
die im Ernstfall die schwere Einsatzkleidung gezogen würde.
Ewas abseits von den anderen erzählte er noch einmal von
jenem Tag. Hier in der Feuerwache mochte sonst keiner mehr
über den 11. September reden, als sie dreihundertdreiundvierzig
ihrer Kollegen verloren hatten.
D'Agostinos Mannschaft von der Ladder Six war an jenem

Morgen eine der ersten Mannschaften am Einsatzort gewesen. »Als wir in die Lobby des Nordturms kamen, sahen wir gleich am Eingang zwei Menschen, die furchtbare Verbrennungen hatten«, erinnerte er sich. Zielstrebig begannen die sechs Männer ihren Aufstieg über das Treppenhaus. Flüchtende und Verletzte kamen ihnen entgegen. »Wie konnten das brennende Flugzeugbenzin riechen.« Als sie den siebenundzwanzigsten Stock erreichten, ging ein Beben durch das Gebäude. Der Südturm war eingestürzt. »Über Funk kam der Befehl, sofort zu evakuieren.« Auf dem Weg nach unten begegneten sie auf einem Treppenabsatz einem Häuflein erschöpfter Menschen. Josephine Harris war darunter, eine ältere Frau, die keinen Schritt mehr tun konnte. Die Männer von der Ladder Six überlegten nicht lange, halfen der Dame auf die Füße. Treppe für Treppe tasteten sie sich nach unten, bis in den vierten Stock.

»Da hörte ich plötzlich ein Geräusch, das ich nie vergessen werde«, sagte D'Agostino. Wie in einer akustischen Zeitlupe konnte er hören, wie weit oben im Turm die Stockwerke ineinanderstürzten. Eine Kettenreaktion, die sich schließlich in einem gewaltigen Beben entlud. Der Turm stürzte ein. Danach herrschte Dunkelheit. Stille. Erst das Husten der Männer brachte ihn zur Besinnung. Sie hatten überlebt, wie durch ein Wunder. Das brachte der Mannschaft schon am nächsten Tag den Spitznamen »Magic Six« ein.

D'Agostino hat in den Türmen mehr gesehen als die meisten seiner überlebenden Kollegen. Das hat ihm geholfen, das Grauen zu verstehen. Sein Vorgesetzter, Leutnant Peter Glowacz, hatte beispielsweise an diesem Tag frei und kam erst nach dem Einsturz der Türme an die Unglücksstelle. »Seit zwanzig Jahren bin ich im Dienst«, sagte der zurückhaltende

Siebenundvierzigjährige. »Ich habe schon viel gesehen. Aber das wirklich Schlimme dort unten war, dass man nichts gesehen hat. Keine Opfer, keine Computer, keine Telefone, keine Türen, nicht einmal Türklinken. Wissen Sie, wie viele Türklinken es im World Center gegeben hat? Dieses Nichts. Das war furchtbar.«

Die Magic Six waren die Vertreter jener neuen Helden, für die McCartney und seine Rockstarfreunde das Konzert im Madison Square Garden veranstalteten. Weil er ohne Presse und Fernsehen in die Feuerwache gekommen war, schien es ihm wirklich ein ehrliches Anliegen zu sein, die Karten selbst vorbeizubringen. Als er dann auch noch Geschichten über seinen Vater James erzählte, der während des Zweiten Weltkriegs Feuerwehrmann in Liverpool war und immer wieder mitten in der Nacht ausrücken musste, weil die »Krauts« andauernd den Hafen von Liverpool bombardierten, hatte er die Männer von der Ladder Six endgültig für sich gewonnen.

Solche Gesten waren den New Yorkern in diesen Tagen wichtig. Feigheit ließen sie nicht gelten. »Lamest of the Famous« hatte die *New York Post* an diesem Morgen gereimt und all die Promis aufgezählt, die sich in diesen Tagen die Allüre Angst erlaubt hatten. Die Schauspielerin Heather Graham zum Beispiel, die lieber in der Talk-Show von Jay Leno in Hollywood aufgetreten war, anstatt wie geplant bei David Letterman in New York, weil sie sich vor Bioangriffen fürchtete. Liza Minnelli, Naomi Campbell, Elizabeth Hurley und Placido Domingo, die dieser Tage ihre Termine absagten, weil sie sich nicht mehr trauten, in ein Flugzeug zu steigen. »Wenn es darum geht, dagegen zu protestieren, dass irgendwelche Kälber zu Kalbfleisch verwurstet werden, lassen sie sich normalerweise bei jeder Veranstaltung mit vegetarischer Speisekarte blicken«, schimpfte die *Post*. »Und wo bleiben sie, wenn die Menschen sie brauchen?« Für jeden Star, der sich drückte, schien es jedoch fünf zu geben, die Solidarität mit New York beweisen wollen. Da sah man Ben Stiller beim Auftritt von Travis, dem ersten Popkonzert seit den Anschlägen. John Lithgow schlenderte beim Einkaufsbummel durch SoHo. Ben Affleck spazierte den West Broadway entlang. Und Harrison Ford verteilte unten bei Ground Zero tagelang Gratismahlzeiten, die Starkoch David Bouley für die Arbeiter gekocht hatte.

Der *Rolling Stone* hatte das »Concert For New York City« mit »Live Aid« verglichen, Billy Crystal, der einen Teil des Abends moderierte, mit Woodstock. Beide Vergleiche hinkten. Im besten Falle war es ein lokales Konzert, das die Reichen, Schönen und Berühmten für die Toten, Mutigen und Fleißigen der Stadt ausrichteten. Über sechstausend Feuerwehrleute, Sanitäter, Polizisten und Arbeiter hatten Freikarten bekommen. Die gesamte Arena war für sie reserviert. Selbst Ex-Präsident Clinton musste sich zusammen mit seiner Frau Hillary und seinem Kumpel, dem Hollywoodstar Dennis Quaid, mit Rangplätzen begnügen.

Unten auf den guten Plätzen saßen sie dann stolz in ihren Ausgehuniformen. Viele hatten Bilder ihrer verstorbenen Kameraden mitgebracht, die sie für die Übertragung im Fernsehen in die Kameras hielten. Denn bei allem Mut und aller Härte – die Arbeit in Ground Zero ging den Helden von der Zivilfront immer noch an die Substanz. Sie hatten erst kürzlich darum gebeten, dass man die Lichter, welche nachts die Spitze des Empire State Building anstrahlten, nicht mehr wie üblich um Mitternacht löschte. Die plötzliche Dunkelheit am Horizont war ihnen unheimlich gewesen. So leuchtete der nun höchste Wolkenkratzer der Stadt wie ein monumentales Nachtlicht bis zum Sonnenaufgang.

Und es war auch im Parkett, wo die Emotionen hochkochten, wo die Tränen flossen und die Jubelwellen durch die Menge gingen. Alle schienen froh, die Milzbrand-Warnungen und Terrorängste vergessen und an das wirkliche Drama denken zu können: an den 11. September. »Eigentlich wollten wir heute wieder Preise verleihen«, sagte Billy Crystal. »Aber wir haben niemand gefunden, der Briefumschläge aufmachen wollte.« Und auf die Lacher setzte er nach: »Ich war ja schon bei vielen Konzerten hinter der Bühne. Aber ich habe noch nie so viele Rockstars gesehen, die vor weißem Pulver davonlaufen.«

Es war aber auch der Versuch der Stars, nach einer Tradition der Inhalte zu suchen. »Woodstock« oder »Live Aid« war das hier nicht. Das wurde spätestens klar, als ein paar Cops der Transit Police ihre Zeit auf der Bühne benutzten, Osama Bin Laden zu beschimpfen, was frenetische Sprechchöre auslöste, in denen minutenlang »U – S – A!« skandiert wurde. Später als Hollywoodbuddhist Richard Gere ans Mikro trat und sagte: »Ich hoffe, wir können die Energie von heute Abend in Liebe und Verständnis umwandeln«, brach ein Sturm von Buhrufen über ihn herein.

In »Woodstock« war es um den Durchbruch der Protestgeneration gegangen, bei »Live Aid« um eine Art Solidarität mit der Dritten Welt. Das »Concert For New York« aber war Truppenbetreuung in der Tradition von Bob Hope im befreiten Europa oder John Denver in Vietnam. Selbst die Popsignale hatten eine neue Bedeutung bekommen. Die Tarnhose, die Johnny Rzeznik von den Goo Goo Dolls trug, und das Armeehemd von Jay Z waren mit dem 11. September die Antithese zur Armymode aus der Zeit des Vietnamkrieges geworden. Was damals als Dekonstruktion der Kriegsästhetik gedacht war, bedeutete an diesem Abend die modische Affirmation der amerikanischen Kriegsvorbereitungen.

Musikalisch gab es wie bei den meisten Revueshows dieser Art kaum Überraschungen. David Bowie eröffnete mit seiner Hymne »Heroes«. Bon Jovi und John Cougar Mellencamp bewiesen, dass Stadionrock in einem Stadion ganz hervorragend funktioniert, Jay Z dagegen einmal mehr, dass Hip-Hop als Livemusik nichts taugt. Der atemlose Roger Daltrey von den wiedervereinigten The Who traf kaum einen Ton, was niemanden störte, solange Pete Townshend mit einer solch überzeugenden Wut auf seine Stratocaster eindrosch, dass er eine Sporthalle voll trauernder Feuerwehrmänner in die Ekstase treiben konnte.

Doch es war Billy Joel, der den Helden mit »New York State of Mind« und »Miami 2017« die Tränen in die Augen trieb. »I've seen the lights go out on Broadway, I saw the Empire State laid low«, sang er. »I saw the lights go out on Broadway, I watched the mighty skyline fall.« Und dann zum furiosen Finale mit den Zeilen: »Die Lichter am Broadway waren hell, aber das ist nun schon so viele Jahre her. Es gibt nicht viele, die sich daran erinnern, es heißt, eine Handvoll hat überlebt, um zu erzählen, wie die Lichter ausgingen, und um die Erinnerung zu bewahren.«

Rockefeller Center
Ground Zero im Kopf

Auf der 6th Avenue lief die junge Dame in dem cremefarbenen Kostüm mit Eilschritten zur U-Bahn und rief über den Verkehrslärm in ihr Handy: »Alles in Ordnung hier.« Dann verfinsterte sich ihr Gesicht, und ihre Stimme wurde ganz ernst. »Ich versuche wirklich, nicht daran zu denken. Ich will mir das gar nicht erst ausmalen.« Sie arbeitete im Rockefeller Center, jenem prächtigen Art-déco-Komplex zwischen der 5th und der 6th Avenue, in dem in den Redaktionsräumen des Fernsehsenders NBC am 12. Oktober 2001 der erste Bioterroranschlag auf New York stattgefunden hatte. Im Rockefeller Center hatte sich Erin O'Connor, Sekretärin des Nachrichtensprechers Tom Brokaw, am Pulver aus einem anonymen Brief mit Milzbrand infiziert. Nicht irgendeine Sekretärin, sondern die Assistentin eines der drei bekanntesten Nachrichtengesichter der Nation. Der sprach dann in den Abendnachrichten an diesem Tag sichtlich angeschlagen in die Kamera, er sei so wütend, so erschüttert, dass er seine Gefühle nicht mehr »in gesellschaftlich akzeptable Worte« fassen konnte.

Sah so der Zweitschlag aus? Ein wenig weißes Pulver? Ein paar Geschwüre auf der Haut? Fieber, Husten, Atemnot?

Die Berichterstattung funktionierte in diesen Tagen nach bewährtem Schema und brachte Einschaltquoten in Rekordhöhe. Da wurde eine neue Folge der Krankenhausserie *Emergency Room* gesendet. Wie üblich sah man während dieser Stunde zertrümmerte Gliedmaßen, zuckende Infarktpatienten und hektische Ärzte. Der perfekte Moment also, um in der Werbepause auf die aktuellen Nachrichten hinzuweisen: »Der erste menschliche Anthraxfall. Krankenhäuser bereiten sich auf das Schlimmste vor. Gibt es Grund zur Besorgnis? Das erfahren Sie in den Elf-Uhr-Nachrichten.« Nachdem die Zuschauer eine Stunde lang verängstigt auf die Nachrichten gewartet hatten, berichtete der Sender dann über den ersten Fall von Anthrax, zu deutsch Milzbrand, in Florida. Da wurde nichts in Relation gesetzt, um die Bevölkerung zu beruhigen. So wurde zum Beispiel nicht erwähnt, dass man sich Milzbrand auf jedem Bauernhof einfangen kann. Es wurde auch nicht eindeutig gesagt, dass Milzbrand nicht von Mensch zu Mensch übertragen wird. Schließlich wollten man ja die Zuschauer auch am nächsten Tag noch dazu bringen, sich die Nachrichten anzusehen.

Seit den Anschlägen vom 11. September schürten die Fernsehsender und Zeitungen die Angst vor dem Zweitschlag der Terroristen. Und der, so sagten Experten, Militärs und Politiker, könnte auch mit Biowaffen durchgeführt werden. Hatten sich die Terroristen nicht nach Flugzeugen erkundigt, mit denen man Düngemittel über Felder versprüht? Hieß es nicht, dass ein geschickt lancierter Luftangriff mit Milzbranderregern in einer Großstadt bis zu drei Millionen Todesopfer fordern könnte? Nannten die Militärs biologische Waffen nicht »die Wasserstoffbombe des kleinen Mannes«? Die Wissenschaftler, die das in einen vernünftigen Kontext setzen wollten, die erklären konnten, wie schwierig es ist, einen Bioangriff durchzuführen, die nachweisen konnten, dass die japanische Aum-Sekte Tokio achtmal mit Milzbrand- und Pesterregern angegriffen hatte, ohne dass auch nur ein Mensch erkrankte, kamen kaum noch zu Wort.

Dafür rissen die Schreckensmeldungen nicht ab. In einem verdächtigen Brief an das Microsoft-Büro in Reno, Nevada, waren Anthraxerreger gefunden worden. Die Filmstudios von Sony Pictures in Culver City bei Hollywood sollten auf Milzbranderreger untersucht werden. Die Gebäude der Zeitung *Kansas City Star,* der Michigan State University und des TJ-Maxx-Kaufhauses in Detroit wurden wegen Bioterroralarm evakuiert, ebenso die Poststelle des Außenministeriums in Washington, der Flughafen von El Paso, ein Fordwerk in New Jersey, eine Filiale der Telefongesellschaft Pacific Bell in Sacramento, Postämter in Connecticut und Colorado sowie Schulen in Florida, Kansas und Ohio. Die Fernsehsender CBS, NBC, ABC, MTV und CNN hatten ihre Poststellen vorsorglich gleich ganz geschlossen. Wer tut so etwas, fragte der Reporter Frank Cesno auf CNN. Vielleicht war es die Al-Qaida. Vielleicht waren es Neonazis, die solche Angriffe auch schon angedroht hatten. Oder ganz einfach Verrückte.

In Florida gab es das erste Bioterroropfer, den Fotoredakteur der Boulevardzeitung *Sun,* der an Milzbrand starb. Fünf seiner Kollegen waren infiziert worden. Das erste New Yorker Opfer, Tom Brokaws Sekretärin, befand sich schon auf dem Wege der Besserung, weil es nur die harmlose der drei Formen von Milzbrand gewesen war. Der Bioterroranschlag auf die *New York Times* war ebenfalls ein Fehlalarm gewesen, genauso wie der auf US Airways Flug 121 von North Carolina nach Denver, der in Indianapolis notlanden musste, weil eine Stewardess eine verdächtige Substanz gefunden hatte. Doch es war längst zu spät. Die Bioangriffe zeigten ihre Wirkung.

Es waren diesmal keine Ruinen, keine Tausende von Toten, keine Rauchschwaden, die Ground Zero, die den Nullpunkt der neuen Angriffswelle, markierten. Ground Zero lag jetzt in den Köpfen. Es war die Angst, die unmerklich das Nervensystem beherrschte. Dafür reichte schon ein winziger Auslöser. Das konnte eine Schlagzeile sein, ein Fernsehbild, eine Nachricht, ein lautes Geräusch. Man hatte das Gefühl, auf einer Zielscheibe zu sitzen.

★

Ich ertappte mich selbst beim sogenannten Racial Profiling, dem zweckgebundenen Rassismus. Als ich auf Einladung des Middle East Forums das Briefing des Uno-Botschafters der afghanischen Nordallianz Ravan Farhadi im Büroturm One Pennsylvania Plaza besuchte, waren die Gedankengänge nicht aufzuhalten. Die Veranstaltung fand Mitte Oktober in den Räumen der Anwaltskanzlei Milberg Weiss Bershad Hynes & Lerach statt. Ich befand mich im achtundvierzigsten Stockwerk des Hochhauses, das dem Bahnhof Pennsylvania Station angeschlossen war, und das, obwohl ein Vertreter der Al-Qaida seine moslemischen Brüder kürzlich davor gewarnt hatte, sich in hohen Gebäuden aufzuhalten, und man sich eigentlich schon vor Wochen geschworen hatte, Sehenswürdigkeiten wie die New Yorker Bahnhöfe, Wolkenkratzer über sechzig Stockwerke und die Museen zu meiden. In dem Konferenzraum befanden sich rund fünfzig Angehörige des erzkonservativen jüdischen Thinktanks, der für seinen radikalen Zionismus bekannt war. Und die hörten dem Erzfeind der Talibanregierung zu. Das waren nach der momentanen Rechnung gleich drei potentielle Ziele an einem Ort.

Wenn der Anschlag vom 11. September der Stadt die Eingeweide herausgerissen hatte, wie es die *New York Post* formuliert
hatte, dann hatten die biologischen Anschläge den Kopf getroffen. Und wenn mit dem Milzbrandangriff in Florida die erste
Salve im Biokrieg gefallen war, dann landete der Bioterror in
New York den ersten Volltreffer. Das Gebäude des Fernsehsenders NBC und die Redaktion der *New York Times* markierten
die Grenze jener Gegend in Midtown Manhattan, in der sich im
Umkreis von nicht einmal einem Kilometer sämtliche Giganten
der Medienindustrie niedergelassen hatten. Im Rockefeller Center residierten AOL-Time-Warner, die Associated Press, NBC
und Simon & Schuster, entlang der sechsten Avenue CBS und
Murdoch. Am Times Square waren es Viacom, Condé Nast,
Reuters und Bertelsmann. Sollten die Anschläge mit Kalkül geplant worden sein, dann hatten sie funktioniert. Wenn ein Nach-
richtensprecher vom Kaliber eines Tom Brokaw vor der Kamera die Nerven verlor, dann tat das die restliche Nation erst recht.
Doch zu sehen war vom neuen Ground Zero nicht viel, auch
nicht an dem Freitagvormittag im Oktober, als die Nachrichten
vom Angriff auf New York gesendet wurden. Lediglich vor dem
Rockefeller Center bauten sich die Fernsehkorrespondenten
auf, sprachen ihre Texte. Ein paar Straßen weiter öffnete die
Starreporterin Judith Miller in der Redaktion der *New York Times*
ihre Post. Die zierliche Mittvierzigerin mit dem braunen Pagen-
kopf gehörte zu den besten Journalisten der Zeitung. Sie war
Chefin des Kairobüros gewesen, hatte die meisten Geschichten
über Osama Bin Laden und die Al-Qaida geschrieben, galt als
Spezialistin für Bioterrorismus und hatte mit ihrem Buch über
Biowaffen *Germs* gerade einen Bestseller gelandet.
Wenige Tage zuvor hatte sie im »Regency Hotel« noch einen

Vortrag vor einflussreichen Geschäftsleuten und Journalisten gehalten. Da hatte sie abgewiegelt. »Als ich mit der Arbeit an meinem Buch begonnen hatte, hatte ich Alpträume«, hatte sie da gesagt. »Als ich fertig war, sah ich einen Hoffnungsschimmer.« Sie hatte von der Chance und Dringlichkeit gesprochen, wegen der Bioterrorgefahr das öffentliche Gesundheitswesen auszubauen. Sie hatte die Gefahren erläutert, beschwichtigt, dass sie nicht so akut seien, und gewarnt, dass die Mischung aus Selbstmordattentätern und Biowaffen eine nicht kontrollierbare Größe sei. Sie hatte ruhig gewirkt an diesem Nachmittag. Nur auf die Frage, was im Falle einer Pockenepidemie zu erwarten sei, war kurz Panik über ihr Gesicht gehuscht.

Als sie dann am Freitagmorgen kurz vor zehn einen gepolsterten Brief öffnete, kam ihr eine Staubwolke entgegen. »Was ich in diesem Moment gedacht habe, kann man nicht schreiben«, sagte sie später. »Und was ich gesagt habe, erst recht nicht.« Sofort meldete sie den Vorfall bei der Krankenstation der Zeitung. Minuten später wurden die Redaktionsräume abgeriegelt. Niemand durfte das Gebäude verlassen. Und dann sah man vor der Redaktion die Bilder, vor denen ganz New York seit dem 11. September eine solche Angst hatte. Ein Einsatzteam in gelben HAZMAT-Schutzanzügen, Gasmasken und Gummistiefeln stürmte das Gebäude. Bioalarm. Und wie der Laborbefund schon wenige Minuten später ergab – Fehlalarm. Das Pulver war nur harmloses Puder gewesen.

Von der *New York Times*-Redaktion im Westen und dem Rockefeller Center im Osten rollten nun die Wellen der Angst auf den Times Square zu. Im dreißigsten Stock des Bertelsmanngebäudes war der Sitz von Bad Boy Entertainment, der Firma des Rapstars und Modedesigners Sean »Puff Daddy« Combs. Auf dem Ledersofa neben der Rezeption mit den gerahmten Gold- und Platin-CDs an der Wand saß ein gut zwei Meter großer, schwergewichtiger Bodyguard, der jeden Besucher durch die Panzerglastüre in Augenschein nahm, bevor die Sekretärin den Türöffner bedienen durfte. Normalerweise strahlte er die bedrohliche Ruhe aus, die in seiner Branche zum Kapital gehört. An diesem Tag wirkte er nervös, lief unruhig auf und ab. Als er auf dem Gang eine herrenlose Tasche entdeckte, schlich er vorsichtig um sie herum, als hätte sich darin eine Schlange verborgen. Er suchte nach einem Namensschild, öffnete den Reißverschluss.

Im Fernsehen lief statt *MTV* der Lokalnachrichtensender *New York One*. Bürgermeister Giuliani war dort zu sehen, der höchstpersönlich in die NBC-Büros gekommen war. Ohne Atemmaske. Ohne Schutzanzug. Mit solchen Auftritten wollte er die Angst seiner Bürger dämpfen. Doch im Bertelsmanngebäude ging man dann doch lieber auf Nummer Sicher. »Keiner darf mehr rein«, rief die Sekretärin dem Bodyguard zu. Unten stand aber eine berühmte Sängerin, die einen Termin beim Chef hatte. Die musste jetzt persönlich abgeholt werden.

Bis zum Abend hatte sich Midtown wieder beruhigt. Am nächsten Tag, dem Samstag, gehörte die Gegend wieder ganz den Touristen. Die Fernsehteams vor dem Rockefeller Center waren abgezogen. Bei *der New York Times* wurde routiniert die Sonntagsausgabe produziert. Am frühen Abend nippten elegante Herren und Damen zweiundsechzig Stockwerke über dem Schauplatz des ersten biologischen Angriffes auf New York an der Bar von »Cipriani's Rainbow Room« an ihren sechzehn Dollar teuren Bellinis. Einen wunderschönen Blick hatte man hier von der Spitze des Rockefeller Centers, sah von Brooklyn bis nach New Jersey. Ganz im Süden leuchteten schon die Scheinwerfer von Ground Zero. Rauchschwaden zogen über die südliche Skyline. Dort unten brannte es noch immer.

Gegen halb zwölf begann in den NBC-Studios die Live-Übertragung von Amerikas beliebtester Comedysendung *Saturday Night Live*. Darrell Hammond eröffnete mit einem Sketch, in dem er als Vizepräsident Dick Cheney vor der gleichen Kulisse stand, vor der Osama Bin Laden am Montag seine Drohrede gehalten hatte. Man lachte schon über den Krieg. Nur Stargast Drew Barrymores Nervosität schien echt zu sein, als sie in ihrem Begrüßungsmonolog erzählte, dass sie eigentlich erst gar nicht herfliegen wollte, und kaum hätte sie den Mut aufgebracht, nach New York zu kommen, hätte es ausgerechnet in dem Studio, in dem sie auftreten sollte, den ersten Bioalarm gegeben. Dann bedankte sie sich bei ihrem Ehemann Tom Greene dafür, dass er ihr so mutig zur Seite gestanden hätte, die Kamera schwenkte ins Publikum, und man sah ihn mit der Gasmaske vor dem Gesicht. Das war lustig. Da lachten die Gäste, und später, als Chris Kattan mitten in dem Nachrichtensegment mit den Afghanistanwitzen kurz als schwuler Hitler auftrat, lachten sie noch mehr. Plötzlich schien der Dämon von damals so harmlos. Zumindest war er schon lange tot.

Park Row, Ecke Broadway
Schweres Erbe

Es gab so einige New Yorker, die die Anfang November anstehenden Bürgermeisterwahlen am liebsten abgesagt hätten. Der Wiederaufbau, das Haushaltsloch, die angeschlagene Psyche der Stadt – Giuliani wusste damit umzugehen. Doch die Pietät der Schockphase war vorbei. New York zeigte wieder, warum es als härteste Stadt der westlichen Hemisphäre galt. Fünfzig Prozent aller Anträge auf Geschäftskredite im Rahmen der Katastrophenhilfe waren abgelehnt worden. Mehrere tausend Anwohner der Gegend um Ground Zero mussten klagen, um ihre Mietverträge annullieren zu können. Auch Giuliani selbst hatte schon signalisiert, dass nach der Trauer das Geld wieder an erster Stelle stand. Er hatte die Feuerwehrleute von der Unglücksstelle abziehen lassen, um dem Maschinenpark der Abbruchfirmen Platz zu machen. Bisher hatten die Feuerwehrleute noch jeden Helm, jeden Knochen, den sie aus den Trümmern bargen, mit Salut und Kordon geehrt. Jetzt sollten Bagger und Raupen den Schutt gleich tonnenweise abtragen. Richtigen Krawall hatte es deswegen gegeben. Rund fünfhundert Feuerwehrleute überrannten die Barrikaden der Polizei, und »New York's Bravest« lieferten sich eine deftige Prügelei mit »New York's Finest«, nach der fünf Polizisten ins Krankenhaus eingeliefert wurden. Doch dann kam Giuliani, beruhigte, vermittelte, wie es zu der Zeit nur er vermochte. Kein Wunder, dass den Bürgern die Vorstellung, nur dreieinhalb Monate nach den Anschlägen würde ein neuer Bürgermeister seine Aufgaben übernehmen, nicht ganz geheuer war. Aber der 11. September war nicht nur der Tag der Anschläge gewesen, sondern auch das Datum der Vorwahlen für die Bürgermeisterschaftswahlen.

Giuliani ließ ganz unverhohlen durchblicken, dass es ihm durchaus gefallen würde, seine Amtszeit per Notstandsdekret zu verlängern. Aber dann pfiff ihn die Parteispitze in Washington zurück, und so trugen die beiden Spitzenkandidaten ihren Wahlkampf vor einer mäßig begeisterten Wählerschaft aus. Der Milliardär gegen den Bürgerrechtler – das war ein Kulturkampf, den sie sich lieber erspart hätten. Ein Kampf zwischen den demokratischen Regierungsformen der Moderne und dem Bestreben der Globalisierungskräfte, diese weitgehend aufzulösen. Auf der einen Seite stand da Mark Green, Kandidat der Demokraten, seit Jahrzehnten Bürgeranwalt, der als Public Advocate, eine Art Ombudsmann der Stadt, fungierte und sich als linksliberaler Idealist präsentierte. Auf der anderen Seite Mike Bloomberg, Kandidat der Republikaner und ein Paradebeispiel für die Hoffnungen der New Economy – ein brillanter Geschäftsmann, der mit einem Imperium, dessen Kern Informationsnetzwerke für die Börse und ein Wirtschaftsnachrichtensender waren, zum Milliardär geworden war. Sein zentrales Wahlkampfargument: Wer so erfolgreich ein Milliardenunternehmen geführt hatte, der könnte mit Sicherheit auch eine Stadt wie New York regieren. Mit großzügiger Geste wollte er auf sein Staatssalär verzichten und sich mit einer symbolischen Zahlung von einem Dollar pro Jahr zufriedengeben. Allerdings wollte er auch lieber nicht in die Gracie Mansion einziehen, jene zweihundert Jahre alte Villa mit Blick auf den East River, in der seit Fiorello LaGuardias Amtszeit in den dreißiger Jahren bisher alle Bürgermeister gewohnt hatten. Lieber wollte er in seinem Townhouse auf der Upper Eastside bleiben. Das war geräumiger, bequemer, luxuriöser.

Sechzig Millionen Dollar seines eigenen Geldes hatte Bloomberg für den Wahlkampf ausgegeben, ein Budget, das für normale Politiker wegen der Begrenzung von Spenden durch das New Yorker Wahlgesetz unerreichbar war. Für Bloomberg war das ein Klacks. Bei einem Vermögen von vier Milliarden wäre das ungefähr so, als würde ein Arbeiter mit einem Sparbuch von zehntausend Dollar hundertdreißig Dollar für ein lustiges Wochenende verpulvern. Trotzdem – Mike Bloomberg hatte sich lediglich seine Kandidatur gekauft, nicht das Bürgermeisteramt.

Das erhielt er dann von Giulianis Gnaden. Erst als der Held des 11. September zehn Tage vor der Wahl seine Bürger aufforderte, Bloomberg zu wählen, hatte der plötzlich eine reelle Chance. Und es sah fast so aus, als hätte Bloomberg bis zum Schluss nicht an seinen Wahlsieg geglaubt. Als am Mittwochmorgen kurz vor halb eins die Ergebnisse der weißen Außenbezirke Queens und Staten Island ausgezählt wurden und Mark Green trotz erster Siegesmeldungen seine Niederlage eingestehen musste, schien Bloomberg genauso zwischen Stolz und Verwirrung zu schwanken wie einst George W. Bush, nachdem ihn der oberste Gerichtshof zum Präsidenten berufen hatte.

Doch Bloomberg dachte wie ein Firmenvorstand und verwandelte ganz nach den Grundregeln des Marketings als erstes seine Unsicherheit in gezielte Handlungen. In seiner Siegesrede erzählte er von einem Mann in Brooklyn, der ihm vorgeworfen habe, dass sich die wahlkämpfenden Politiker nach ihren Siegen nie mehr blicken ließen. Er versprach, sich deswegen am

Morgen seines ersten Tages als gewählter Bürgermeister auf die Straßen von Brooklyn zu begeben.

Und er hielt sein Versprechen. Gleich nach einem Frühstück besuchte er den Brooklyner Stadtteil Bensonhurst, das Viertel der konservativen Italoamerikaner. Später bei der Pressekonferenz im Rathaus sprach er dann ganz offen über die Tatsache, dass er von der Politik und vom Regieren nichts verstand.

Nun hatte Bloomberg seine Milliarden damit verdient, Wall Street mit Infonetzwerken zu revolutionieren, deswegen war es ihm nicht allzu schwer gefallen, die Intrigen und Verflechtungen der New Yorker Politik zu durchschauen. Was dem Industriekapitän viel schwerer fallen sollte, war die Tatsache, dass er als Bürgermeister ein Staatsdiener war und er somit seinen Bürgern gegenüber Verantwortung trug. Und da lag das wahre Problem – seine Bürger kannte er gar nicht.

Seit Mike Bloomberg Ende der sechziger Jahre von Boston nach New York gezogen war, hatte er in der hermetisch abgeschirmten Welt der Broker und Finanziers gelebt, die sich morgens von ihren edlen Trutzburgen der Upper Eastside in das mittelalterliche Straßengewirr des Bankenviertels chauffieren ließen und abends wieder zurück. Der Großteil seiner Bürger lebte jedoch in den Außenbezirken, in Brooklyn, Queens, der Bronx und in Staten Island. Mike Bloomberg hatte einmal gescherzt, er würde so selten verreisen, weil er prinzipiell nicht nach Queens fahren würde. Ein elitärer Scherz, denn beide Flughäfen New Yorks liegen inmitten der Proletenviertel von Queens.

Diese Weltfremdheit hatte allerdings auch einen Vorteil. Bis auf die *Union* der Gefängniswärter hatte keine der Gewerkschaften Bloomberg unterstützt, auch keine der Minderheitenorganisationen. Nicht einmal die reaktionäre Stimme der Republikaner, die *New York Post*. Und nachdem er den Wahlkampf ja bekanntlich aus der eigenen Tasche bezahlt hatte, war Bloomberg auch niemandem etwas schuldig. Nur seinem Vorgänger war er in seiner Rolle als Kronprinz verpflichtet. Ansonsten zog er ins Rathaus ein wie ein Firmenberater von McKinsey – mit einem klaren Blick auf den Haushalt und die Bilanzen.

Der eisige Wind, der zu seinem Amtsbeginn am strahlenden Neujahrsmorgen 2002 über den New Yorker Rathausplatz fegte, wirkte dann wie das plumpe Symbol für die kargen Worte, die der neue Bürgermeister Michael Bloomberg da vor der überdimensionalen Flagge sprach, die quer über die Säulen der Rathausfassade gespannt war. Dabei hatte es so nett angefangen. Wenige Stunden zuvor hatten der scheidende und der neue Bürgermeister noch gemeinsam auf einer Tribüne am Times Square im Konfettiregen gestanden. Die Neujahrsfeier unter der strengen Aufsicht von fast siebentausend Polizeibeamten war ruhig und gesittet verlaufen. Junge Paare hatten sich ob des »historischen Moments« vor laufenden Fernsehkameras verlobt, wackere Patrioten ihre Fähnchen geschwenkt. Rudolph Giuliani hatte Michael Bloomberg den Amtsschwur vorgebetet.

Auch am Vormittag schien für ein paar Minuten noch alles in Ordnung. Bette Midler sang die Nationalhymne, der Jazztrompeter Wynton Marsalis spielte »America the Beautiful«. Der scheidende Nationalheld Giuliani hätte diesen New Yorker Moment sicherlich mit großen und tröstenden Worten gekrönt. Statt dessen stand nun dieses gebügelte Männlein am Mikrofon und verlas mit nasalem Bostonakzent seine Antrittsrede. Keine Heldentaten versprach Bloomberg seinen Bürgern für die kommenden harten Zeiten, nicht einmal heldenhafte Blut, Schweiß und Tränen. Zwanzig Prozent Personalabbau kündigte er an, als sei die Stadt ein maroder Betrieb. Das wirkte auf New Yorker ungefähr so sympathisch wie ein hanseatischer Firmenberater, der einer bayerischen Gewerkschaftsversammlung das neue Sparprogramm verkündet.

Gebt dem Mann eine Chance, wollte man ausrufen. Die Kandidaten waren im Frühjahr 2001 angetreten, um Giulianis ursprüngliches Erbe zu verwalten: Sicherheit und Wohlstand. Statt dessen bekam Michael Bloomberg nach der schwersten Stunde in der Geschichte der Stadt die unglamouröse Aufgabe, den Wiederaufbau zu verwalten und angesichts eines Haushaltsdefizits von vier Milliarden Dollar einen Bankrott zu vermeiden. Da blieb nicht viel Zeit für die Emotionen, die sein Vorgänger so souverän meisterte. Was nicht hieß, dass die traumatisierte Stadt diesen nötigen Realismus auch begrüßte. In der politischen Gerüchteküche wurde gemunkelt, dass Giuliani sein Amt bei Bloomberg nur geparkt hatte, weil er nach dem Wahlgesetz eine Amtsperiode pausieren musste, bis er wieder als Bürgermeister kandidieren dürfte. Aber das war nur der Wunschtraum der Stadt.

»Vergessen und verdrängen« schien das Motto fürs neue Jahr in New York zu lauten. Sicher, da klaffte nur wenige hundert Meter vom Rathaus entfernt immer noch das riesige Loch von Ground Zero. Als eine seiner letzten Amtshandlungen hatte Giuliani die Unglücksstelle nach Monaten der geheimniskrämerischen Abriegelung doch noch der Öffentlichkeit zugänglich gemacht. Gleich neben der Sankt-Pauls-Kapelle am Broadway war am Sonntag die erste von vier Aussichtsplattformen eröffnet worden, eine Holzrampe mit Blick über Ground Zero. Von der Schreckensgotik der Fassadenreste und Trümmerhaufen war da allerdings schon nicht mehr viel übrig. Ground Zero glich einer riesigen Baugrube, wären da zwischen den schweren Raupen, Baggern und Kipplastern nicht die Feuerwehrmänner gewesen, die in den Haufen vorsichtig nach Leichenteilen stocherten. Und doch zog sich die Schlange sechs lange Straßenblocks entlang. Bis zu fünf Stunden harrten die Menschen trotz kräftiger Minusgrade auf ihren kurzen Moment. Die Endlosschleifen der Anschlagsbilder hatten den Kontext geschaffen, der den Blick auf die Baugrube zum emotionalen Schockerlebnis steigerte. Viele schritten ganz langsam die Rampe hinunter, hatten Tränen in den Augen, und wenn man sie ansprach, heulten sie ganz ungeniert los. Nein, Bloomberg trat kein leichtes Erbe an.

Mott Street
Die langen Schatten von Manhattan

Hinten im fensterlosen Büro des Quon Yuen Shing & Co General Store roch der Staub nach alten Holzdielen, nach Tee und dem Parfüm von Räucherstäbchen. In feinen Flocken hatte er sich zwischen den Kartons mit Sandelholzseifen, Porzellanfiguren und Reisschüsseln angesammelt und auf den beiden Stahltresoren mit den ziselierten Griffen, die hier schon gestanden hatten, als Paul Lees Großvater den Laden an der Mott Street 1891 eröffnet hatte. Um die Jahrhundertwende dienten die Tresore ganz Chinatown als Bank, weil Chinesen damals in Amerika kein eigenes Konto eröffnen durften. »Damals entstand eine Bargeldwirtschaft, die teilweise noch heute funktioniert. Das hat uns wahrscheinlich gerettet«, sagte Paul Lee. Deswegen waren die Stahlschränke für ihn ein Symbol dafür, dass sich Chinatown nicht unterkriegen ließ. Auch nicht von den Anschlägen des 11. September, die der altertümlichen Immigrantengemeinde zwischen den Sozialbaublöcken der Lower Eastside im Osten und den Gerichtsgebäuden und dem Stadtgefängnis im Westen mehr zugesetzt hatte als jedem anderen Viertel jenseits von Ground Zero. »Aus dem Tief holt uns niemand raus«, sagte er. »Da muss jeder selber was tun.«
Trauer und Angst waren längst einem neuen Realismus gewichen, waren längst Privatangelegenheit. Wer sechs Monate nach den Anschlägen durch New York spazierte, hätte kaum noch

eine Veränderung bemerkt. Die Stadt war so geschäftig wie eh und je. Gleich neben der Großbaustelle Ground Zero hatte das Kaufhaus Century 21 wiedereröffnet, wo es Designermode zu Dumpingpreisen gab.

Die Anschläge waren nun Geschichte. Die Lektoren des *American Heritage College Dictionary* bestätigten in der neuen Ausgabe »9-11« und »Ground Zero« sogar als stehende Begriffe der englischen Sprache. Es waren nur Details, die verrieten, dass die Stadt die Anschläge bei aller Geschäftigkeit noch nicht verarbeitet hatte, wie die Werbetafeln des psychologischen Notdienstes vom Gesundheitsamt in der U-Bahn, die mit kurzen Sätzen die von vielen verheimlichten Gefühle umrissen. »Schlaflosigkeit? Alpträume? Es hilft, darüber zu reden«, stand auch später noch jahrelang in den Zügen. »Auch Helden müssen sich mal aussprechen« und »Wir sitzen alle im gleichen Boot. Aber wenn Sie sich alleine fühlen, rufen sie uns an.« Sonst hieß die Devise »weitermachen, sich am Riemen reißen, in die Hände spucken, aus der Krise wirtschaften«. Dreihunderttausend Arbeitsplätze hatte New York durch den 11. September verloren, zehntausend Betriebe hatten schließen müssen. Da blieb wenig Zeit für persönliche Sorgen und Nöte.

Chinatown hatte es besonders hart getroffen. Die Gegend war nach den Anschlägen drei Wochen lang von der Außenwelt abgeschnitten, weil sie unterhalb der Canal Street lag, die gleich nach den Anschlägen zur Demarkationslinie des Sperrgebietes erklärt worden war. Drei Wochen lang saßen Tausende hier fest, weil sie keine Ausweise besaßen, mit denen sie bei den Straßensperren der National Guard hätten beweisen können, dass sie hier lebten. Es gab kaum funktionierende Telefonanschlüsse, Lastwagen kamen nicht durch und natürlich auch keine Touristen, die sonst viel Geld nach Chinatown brachten. Drei Wochen, die kaum einer hier geschäftlich unbeschadet überstanden hatte.

Jetzt an einem der ersten lauen Wochenenden sah es wieder so aus wie immer in Chinatown. Menschenmengen drängten sich durch die engen Straßen, an den kleinen Geschäften vorbei, in denen es Nippes, Geschirr und chinesischen Folklorekitsch zu kaufen gab, un an den Lokalen, in deren Schaufenster fettglänzende Brathühner hingen. Nur wer die Gegend kannte, bemerkte, dass sich die Zahl der Frauen, die auf Bauchläden Raubkopien von CDs und Videos anboten, verdreifacht hatte, dass immer mehr Straßenstände auftauchten, fliegende Händler und Garküchen, dass hier eine Schattenwirtschaft entstand, wie sonst in den Metropolen der Dritten Welt.

Vor allem die Nähereien, die vom Lieferverkehr abgeschnitten gewesen waren, hatten die drei Wochen schwer getroffen. Rund sechstausend Textilarbeiter waren nun arbeitslos. Aber auch Hunderte von Angestellten aus den Restaurants. »Als die Gewerkschaft Nothilfegelder ausgab, musste die Polizei anrücken und die Mengen in den Columbus Park treiben«, erzählte Paul Lee. Das sei eine ungewöhnliche Szene gewesen. »Hier gelten immer noch die konfuzianischen Grundwerte: Familie, Arbeit und Bescheidenheit. Bevor jemand Sozialhilfe beantragt, arbeitet er lieber achtzehn Stunden am Tag.«

Und gerade weil hier kaum jemand die Hilfe des Staates beanspruchte, brauchte Chinatown Männer wie Paul Lee, der in Amerika geboren war und die Kluft zwischen der Gemeinde und dem Staat überbrücken konnte, der mit seinem dunkelblauen Jackett, der leicht gelockerten Krawatte und dem ständig klingelnden Handy wie einer der Börsentiger von der Wall Street wirkte, obwohl er doch nur einen Gemischtwarenladen führte. Jemanden, der im Rathaus Krach schlagen konnte, als zwei Wochen nach den Anschlägen immer noch keine Müllwagen nach Chinatown gekommen waren. Nicht dass es etwas genutzt hätte. »Die Polizei von unserem Revier in der Elizabeth Street hat uns dann geholfen, den Dreck hier wegzuschaffen«, erinnert er sich. Paul Lee fuhr mit der Delegation des Abgeordneten Jerrold Nadler nach Washington, um dort Gelder für den Wiederaufbau von Downtown New York einzufordern. Dieser Bittgang war vergeblich. »Einer der Abgeordneten hat uns gefragt, warum wir uns einbildeten, hier zum Betteln herkommen zu können«, sagte Lee und schüttelt den Kopf.

Überhaupt hatte das Vertrauen der New Yorker in die Bundesregierung seit dem 11. September trotz allem Patriotismus schwer gelitten. Das Nachrichtenmagazin *Time* hatte berichtet, dass Washington im Oktober den New Yorker Behörden eine Atombombendrohung verschwiegen hatte. Der Antiterrorismus-Rat des Weißen Hauses hatte damals von einem Agenten erfahren, dass Unbekannte eine Zehn-Kilotonnen-Nuklearbombe aus Russland gestohlen und nach New York geschafft hatten. Damit hätten Attentäter hunderttausend Menschen töten und weitere siebenhunderttausend verstrahlen können. Die Nachricht erwies sich zwar als falsch, aber die New Yorker Lokalpolitiker waren außer sich, dass nicht einmal der damalige Bürgermeister Giuliani von der Bedrohung erfahren hatte.

Paul Lee erinnerte das alles an die siebziger Jahre, als New York vor dem Bankrott stand und Präsident Ford der Stadt auf ihre Bittgesuche ganz unverblümt zu verstehen gab: »Drop dead« – Haut ab. »Damals hat sich Chinatown als eines der ersten Viertel aus der Krise herausgearbeitet«, sagte er. »Und so verstehen wir unsere Rolle auch heute.« Mit dem Unterschied, dass die wirtschaftliche Landschaft nun eine ganz andere war. Nur wenige hundert Meter weiter westlich lag eine völlig andere Welt: die Welt von SoHo. Auch das ehemalige Künstler- und Galerienviertel hatte es schwer getroffen. Die Edelmeile des West Broadway mit den Boutiquen und Bistros wirkte wie ausgestorben.

Bei »Cipriani's« saß kein einziger Gast an den Tischen. Die Verkäuferinnen bei Dolce & Gabbana, French Connection und Donna Karan standen gelangweilt in den verwaisten Geschäften. Doch die Bilder trügten. Während sich in Chinatown hinter der Betriebsamkeit drohendes Elend verbarg, konnte die Flaute SoHo nicht viel anhaben. Kaum einer der Läden hier musste Profit erwirtschaften. Das wäre auch schon vor den Anschlägen unmöglich gewesen. Bei durchschnittlichen Monatsmieten von dreißigtausend Dollar pro Geschäft konnte sowieso kein Einzelhändler die Betriebskosten wieder einspielen. Längst hatten die großen Ketten die Galerien, Buchläden und angestammten Geschäfte vertrieben. SoHo funktionierte inzwischen nach dem Prinzip der Flagship Stores – wer hier eine Filiale aufmachte, betrieb seinen Laden als Imagepflege. Der Standort zählte, nicht der Umsatz. Für die Läden in Chinatown zählte dagegen jeder einzelne Kunde. Die großen Ketten schalteten ganzseitige Anzeigen in den Magazinen und Zeitungen. Die Geschäftsleute von Chinatown mussten zusammenlegen, um zum chinesischen Neujahrsfest im Februar ein paar Paraden mehr zu veranstalten, um die Touristen zurückzuholen.

Ganz alleine würde es Chinatown nicht schaffen. Doch Paul Lee hoffte wie die meisten hier auf den neuen Bürgermeister Michael Bloomberg. »Giuliani hat uns eigentlich nur geschadet«, sagte er. »Der hatte die Politik verfolgt, mit niemandem zu reden. Weil er den schwarzen Bürgerrechtler Al Sharpton nicht mochte, hat er mit gar keinen Schwarzen geredet, nicht einmal mit dem Stadtteilpräsidenten von Manhattan.« In Chinatown habe sich Giuliani nicht einmal blicken lassen. Bloomberg dagegen sei schon mehrmals zum Essen hier gewesen. Von Giuliani kamen Floskeln. »Bloomberg ist ein Geschäftsmann. Der sagt geradeheraus, wie es ist.« Giuliani traf seine Entscheidungen alleine. Bloomberg suchte den Dialog.

Wieder klingelte das Mobiltelefon. Zum ungefähr achten Mal. Paul Lee blickte kurz auf die Anzeige, diesmal ging er ran. Er konnte ja nicht den ganzen Abend hier herumsitzen und erzählen.

Mit großen Schritten marschierte er durch sein Viertel, grüßte hier, hielt dort im Vorbeigehen einen kurzen Plausch. Vor einem Schreibwarengeschäft schlug er gegen die geschlossene Jalousie. Ein älterer chinesischer Herr, der seine schütteren Strähnen über den kahlen Schädel gekämmt hatte, öffnete. Justin hieß er. Sein Laden war vollgestellt mit Regalen, auf denen sich neonfarbene Schulblöcke, Plastikspielzeug und Schachteln mit Stiften stapelten. Als Chinatown nach dem 11. September Sperrgebiet war, hatte der Laden neben Paul Lees General Store als Nothilfezentrum gedient. Paul Lee konnte Mobiltelefone besorgen, wusste, mit wem man bei den Elektrizitäts- und Wasserwerken reden konnte. Justin klebte damals jeden Tag die chinesischen Zeitungen an seine Wand, damit alle, die die englischen Radionachrichten nicht verstanden, auf dem laufenden blieben.

Über die Ladentheke tauschten die beiden kurz die letzten Neuigkeiten aus. Sie plauderten höflich, bis Justin die Siegesmeldung überbrachte. Die Lower Manhattan Development Corporation hatte noch zwei der elf Sitze im Vorstand frei. Stadt und Bundesstaat hatten die Corporation gegründet, um den Wiederaufbau zu organisieren, Gelder zu verteilen, die unzähligen privaten und staatlichen Gruppen zu koordinieren. Die gute Meldung aus dem Rathaus war, dass die beiden freien Sitze mit Asiaten besetzt werden sollten. Ein enormer Sieg, denn normalerweise hatten die Bürger von Chinatown in den Lokalregierungen keine eigenen Vertreter. Doch keiner der Entscheidungsträger aus dem Rathaus kannte sich in Chinatown aus. »Wir haben ihnen eine Liste mit Namen gegeben«, erzählte Justin. »Da stehst du ganz oben drauf.«

Waverly Place
Jugend ohne Stimme

Susan Sontag konnte nicht verhehlen, dass ihr die Bewunderung und die Ehrfurcht gefielen, die ihr da im Hörsaal 703 der New York University entgegenschlugen. Um drei Ecken standen die Studenten an diesem lauen Spätherbstabend Schlange, um ihren Vortrag zu besuchen. Sie galt immer noch als exemplarische Vertreterin der linksliberalen New Yorker Intellektuellen. Und sie schien den Studenten aus der Seele zu sprechen. Die nickten, sahen sich vielsagend an, immer wieder gab es Applaus. Im Dialog mit zwei Professoren redete Susan Sontag über den 11. September, über die Selbstzensur so vieler Stimmen in Zeiten des Krieges, die unfassbaren Angriffe der Bush-Regierung auf Bürgerrechte und das amerikanische Grundgesetz mit Antiterrorgesetzen, Militärgerichten, Notstandsverordnungen.

Vor allem der Bundesstaatsanwalt John Ashcroft mache ihr Angst, sagte sie. »Ich habe dieses Wort noch nie zuvor benutzt, aber John Ashcroft ist ein Radikaler mit grundlegenden faschistischen Impulsen.« Er wolle die Debatte, den Motor des Pluralismus, abschaffen. »Die Definitionen verschärfen sich ganz gefährlich. Die Debatte wird schon mit Dissidenz gleichgesetzt. Darauf kann nur folgen, dass die Dissidenz als Subversion gesehen wird und die Subversion als Hochverrat.« Im öffentlichen Diskurs sei das letzte Refugium der Kritik die Satire in den Monologen der Latenight-Talkmaster. »David Letterman hat einmal gesagt, dass der Weg zum Weißen Haus durch seine Sendung führt. Und er hat recht damit.«

Nun konnten die Studenten ihre Fragen stellen. Sie zeigten ihre Begeisterung ganz offen, stellten keine These in Frage. Deswegen hielt Susan Sontag sogar ihre berüchtigte intellektuelle Ungeduld im Zaum, putzte nur einen ziegenbärtigen Jungen herunter, der versuchte, sie auf Schlagworte festzulegen. Als dann aber ein blasses Mädchen mit einer artigen Langhaarfrisur ans Mikrofon trat, als sie nach Worten suchte und in langen, stammelnden Sätzen davon erzählte, wie verloren sie sich seit dem 11. September fühlte, vor allem, weil ihre Generation keine Stimme habe, da schwieg sogar Susan Sontag. »Was Sie da sagen, bewegt mich wirklich«, sagte sie dann. Sie war weniger von der intellektuellen Verzweiflung der jungen Frau berührt als vielmehr von der Erkenntnis, dass hier eine Generation heranwuchs, der die kritischen, intellektuellen Leitfiguren fehlten. Bewunderung hin oder her – Susan Sontag war achtundzechzig Jahre alt. Für die Studenten gehörte sie zur Generation ihrer Eltern.

Es war nicht so, dass es in der Generation der Zwanzig- bis Vierzigjährigen keine kritischen Intellektuellen gab, nur spielten sie in den USA publizistisch keine Rolle. Das lag zum einen daran, dass viele wichtige Stimmen aus dem Ausland kamen. Da gab es Naomi Klein, Autorin des Kultbuches *No Logo!,* und Kalle Lasn, Verfasser des antikonsumistischen Grundlagenwerkes *Culture Jam,* beide aus Kanada. Arundhati Roy, die im Begriff war, sich als neue Stimme der postkolonialen Dritten Welt zu etablieren, lebte in ihrer Heimat Indien. Die Kapitalismuskritik *Wir lassen uns nicht kaufen!* der britischen Professorin Noreena Hertz, das in Europa zur Pflichtlektüre der Protestgeneration wurde, sollte in den USA zwei Jahre später als in Europa erscheinen. Weltweit wurden die Essay der jungen, streitbaren Intellektuellen nachgedruckt, nur nicht in den USA. Auch die einheimischen jungen Wilden, wie der sechsunddreißigjährige Thomas Frank aus Chicago, Gründer der Zeitschrift *The Baffler* und Autor des kapitalismuskritischen Werkes *One Market Under God* konnten nur selten in den etablierten Zeitungen schreiben und wurden schon gar nicht in eine der unzähligen Polit-Talk-Shows eingeladen.

Doch die System-, Kultur- und Kapitalismuskritik galt nicht erst seit dem Kriegsausbruch als Verrat. Schon während der goldenen Clintonjahre mit dem Boom der New Economy und der Technologien galten die linken Intellektuellen als Miesepeter, Nestbeschmutzer, Hochverräter. Wer am Dotcom-Boom zweifelte, wurde als Neider diffamiert. Wer Neoliberalismus und freie Marktwirtschaft kritisierte, galt als Ewiggestriger. Die politischen Vordenker der neunziger Jahre träumten vom ungebremsten Globalkapitalismus, unter ihnen Futurologen wie Alvin und Heidi Toffler, Publizisten wie George Gilder, politische Drahtzieher wie der Präsidentenberater Ira Magaziner. Selbst ehemalige Hippies wie John Perry Barlow von der Electronic Frontier Foundation oder der Virtual-Reality-Pionier Jaron Lanier sahen die aufstrebende Technokratie des Informationszeitalters als neues Heilsversprechen.

Der 11. September überforderte die selbsternannte intellektuelle Elite der postideologischen Ära allerdings vollkommen. Stephen Hawking phantasierte sich im Londoner *Telegraph* eine Zukunft zusammen, in der die Menschheit auf andere Planeten auswanderte. Im Internetforum *The Edge* formulierten die Koryphäen der Third Culture unter der Überschrift »What Now?« ihre Ratlosigkeit. Der Vordenker der Chaostheorie Doyne Farmer bestätigte, dass Terroranschläge nicht voraussehbar waren. Der Physiker David Deutsch schrieb, dass man nun die Menschenrechte fördern müsse. Und der Futurologe George Freeman träumte davon, dass ein Art gigantischer Rohrpost mit Fahrgastkabinen den Flugverkehr ersetzen könne.

Der 11. September reduzierte intellektuelle Attitüden zur leeren Geste. Um gegen die technokratischen Affirmationen der Third Culture und reaktionären Ideologien der Neokonservativen anzukämpfen, hätte sich eine neue Generation längst etablieren müssen. Denn die Generation der Liberalen im mittleren Alter hatte nicht nur versagt – sie war zum Teil schon zum Feind übergelaufen. Es mochte ja sein, dass der Mensch mit zunehmendem Alter immer konservativer denkt. Allerdings wäre die Binsenweisheit eine etwas simple Erklärung dafür gewesen, dass so viele Vordenker der amerikanischen Liberalen ins Lager der Kriegstreiber desertiert waren. Zwar waren die prominentesten Überläufer wie der potentielle Präsidentschaftskandidat der Demokraten Richard Gephardt, der Schriftsteller Salman Rushdie und der Starkolumnist Christopher Hitchens allesamt in jenem mittleren Alter, in dem die jugendliche Leidenschaft angeblich der erfahrenen Logik weicht, was das konservative Vorurteil bestätigt hätte, dass Linke mit viel Herz und wenig Verstand argumentieren. Aber warum waren die Vordenker der amerikanischen Friedensbewegung dann wortgewandte Senioren wie der dreiundsiebzigjährige Harvardrebell Noam Chomsky, der siebenundsiebzigjährige Literat Gore Vidal und der achtzigjährige Historiker Howard Zinn, die mit akademischer Präzision und enormem Faktenreichtum agitierten?

Die Identitätskrise der Liberalen hatte der Friedensbewegung weitgehend den intellektuellen und akademischen Boden entzogen. Viele liberale Kriegsgegner zogen sich zurück, weil sie mit den Friedensposern aus Hollywood und den linksradikalen Anachronismen nichts zu tun haben wollten. Wer konnte es ihnen verdenken? Sean Penns Kettenraucherauftritte an der Seite irakischer Würdenträger kommentierte selbst die Nachrichtenagentur der Antiglobalisierungsbewegung *Indymedia* mit der Schlagzeile »Nützlicher Idiot«. Die Friedensmärsche von Washington bis San Francisco wurden von radikalen Außenseitern wie der maoistischen Revolutionary Workers Party instrumentalisiert, die immer noch mit der längst aufgelösten peruanischen Terrorgruppe »Leuchtender Pfad« sympathisierte. Ramsey Clark, in dessen International Action Center beim Union Square die Aktivistengruppe »International Answer« die meisten der großen Friedensdemonstrationen seit dem 11. September organisiert hatte, neigte dazu, sich mit Unmenschen wie Slobodan Milosevic, Robert Mugabe und Tariq Aziz zu solidarisieren.

Dabei hätte der drohende Irakkrieg durchaus eine Chance sein können. Die klassische, in den USA allerdings traditionell marginalisierte Linke hatte das verstanden. Die Teilnehmer der »Socialist Scholars Conference«, die am Vorabend des Krieges an der Kunstakademie Cooper Union stattfand, waren sich zumindest einig: Der Krieg im Irak war nur der Anfang. Für den Chefredakteur der Zeitschrift *American Prospect* Harold Meyerson war die amerikanische Geschichte an einem Punkt angelangt, der höchstens mit den imperialen Ambitionen der Teddy-Roosevelt-Regierung vergleichbar war. Der Bürgerrechtler Bill Fletcher ergänzte: »Jenes scheinbar wurzellose Imperium der Globalisierung, das von Michael Hardt und Antonio Negri in ihrem Buch *Empire* beschworen wurde, hat sehr wohl einen

Namen, und der lautet: US-Imperialismus.« Und der New Yorker Kongressabgeordnete Jerry Nadler warnte: »Der 11. September dient nicht nur als Ausrede für den Krieg gegen den Irak, sondern auch für Angriffe auf die Bürgerrechte, die Arbeiterschaft und die Überreste des Sozialstaats.«

Schon im Eröffnungsplenum zitierte Phyllis Bennis vom Institute for Policy Studies die legendären Zeilen, die am 17. Februar auf der Titelseite der *New York Times* standen: »Es gibt auf diesem Planeten zwei Supermächte: die Vereinigten Staaten und die Meinung der Weltöffentlichkeit.« Und genau da lag die historische Chance, sich aus den Marginalien der Geschichte herauszukämpfen, in denen die Linke seit dem Ende des kalten Krieges herumgedümpelt hatte. Leslie Cagan, die schon seit dem Vietnamkrieg Protestmärsche organisiert und die Bewegung »United for Peace and Justice« mitbegründet hatte, sagte: »In den letzten vierzig Jahren war die Weltlage noch nie so dramatisch. Und die Reaktion darauf noch nie so kraftvoll und lebendig.« Der Londoner Schriftsteller Tariq Ali sah im Irakkrieg sogar einen Katalysator für die Überwindung der internen Grabenkämpfe der Linken. »Das ist nun schon der dritte Krieg den wir auf unseren Konferenzen diskutieren«, sagte er. »Über die Kosovofrage haben wir uns gestritten, über Afghanistan ebenfalls. Nur über den Irak können wir uns endlich einigen.«

Doch vom Phänomen zur Bewegung war noch ein weiter Weg. »Wird diese Form der Opposition nach dem Irakkrieg noch relevant sein?« fragte der Literaturprofessor Joseph Buttigieg von der University of Notre Dame. »Die derzeitigen Ereignisse sind keine Einzelphänomene, sondern Teil eines äußerst stringenten Geschichtsablaufs«, führte er aus. »Die Rechte hat eine unglaubliche Kohärenz zwischen Theorie und Praxis geschaffen. Bushs praktischer Erfolg basiert auf einem intellektuellen Gesamtwerk, das auf Strategiepapiere zurückgeht, die Thinktanks wie das ›Enterprise Institute‹, die ›Heritage Foundation‹ oder der ›Carnegie Endowment of Peace‹ schon vor Jahren entwarfen.«

Der junge Aktivist Christian Parenti gab ihm recht. »Es gibt einen Antiintellektualismus in der neuen Linken, der sich gegen die dogmatischen Theorien und das akademische Statusdenken wendet«, sagte er und führte Adornos Aktionismusvorwurf gleich noch ein Stückchen weiter: »In der Bewegung herrscht ein Hyperpragmatismus, den ich Aktivismismus nenne. Oft gehen wir auf die Straße, ohne auch nur einen einzigen gesellschaftlich relevanten Effekt zu erreichen. So machen wir uns zu unserem eigenen Publikum.«

Dagegen wehrte sich die Studentenaktivistin Erin Keyser: »Wenn man jedwede Analyse mit Theorie anreichert, ist das für die Linke, als ob sie Salz in die Suppe geben – sie glauben, so schmeckt es besser. Doch alles, was die Altlinke uns zu bieten hat, sind Leselisten. Eine breite Basis schaffen wir allerdings nur ohne Ideologie und Dogma.«

Und der Chefredakteur des *Z-Magazine* Michael Albert übte herbe Selbstkritik. Die Kluft zwischen Theorie und Praxis sei nicht nur ein interner Konflikt zwischen alter und neuer Linken, sondern verhindere ganz fundamental jedes mögliche Wachstum. »Unsere Bewegung hat sich der Arbeiterschicht gegenüber jahrelang feindselig und elitär gegeben«, sagte er. »Wie können wir uns über jemanden lustig machen, der den Sportteil einer Boulevardzeitung verschlingt? Wir sagen den Leuten, dass sie kein Fernsehen schauen und nicht ins Kino gehen sollen, wir sagen ihnen, was sie zu essen, kaufen und wie sie ihr Sexleben zu gestalten haben. Und was bieten wir ihnen dafür? Konferenzen.« Richtig wütend wurde Albert gegen Ende seines Vortrages. »Wenn Sie sechzig Stunden in der Woche in einem stumpfen Job arbeiten würden, dann wollen sie am Sonntag nicht auch noch Noam Chomsky lesen, der Ihnen sagt, was für ein Drecksleben sie haben. Dann wollen sie am Sonntag Football schauen. Wir brauchen eine Vision, die eine Antwort auf ihre Verzweiflung ist, und keine Belehrungen.«

Und noch etwas gehörte ab sofort zu einem kritischen Bewusstsein – außergewöhnlicher Mut. In seiner Rede vor dem Rechtsausschuss des amerikanischen Senats hatte John Ashcroft verkündet: »Für alle, die friedliebende Menschen mit dem Phantom der verlorenen Freiheit erschrecken, lautet meine Botschaft: Ihre Taktik hilft nur den Terroristen.« So deutlich hatte noch kein Vertreter einer demokratischen Regierung dem kritischen Denken den Krieg erklärt. Mit diesem einen Satz hatte John Ashcroft Susan Sontags Befürchtungen noch übertroffen.

Die beendete ihren Vortrag an der NYU mit einer fast resignierten Schlussbemerkung. »So einen massiven Angriff auf unsere Freiheit habe ich noch nie erlebt«, sagte sie. »Höchstens als Teenager – die McCarthy-Jahre. Das kann man damit vergleichen. Allerdings hat nicht einmal damals jemand gewagt, das Habeaskorpusgesetz abzuschaffen.« Doch sie blieb Optimistin. »Immer wenn etwas passiert, heißt es, dass Amerika seine Unschuld verliert, dass nichts mehr so sein wird wie vorher«, fuhr sie fort. »Das war schon bei Kennedy so. Und dann war trotzdem alles wieder wie vorher. Im Moment haben die Leute Angst. Aber wie lang kann man die Angst noch aufrechterhalten?«

Park Avenue, Ecke 49th Street
Das Meisterstück der Strategen

Gegen vier Uhr nachmittags hatten die meisten der Demonstranten rote Nasen, kalte Füße und genug vom Protestieren. In kleinen Grüppchen marschierten sie zu den U-Bahn- und Busstationen. Die letzten Unentwegten schienen ihre Trommeltänze hinter den Absperrungen nur noch aufzuführen, um sich warm zu halten. Längst verstummt war der Chor, der zuvor den Schlachtruf skandiert hatte: »New York, Seattle, continue the battle!« Das hatte Stimmung gemacht, schließlich rekrutierten sich die meisten Demonstranten an diesem Nachmittag aus der bunten Allianz jener jungen Protestbewegung, die in Seattle mit ihrem zivilen Widerstand gegen die Globalisierung debütiert hatte.

Doch »müde« war jetzt der einzige Kommentar von Karen, einer Studentin mit sorgsam gedrehten blonden Rastalocken, die aus Wisconsin angereist war, um bei den Protesten gegen das »World Economic Forum« dabeizusein. Selbst die Anarchisten vom sogenannten Black Block der amerikanischen Autonomen zogen erschöpft und friedlich von dannen. In Seattle hatte der Schwarze Block die Demonstrationen 1999 innerhalb von einer halben Stunde in eine Straßenschlacht verwandelt, die drei Tage lang andauerte. In New York beschränkte sich das Ausmaß der Zerstörung auf ein gesprühtes Anarcho-A auf dem Fenster einer Starbucks-Coffee-Filiale, das in den Abendnachrichten als kläglicher Beweis für die Gewaltbereitschaft der Demonstranten herhalten musste.

Über drei Stunden lang hatte die Polizei den Demonstrationszug durch die schattigen Straßenschluchten von Midtown gelenkt, immer rund ums »Waldorf Astoria Hotel«, wo das Ziel des Volkszorns saß – die internationale Wirtschaftselite des »World Economic Forum«, die hier am ersten Februarwochenende 2002 zusammengekommen war. Nicht einer der Demonstranten hatte das Hotel zu Gesicht bekommen. »Frozen Zone« hieß das Sperrgebiet rund um den Tagungsort im offiziellen Sprachgebrauch. New York nutzte seine Erfahrungen vom 11. September, von innen heraus einen defensiven Belagerungszustand herzustellen. An jeder Ecke kontrollierten Posten die Passanten. In den Seitenstraßen und Passagen warteten strategisch postierte Einsatzkommandos mit Helmen, Knüppeln und Gasmasken. Vergitterte Schulbusse standen für den Abtransport von Gefangenen bereit. Barrikaden aus Beton sicherten Straßensperren. Hubschrauber kreisten über der Stadt, beobachteten Demonstrationszüge und Verkehrsfluss, während über den Wolken alle fünf bis zehn Minuten das gedämpfte Heulen der Abfangjäger zu hören war, die seit dem 11. September über der Stadt patrouillierten.

Die paar hundert Protestler, die sich behördlich genehmigt schon um acht Uhr am Samstagmorgen auf der Park Avenue vor dem Hotel eingefunden hatten, wurden auf den überbreiten Trottoirs der gegenüberliegenden Straßenseite in sorgsam abgeriegelten Arealen gehalten, die mit ihren Stahlgittern an Kaninchenlaufställe erinnerten. Das Protestgebrüll verhallte dann auch ungehört an den Glasfassaden der leeren Bankgebäude. Niemals hätte es eine amerikanische Lokalregierung allerdings gewagt, eine Demonstration zu verbieten. Der geheiligte erste Verfassungszusatz, der jedem Bürger das Recht auf freie Meinungsäußerung garantierte, galt als Kernstück der historischen Identität Amerikas. Egal ob Neonazis, religiöse Fanatiker oder Globalisierungsgegner – voller Nationalstolz verwiesen Amerikaner immer wieder darauf, dass ihr Land das Recht auf Öffentlichkeit jeder noch so zweifelhaften Gruppierung zur Not mit Polizeischutz garantierte.

Und so war den Protestbewegungen aus dem ganzen Land auch diesmal ohne bürokratische Hindernisse die Genehmigung erteilt worden, ihrem Zorn gegen den Wirtschaftsgipfel beim »Waldorf Astoria« Luft zu machen. Wie die Ortsangabe »beim Waldorf Astoria« dann auszulegen war, demonstrierte das New York Police Department mit einem Meisterstück der sogenannten Crowd Control, die auf dem Grundsatz zu beruhen schien: »Ihr bekommt das Recht auf Redefreiheit, und wir sorgen dafür, dass euch keiner hört.«

Der Kampf um die Öffentlichkeit hatte frühzeitig begonnen. Schon zwei Wochen vor Beginn des Wirtschaftsgipfels hatte New Yorks neuer Polizeichef Raymond Kelly die Presse ins Shea Stadium eingeladen, um die Übungen der Einsatzpolizei zu beobachten. Tagelang liefen danach die Bilder von Polizisten beim Training mit Gasmaske und Helm, meist im Gegenschnitt mit Archivmaterial von den Straßenschlachten in Seattle, Washington und Genua. Die Bilder erfüllten ihren Zweck. Angesichts der paramilitärischen Vorbereitungen auf die offensichtlich gewaltige Bedrohung durch die Protestler hatte Kelly die Stimmung der vom 11. September immer noch traumatisierten New Yorker für sich gewonnen. Der Donnerstag und Freitag des »World Economic Forum« verliefen dann auch weitgehend ohne Zwischenfälle. Allerdings waren die großen Demonstrationen ja auch für den Samstag geplant gewesen.

Drei Veranstaltungen waren genehmigt. Ein paar hundert Demonstranten kamen schon am frühen Morgen zur Park Avenue nicht weit vom »Waldorf Astoria«. Nur langsam wuchs die Menge dort auf ein paar tausend an. Die Botschaften blieben etwas wirr, reichten vom Protest gegen die Unterstützung Israels, gegen das Embargo im Irak, gegen Kriegspläne in Somalia bis zur Forderung, den wegen eines Polizistenmordes zum Tode verurteilten Publizisten Mumia Abu Jamal freizulassen.

Das Gros versammelte sich jedoch am südlichen Central Park. Am östlichen Eck trafen sich zwischen dem »Plaza Hotel« und der Sendezentrale von CBS die Straßentheatergruppen und Altlinken der Organisation »Another World Is Possible«. Auf der Westseite formierte sich im Schatten des »Trump Hotel« der Marsch der etwas jüngeren Organisation »Reclaim The Streets«. Gegen halb eins vereinigten sich die beiden Märsche zu einer Menge von rund zwanzigtausend. Dann begann der Irrweg.

Niemand schien das Ziel zu kennen. Erst ging es nach Osten zur Park Avenue. Doch statt nach rechts Richtung »Waldorf Astoria« lenkten die Polizeitruppen den Marsch nach links, dann gleich wieder nach rechts in das verödete östliche Midtown, in dem zwischen den Wohnsilos und den paar Geschäften kaum Passanten zu sehen waren. Dann ging es in die Lexington Avenue. Wie ungezogene Schulkinder mussten sich die Demonstranten in ein schmales Spalier einreihen, das einen Sicherheitsabstand von fünf Metern zu den Schaufenstern von Gap und Bloomingdale's garantierte. Immer wieder wurde der Marsch aufgehalten, Kontingente abgetrennt, die neue Richtung scheinbar spontan festgelegt. Bei der nächsten Linkskurve auf die leere Third Avenue war die Verwirrung perfekt.

Keiner der Demonstranten wusste mehr, ob es wie üblich einen Endpunkt gab. Immer schmaler wurde der Pfad, den die Polizei freiließ. Die ersten paar hundert gaben auf. An der 46. Straße war der Marsch schließlich zu Ende. Am Kopfende hatten die Polizisten mit ihren Barrieren einen Trichter aufgebaut. Nur einzeln durften die Demonstranten dort durch, mussten sich zerstreuen. Endergebnis: bei einem Einsatz von viertausend Polizisten nur siebenunddreißig Verhaftungen. Keine Verletzten, kein Schaden, kein Bruch. Viel wichtiger aber: den Nachrichtensendungen war der Marsch der Globalisierungsgegner nur wenige Bilder wert. In New York wurde der globale Volkszorn so zum lästigen Hintergrundgeräusch der Globalisierung reduziert.

Brooklyn Bridge
Hohn der Angst

Und was, wenn doch etwas passieren würde? Wenn dort unten auf der Außenspur der Brooklyn Bridge einer seinen Laster an den Brückenbogen fuhr, eine Sprengladung zündete, die einen der riesigen Pfeiler kippte, wenn sich die Asphaltbahnen aufbäumten, sich die Stahltrossen wanden, bis sie rissen und die Brooklyn Bridge fast hundert Meter tief in den East River stürzte? Seit dem 11. September galt in New York erhöhte Alarmstufe. Auch wenn im Rest des Landes die mittlere Bereitschaft »Code Yellow« galt – in New York herrschte immerwährender »Code Orange«.

Dort oben auf den Holzplanken der Fußgängerspur wehte ein sommerlicher Wind von Manhattan herüber. Die Skyline mit den gläsernen Türmen von Wall Street gleißte im Nachmittagslicht. Auf dem East River zogen die Ausflugsboote und Frachtkähne ihre Bahnen. Bei lauschigen zweiundzwanzig Grad herrschte das ideale Wetter für das kommende Feiertagswochenende, das mit dem Memorial Day am Montag den offiziellen Beginn des amerikanischen Sommers markierte. Normalerweise verbanden die Amerikaner mit diesem Wochenende die ersten Ausflüge zum Strand. Am Memorial Day traten die Bademeister ihren offiziellen Dienst an. In den Stadtparks scharten sich Familien zum Picknick um die Grills, in den Vororten feierte man Gartenparties, und laut Kleiderordnung durfte man nun bis zum offiziellen Sommerende am Labor Day im September weiße Hosen, Sandalen und ärmellose Oberteile tragen. Sicher, nebenbei gedachte man der Kriegstoten, in den Kleinstädten sammelten sich die Bürger am Morgen zur festlichen Parade. Doch eigentlich war der Memorial Day der entspannteste aller amerikanischen Feiertage.

Für die New Yorker hatte die Regierung in Washington diese Woche das Würstelgrillen und den ersten Sprung in die Wellen allerdings zur patriotischen Kriegshandlung erklärt. Denn zum vierten Mal seit dem 11. September hatten Regierungs- und Sicherheitsbehörden eine offizielle Terrorwarnung für New York und Umgebung ausgesprochen. Besonders gefährdet: die Brooklyn Bridge, die Freiheitsstatue, die Vereinten Nationen und die geplante Flottenparade, die am Montag in der Bucht vor Manhattan stattfinden sollte. Das war verschärfter »Code Orange«, fast schon »Code Red«, aber dazu wollte sich die Stadtverwaltung dann doch nicht durchringen. Vor allem, weil weder Vizepräsident Dick Cheney noch der oberste Staatsanwalt John Ashcroft oder FBI-Chef Robert Mueller die Bedrohung näher erläutern konnten. Laut New York Times kam der Tip vom palästinensischen Al-Qaida-Chef Abu Zubaydah, der zur Zeit an einem »nicht näher benannten Ort in Übersee« vom FBI verhört wurde. Wer da trotzdem grillte und plantschte, der zeigte den Terroristen, was eine Harke war.

Der Alarm zum Sommerbeginn war auch nicht die erste akute Terrorwarnung seit dem 11. September. Und es war auch nicht das erste Mal, dass sich die Warnung auf die Worte »irgend jemand, irgendwann, irgendwo« beschränkte. Dass Terroristen New Yorker Sehenswürdigkeiten sprengen wollten, war zwar anzunehmen, aber keineswegs bewiesen. Doch seit dem

11. September reagierte New York auf die kleinste Bedrohung mit martialischen Reflexen.

Als dreieinhalb Wochen zuvor im Stadtteil Chelsea bei einer Gasexplosion in einem Loftgebäude sechzig Menschen schwer verletzt worden waren, war die erste Reaktion der meisten Passanten auf den Knall ein panischer Blick zum Empire State Building gewesen. Die Stadtverwaltung hatte umgehend die Alarmstufe »Level 1 Alert«, den »Code Red« verhängt. Ein Ärzteteam vom St. Vincent's Hospital war angerückt, untersuchte die Trümmer mit Geigerzählern und Monitoren für biologische und chemische Waffen. Einen Block weiter bauten sie zwölf ABC-Duschen auf, in denen Helfer und Verletzte im Bedarfsfall entseucht werden sollten. Bis die Feuerwehr festgestellt hatte, dass ein paar Handwerker mit dem Schweißbrenner neben feuergefährlichen Farben hantiert hatten, war die Stadt längst in Kriegsbereitschaft versetzt.

Auch die nebulösen Drohungen von Abu Zubaydah zeigten umgehend Wirkung. Streifenbeamte hatten neben ihrer Waffe, dem Strafzettelblock und ihrem Gummiknüppel nun auch stets eine zusammengerollte Weste in Leuchtfarben an ihrem Gürtel baumeln, die sie im Katastrophenfall schnell überstreifen konnten und so schon weithin als Polizisten erkennbar waren. Liberty Island und die Gegend um die Vereinten Nationen galten zu Wasser, Land und Luft als Sperrgebiet. Schnellboote der Küstenwache, Hubschrauber der Polizei und Düsenjäger der National Guard patrouillierten um und über New York. Und die Brooklyn Bridge stand, wie alle Brücken und Tunnel nach Manhattan, unter besonderer Bewachung. Am Kopfende in Brooklyn hatte die Polizei den Verkehr in eine einzelne Spur geleitet, winkte Lastwagen zur Seite, die von Beamten eingehend untersucht wurden. Und trotz alledem musste FBI-Chef Mueller zugeben: »Wir werden terroristische Gewalt nicht verhindern können.«

Für viele New Yorker weckte die Panikmache tiefe Traumata. Die Psychologin Sarah Benolken sagte in der *New York Post:* »Jeder einzelne meiner Patienten ist seit den Meldungen ganz durcheinander.« Und der psychologische Notdienst warnte vor »Gefühlen von Ohnmacht und Hilflosigkeit«. Schließlich hatte nicht nur FBI-Chef Mueller die Panik angeheizt. Vizepräsident Dick Cheney hatte schon eine Woche zuvor verkündet, es sei nicht die Frage ob, sondern wann Amerika wieder von einem Anschlag getroffen würde. Sicherheitsberaterin Condoleezza Rice unkte: »Wir müssen das amerikanische Volk an seine Verwundbarkeit erinnern.« Und Verteidigungsminister Donald Rumsfeld krönte die Angstmache mit der Meldung, dass Terroristen mit Sicherheit in naher Zukunft über Massenvernichtungsmittel wie nukleare, biologische oder chemische Waffen verfügen würden.

Das war dann selbst der *New York Post* zuviel, und statt des üblichen Coverfotos brachte das sonst so reaktionäre Revolverblatt eine schwarze Titelseite, auf der in riesigen weißen Lettern das legendäre Zitat aus Franklin Delano Roosevelts Antrittsrede vom 4. März 1933 prangte: »Das einzige, wovor wir Angst haben müssen, ist die Angst selbst.«

Zu offensichtlich waren die zynischen Motive für die Panikmache aus Washington. Nachdem die Demokraten den Wahlkampf für die Kongresswahlen im November damit eröffnet hatten, dass sie die Bush-Regierung beschuldigten, Warnungen vor dem 11. September verschlafen zu haben, schlugen Bushs Mannen nun zurück. Denn nichts war so leicht zu manipulieren wie die Emotionen der Wähler, und keine Emotion funktionierte in der Politik so gut wie die Angst. Das wussten amerikanische Präsidenten spätestens, seit Richard Nixon am 9. April 1970 den Drogenkrieg mit einer flammenden Fernsehrede eröffnete, nach der ganze vierundsechzig Prozent der amerikanischen Bevölkerung plötzlich nicht mehr den Vietnamkrieg, sondern die Drogen als gefährlichste Bedrohung für ihr Land betrachtet hatten.

Es war auch nicht das erste Mal, dass die Bush-Regierung das Spiel mit der Terrorangst für ihre Zwecke einsetzte. Bevor der Kongress beispielsweise am 24. Oktober 2001 mit dem Gesetzespaket des USA Patriot Acts einen großen Teil der amerikanischen Bürgerrechte de facto außer Kraft setzte, hatte die Regierung am Freitag zuvor wohlweislich eine Warnung vor möglichen Terroranschlägen ausgegeben. Wer wollte da schon gegen Sicherheitsgesetze protestieren?

Und so konnte sich Amerika ganz offensichtlich auf den wahrscheinlich zynischsten Wahlkampf in der Geschichte der Demokratie einstellen. Ein Wahlkampf, der auf dem Rücken der New Yorker ausgetragen wurde. Da schaltete sich dann sogar das Büro des republikanischen Gouverneurs Pataki ein und kritisierte Washington dafür, dass es keinerlei Beweise für eine verstärkte Terrorgefahr gab. Auch Ex-Bürgermeister Giuliani meldete sich zu Wort und beruhigte die New Yorker: »Wenn man genau darüber nachdenkt, dann ist die Welt heute ein weitaus sichererer Platz als noch im Mai vor einem Jahr.«

Viele Bürger der Stadt sahen das einsam in den Himmel ragende Empire State Building seit dem 11. September als monumentalen Mittelfinger, der in einer trotzigen Geste der Welt zeigte: »Ihr könnt uns mal! Wir leben noch!« Seit dem Terroralarm zum Sommeranfang zeigte dieser Mittelfinger nicht mehr nur nach Übersee, sondern auch nach Washington.

57th Street, Ecke 7th Avenue
Sieg für die Freiheit

Es war auf einer jener unzähligen Benefizparties, in der Lobby der Vereinten Nationen, um genau zu sein, die jeder gutgemeinten Party eine unangreifbare Aura der Bedeutung verleiht. Schwergewichte der Weltpolitik und engagierte Hollywoodstars schüttelten einander die Hände, hauchten sich Küsschen über die Schultern. Das übliche Gegengeschäft – die Politiker gaben den Filmstars jene Ernsthaftigkeit, die sie sonst so sehr vermissen. Die Filmstars erfüllten den Raum mit jenem Glamour, den Politiker nirgendwo sonst so schmerzlich vermissen wie in New York. Mittendrin saß auf einer der Lederbänke das neue Alphamännchen dieses anspruchsvollen New Yorker Partykosmos – Salman Rushdie. Er schien seelenruhig. Ihn konnte nichts beeindrucken. Weder die Macht, der Glamour noch die Schönheiten. Der Schriftsteller besaß so ziemlich alles, was in den Kreisen der höheren Gesellschaft zählte: Literaturpreise, eine wunderschöne, blutjunge Geliebte, berühmte Freunde und vor allem eine Lebensgeschichte, die ihn zu einer Art Heiligen der modernen Welt gemacht hatte.

Zehn Jahre lang hatte er sich vor den Häschern verstecken müssen, die der iranische Revolutionsführer Ajatollah Khomeini nach ihm ausgeschickt hatte, weil er glaubte, dass Salman Rushdie in seinem Roman *Die satanischen Verse* den Islam beleidigt habe. Nachdem die Reformer in der iranischen Regierung die Fatwa aufgehoben hatten, feierte Salman Rushdie seine Rückkehr in die Öffentlichkeit als Triumph. Er trat mit den Stars von U 2 in Fußballstadien auf, ließ sich von Bono zu einem Rock-'n'-Roll-Roman inspirieren und verlegte seinen Wohnsitz von London nach New York. Dort schrieb er auch seinen Roman zur Stadt – *Fury*. Auf deutsch *Wut*. Ein vom Islam gejagter, europäischer Schriftsteller, der als ersten Akt der Befreiung seinen Umzug nach New York vorbereitet, erschien mir dann auch als der perfekte Gesprächspartner, um über die Befindlichkeit der Stadt zu reden.

Zum Interview wirkte Salman Rushdie im Büro seiner Agentur ebenso ruhig und gelassen wie auf den New Yorker Parties. Er legte seinen dunkelblauen Wollmantel auf einen Stapel Kartons, fragte, ob ich Kaffee oder Wasser wolle. Dann blickte er mich unter seinen schweren Augenlidern konzentriert an und wartete auf die Fragen. Es hatte nicht lange gedauert, bis er nach Aufhebung der Fatwa von London nach New York gezogen war. »Das wollte ich schon lange bevor die *Satanischen Verse* veröffentlicht wurden und dieser ganze Ärger mit der Fatwa begann«, sagte er. »Aber es war auch das erste Mal, dass ich einen richtig großen Vorschuss für ein Buch bekam und es mir hätte leisten können, hier eine Wohnung zu kaufen. Das ging ja dann zehn Jahre lang nicht. Aber ich hatte immer das Gefühl, dass hier Arbeit auf mich warten würde, sich hier Stoff aufdrängt. Und dann ist es natürlich auch eine Einwandererstadt. Hierher kommen nicht nur Einwanderer aus dem Rest der Welt, sondern auch aus dem übrigen Amerika. Die Stadt wird also überwiegend von Menschen geprägt, die nicht hier geboren sind. Für jemanden, der wie ich sein Leben lang als Einwanderer in London gelebt hat, ist es sehr interessant, in einer Stadt zu leben, in der es keine dominierende Kultur des Gastlandes gibt. Wenn man vom indischen Subkontinent nach England kommt, hat man die Kolonialgeschichte ja doch immer vor Augen. Hier in Amerika gab es aber keine kolonialen Verbindungen zu Indien. Das ist sehr befreiend.

Außerdem war ich schon immer ein Liebhaber der amerikanischen Literatur. Vor allem die Neuschöpfung der englischen Sprache in ein amerikanisches Idiom hat mich immer schon angesprochen. Das beginnt in Amerika auf der Straße und wird dann von der Literatur adaptiert, was ihr eine sehr eigene Qualität gibt. Seit ich Schriftsteller bin, habe ich immer versucht, Englisch mit einem indischen Unterton zu schreiben. Dass Englisch formbar genug ist, um dem Charakter eines neuen Landes gerecht zu werden, wurde in Irland und Amerika bewiesen. Deswegen haben mich die großen amerikanischen Autoren besonders berührt – William Faulkner, Saul Bellow, Philip Roth, Hemingway. Die haben mich sicherlich mehr geprägt als jeder englische Autor. Das war es auch, was mich immer nach Amerika gezogen hat.«

Daheim in England hatte man ihm den Umzug übel genommen. Sein New-York-Roman *Wut* wurde von den Londoner Kulturkritikern regelrecht zerfetzt. »Ich glaube, manchen Leuten passt es nicht, dass ich nicht umgebracht wurde. Wenn es nach denen gegangen wäre, hätte ich die Fatwa nicht überleben und sogar noch ein besseres Leben haben dürfen«, kommentierte er lakonisch. Aber war die Enttäuschung nicht verständlich, hatte man ihn in England nicht über zehn Jahre lang vor der Fatwa beschützt? Da allerdings verlore Rushdie die Geduld. »Ja und? Soll das vielleicht heißen, dass ich deswegen da drüben eingesperrt bleiben muss? Das ist doch Schwachsinn. Ich habe immer

geglaubt, dass wir mit dieser ganzen Fatwa-Geschichte eine große Schlacht für sehr wichtige Prinzipien ausgefochten haben.
Und wir haben uns gut geschlagen. Wir haben dafür gesorgt,
dass das Buch lieferbar bleibt. Der Autor lebt noch. Das betraf
ja nicht nur mich. Ganz normale Leute haben sich da zusam-
mengetan und Komitees gebildet. Verleger, Buchhändler, Leser,
Journalisten haben gemeinsam für das Prinzip der Säkularisie-
rung und für die Freiheit des Geistes gekämpft. Das sind ja keine Kleinigkeiten. Das sind die Dinge, die uns von den Taliban
unterscheiden.«

Ich stellte die schon klassischen Frage, wo er denn am 11. September gewesen sei. »Ich war mit *Wut* auf Lesereise in Houston,
Texas«, sagte er. »Eigentlich sollte ich an dem Morgen nach
Minneapolis weiterfliegen, aber dann hat mich ein Radioprodu-
zent aus dem Schlaf gerissen. Ich habe sofort den Fernseher
angeschaltet und gerade noch gesehen, wie das zweite Flugzeug
eingeschlagen ist. Und dann stand ich die ganze Zeit vor dem
Fernseher. Es war sehr seltsam. Ich konnte mich einfach nicht
hinsetzen. Irgendwie erschien mir das unpassend.«

Auch für einen literarischen Giganten wie Salman Rushdie, der
selbst direkt im Fadenkreuz des Islamismus gestanden hatte,
veränderte der 11. September den Blick auf die Welt und den
Blick auf New York sowieso. *Wut* hätte er heute jedenfalls ganz
anders geschrieben. »Ganz sicher. In dem Buch geht es um den
letzten Moment des Goldenen Zeitalters von New York, der an
diesem Tag zu Ende ging, nach fünfzehn oder zwanzig Jahren
scheinbar endlos wachsenden Wohlstandes. Es war natürlich
auch eine sehr materialistische Zeit. Aber die meisten Leute hier
hatten ein recht angenehmes Leben. Ich verspürte damals das
dringende Bedürfnis, diesen Moment einzufangen. Heute finde

ich es richtig seltsam, wie besessen ich davon war, das sofort und auf der Stelle zu tun. Naürlich dachte ich mir, dass dieser Moment eines Tages zu Ende gehen muss, was ich gegen Ende des Buches auch anklingen lasse. Dadurch erscheint das Buch sicherlich prophetischer, als es eigentlich ist. Aber im Rückblick auf den 11. September liest man es natürlich ganz anders. Da verwandelte sich ein satirischer Roman über Amerika quasi über Nacht in einen historischen Roman.

Jeder hier wurde von diesem Ereignis in irgendeiner Weise geprägt. Die tiefere Struktur der Stadt hat sich verändert. Südlich der Canal Street spürt man die Wunde immer noch. Wer seit dem 11. September noch nicht hier war, der weiß wahrscheinlich auch nicht, wie groß dieses Loch dort unten ist. Viele, die dort unten arbeiten, haben eine richtiggehende Strategie entwickelt, um das zu verdrängen, nicht hinzusehen. Ich kenne Leute, die in einem der Gebäude gleich neben Ground Zero arbeiten. Die gehen dort nicht auf die Seite, von der aus man Ground Zero überblicken kann. An solchen Kleinigkeiten merkt man dann schon, wie tief dieses Trauma ist.«

Für die intellektuelle Elite der Stadt war einer wie Rushdie, der einen klaren Blick auf die Gefahren des Islamismus hatte, eine wichtige Stimme zwischen dem patriotischen Getöse im restlichen Amerika und dem antiamerikanischen Gepolter aus Europa. Rushdie glaubte nämlich weder, dass Al-Qaida Amerika angegriffen hatte, weil sie dem Land den Krieg erklärt hatten, noch dass sie eine unterdrückte Welt jenseits der Wohlstandsgrenzen repräsentierte. »Wenn man sich anhört, was die Al-Qaida und ihre Sympathisanten so von sich geben, dann kann man schon zu dem Schluss kommen, dass sie Amerika hassen und es zerstören wollen. Aber sie hassen Amerika vor allem, weil es die

Moderne repräsentiert. Denn wenn die ultimative Wahrheit im siebten Jahrhundert in der arabischen Wüste verkündet wurde, dann war natürlich alles, was passiert ist, seit Mohammed in der Wüste gepredigt hat, eine Abkehr von dieser Wahrheit. Deswegen ist die Modernität der wahre Feind. Das unterscheidet sich gar nicht so sehr von dem, was Ajatollah Khomeini sagte. Es war ja immerhin sein Chefideologe, der Khomeinis Revolution eine Revolte gegen die Geschichte nannte.«

Das klang sehr theoretisch. Und genau das war für Rushdie das Tragische. »Sie haben dreitausend Menschen getötet, und es war ihnen egal. Ich glaube wirklich, dass der Angriff für sie die gleiche Bedeutung gehabt hätte, wenn die Türme leer gewesen wären. Diese Menschen denken in Symbolen und Allegorien, und sie wollten vor allem eines zeigen: Wenn man das Flugzeug und das Hochhaus, die beiden ultimativen Symbole der modernen Welt, aufeinanderprallen lässt, dann zerstören sie sich gegenseitig. Damit haben sie gesagt, dass sie die moderne Welt dazu bringen werden, sich selbst zu zerstören.«

Atlantic, Ecke Flatbush Avenue
Der Hort Gottes

In New York war die örtliche Hochburg des Islamismus nicht schwer zu finden. Kurz bevor sich Brooklyns Atlantic Avenue an der Kreuzung Flatbush Avenue in eine unansehnliche Ausfallstraße verwandelte, an der sich die Baracken der Reifendiscounter und Autowerkstätten entlangreihten, führte sie ein paar hundert Meter weit durch ein Stückchen Orient. Dort konnte man in den Cafés zu Mittag für wenig Geld Hackfleisch in Weinblättern essen. Es gab ein Geschäft für Parfümöle, in dem es nach Orangenblüten roch, und islamische Buchhandlungen, die in ihren Schaufenstern für Digitaluhren warben, welche an jedem Ort der Welt die exakte Gebetszeit anzeigten, und die Richtung nach Mekka dazu.

In der Mitte der Häuserzeile stand die örtliche Moschee, ein altmodisches Manufakturgebäude mit rot eingefärbten Stuckleisten und einem Portal aus falschem Marmor, über dem in englischen und arabischen Lettern »Masjid Al-Farooq« geschrieben stand. Kam man zur rechten Zeit, hörte man aus einem Lautsprecher, wie der Muezzin zum Gebet rief. Dann füllte sich der Gehsteig mit Menschen, die aus allen Richtungen herbeikamen, um in den oberen Stockwerken dem Imam Tafa zu lauschen. Rotbärtige Jemeniten waren darunter, Libanesen und Palästinenser in Jeans, Mädchen, die sich den Hidschab locker um den Kopf gelegt hatten, und Frauen in vollem Tschador.

Hinter dem Portal lag die Lobby, doch ehe ich sie erreichte, bat mich der Sekretär des Imam höflich umzukehren. Es war nicht so, dass man hier keine Ungläubigen mochte, es war auch nicht einmal Misstrauen. Nein, hier konnten die Gläubigen einfach ihre Ruhe haben. Das war für Moslems längst keine Selbstverständlichkeit mehr, wie einer der Gläubigen versicherte, der mit dem Kopf zum Fluss hinüberdeutete. Dort ragte wie zur Mahnung das Bezirksgefängnis von Brooklyn in den Himmel, in dem nach dem 11. September Hunderte Moslems für Monate verschwunden waren, ohne dass jemand gewusst hatte, was mit ihnen geschah. Nicht Gutes, wie sich später herausstellte. Zumindest wurden gegen die Gefängniswärter langwierige Prozesse geführt, weil sie die fast ausschließlich zu Unrecht Verhafteten wochenlang drangsaliert und misshandelt hatten.

Hier in der Moschee fühlten sie sich jedoch sicher. Kein Polizeibeamter wagte es, sie im Haus Gottes zu belästigen. Dabei hätte es in der Geschichte der Masjid Al-Farooq Mosque genügend Gründe dafür gegeben. El Sayyid Nosair war hier zum Beten gekommen, ein junger Ägypter, der 1990 Meir Kahane erschoss, den Gründer der Jewish Defense League. Kurze Zeit später fungierte der blinde Scheich Omar Abdel Rahman als Imam, der 1993 mit Hilfe von Osama bin Ladens Geldern den ersten Bombenanschlag auf das World Trade Center dirigiert hatte. Das Al-Kifah-Zentrum für Flüchtlinge hatte hier sein Büro gehabt, das in Wahrheit Kämpfer, Geld und Waffen für den heiligen Krieg in aller Welt organisierte. Und vor nicht allzulanger Zeit schleusten der jemenitische Scheich Al-Moajed und seine Mannen von hier aus Millionen an die Al-Qaida weiter.

Doch warum sollte die Polizei das Gebäude heute noch überwachen? Heute hatten die Geistlichen und Gläubigen hier dem

Dschihad abgeschworen. Ganz bestimmt, so versicherten sie alle. Nur nebenan im Al-Qaraween Book Store fand man noch Spuren. Da stapelten sich am Eingang die Bücher von Sayyid Qutb, einem ehemaligen Film- und Literaturkritiker, der im Ägypten der sechziger Jahre die Grundlagen des Islamismus formuliert hatte. Er hatte eine Zeitlang in den USA gelebt und dort die säkulare Gesellschaft nicht nur studiert, sondern wirklich erlebt. Erst dann fand er zu seinem strengen Glauben und schrieb blumige Verfluchungen der Moderne, wie in dem Bändchen *Meilensteine:* »Die ganze Welt steckt tief in der Dschahilya.« Das war eigentlich ein moslemischer Begriff für die Zeit der Unwissenheit, die Zeit vor der Erleuchtung durch den Propheten. Bei Qutb bezeichnete sie jedoch die Moderne. Diese neue Ära mit ihrem Wohlstand und technischen Fortschritt, schreibt Qutb weiter, sei nichts anderes als eine Rebellion gegen Gott. »Nur eine Speerspitze der wahrhaft Gläubigen kann die Weltherrschaft Gottes wiederherstellen. Eine einzigartige Generation der heiligen Kämpfer.«

Church, Ecke Cedar Street
Das Jahr danach

September war schon immer der schönste Monat in New York gewesen. Auch diesmal stand die Spätsommersonne in einem wolkenlosen Atlantikhimmel, ein kühler Wind vertrieb die Hitze aus den Straßenschluchten von Midtown, und über den Gärten von Greenwich Village sammelten sich die ersten Zugvögel zum Schwarm. Im September begann sonst auch immer die Hochsaison, während der sich die Touristen in Pulks über den Times Square schoben, durch die Museen am Park und die Boutiquen von SoHo. Seit dem 11. September 2001 gehörte für sie eine neue Sehenswürdigkeit dazu – das einstige Trümmerfeld von Ground Zero.

Für den Rest der Welt hatte hier der Krieg begonnen. Vielleicht hatte sich Herr Noda aus Osaka ja deswegen festes Schuhwerk angezogen und eine dieser sandfarbenen Safariwesten mit vielen Taschen und Ösen. So stiefelte er an der Church Street beherzt den Bauzaun entlang zur Aussichtsstelle am Südrand. Der Besuch von Ground Zero sollte der Höhepunkt seiner zweiwöchigen Fünfstädtetour durch Amerika sein – ein Stück Geschichte mit eigenen Augen zu sehen. Doch dann stand er vor dem Maschendrahtzaun inmitten der Schaulustigen aus Wisconsin, Texas und Oregon, Buenos Aires, Kuala Lumpur und Dortmund und war ein wenig enttäuscht. Kein historisches Drama, kein tragischer Blick. Das legendäre Kreuz aus zwei Stahlträgern diente weit weg von der Aussichtsstelle als Altar für die Bautrupps und Mannschaften. Nein, eine ordentlich geharkte Baugrube von der Größe eines durchschnittlichen deutschen Hauptbahnhofs tat sich da vor ihm auf. Ein paar Kräne und Baufahrzeuge standen herum. Weit hinten sprühte ein Schweißbrenner Funken. Nur mit viel Phantasie erkannte man noch, dass die Betonwände einmal zum Keller des World Trade Centers gehört hatten.

Nicht ein einziges Foto machte Herr Noda. Statt dessen kaufte er sich an einem der Klapptische von den chinesischen Raub-kopierern ein kleines Album mit Fotografien vom Anschlag. Die Explosion des United-Airline-Fluges Nummer 175 im Süd-turm. Der Einsturz, die Staubwolken, die Flüchtenden, die Trümmer, die Feuerwehrleute, die Flaggen. Variationen jener endlosen, immer gleichen Bildschleifen. Dagegen wirkte der aufgeräumte Ground Zero viel zu abstrakt.

New Yorker mieden diesen Ort. Sie mieden ihn nicht wie Ein-heimische, die den Sehenswürdigkeiten ihrer Stadt nichts mehr abgewinnen konnten. Sie mieden Ground Zero, weil die Bau-grube so gar nichts mehr mit jenem Ereignis zu tun hatte, das aus dem einstigen Symbol für Optimismus und Moderne einen Ort der Tragödie und des Traumas gemacht hatte. Achtundneun-zigtausend Wagenladungen mit rund eineinhalb Millionen Ton-nen Schutt hatten die Räum- und Bergungsmannschaften bis Ende Mai 2002 weggeschafft. Das meiste lagerte nun in kegelför-migen Bergen auf der ehemaligen Freshkills-Müllhalde auf Staten Island. Zweiundzwanzigtausend Tonnen Stahl aus dem World Trade Center wurden in Malaysia, Indien und China als Altmetall eingeschmolzen, das man für die Produktion von Laternenmas-ten, Fernsehgeräten und Waschmaschinen verwenden wollte. Überhaupt sollte nicht allzuviel an den 11. September erinnern, schließlich gehörten die Bürotürme und das Bauland im südlichen Manhattan zu den teuersten Immobilien der Welt. Für Bürgermeister Michael Bloomberg und die Banken war das keine »heilige Erde« wie für die Angehörigen der Opfer, die Feuerwehrmänner und Polizisten, sondern ein wirtschaftlicher Extremfall, für den möglichst bald eine Lösung gefunden werden musste. Und so war den New Yorkern bei Ground Zero erst einmal nichts geblieben, das ihre Trauer begreifbar gemacht hätte.

Oberflächlich betrachtet passte das ganz gut zur Stimmung der Stadt. Mit Michael Bloomberg hatten die New Yorker einen Bürgermeister gewählt, der sie mit hemdsärmeligem Pragmatismus in die Normalität zurückgeführt hatte. Dazu kam, dass es nur ein Jahr nach den Anschlägen schon so etwas wie eine neue Generation New Yorker gab, für die der 11. September ein Stück Vergangenheit war, das sie nur aus dem Fernsehen kannten. Rund einhunderttausend Ausländer wanderten jedes Jahr nach New York ein. Noch einmal so viele Amerikaner zogen aus dem Rest des Landes zu. Die kannten diesen Phantomschmerz schon nicht mehr, den das Loch in der Skyline bei fast jedem auslöste, der vor dem 11. September in New York gelebt hatte. Doch man sollte die psychologische Widerstandsfähigkeit der New Yorker nicht überschätzen. Nicht nur hinter den Normalisierungsparolen, auch hinter den optimistischen Statistiken des Wiederaufbaus verbarg sich ein tiefes Trauma.

In den weitverzweigten Gängen des Mount-Sinai-Krankenhauskomplexes am Nordostrand des Central Parks leitete Dr. Craig Katz die psychiatrische Notaufnahme. Jeden Tag behandelte er hier Menschen, die Nervenzusammenbrüche erlitten hatten, und Selbstmordkandidaten. Mit dem 11. September hatten diese Fälle alle nichts zu tun, sagte der jugendlich wirkende Arzt mit der

Nickelbrille und den sauber gestutzten Locken. Er wollte nicht einmal das Klischee bestätigen, dass die New Yorker ein besonders neurotischer Menschenschlag seien. Nein, sagte er, für eine psychiatrische Notaufnahme einer Stadt von zwölf Millionen seien die Aufnahmezahlen durchaus im normalen Bereich, und das habe sich im letzten Jahr auch nicht verändert.

Doch es waren nicht die akuten Fälle, die ihm Sorgen machten. Ehrenamtlich fungierte Dr. Katz als Vorsitzender der Organisation »Disaster Psychiatry Outreach« (DPO), einer Art »Ärzte ohne Grenzen« der Psychiatrie. Gleich nach den Anschlägen waren Dr. Katz und seine Kollegen ausgeschwärmt, um den Überlebenden, den Angehörigen der Opfer und den Bergungsmannschaften beizustehen. In den ersten Wochen nach den Anschlägen stieg die Zahl der freiwilligen Psychiater, die für DPO am Ground Zero und im Familienzentrum am Pier 94 arbeiteten, von fünfundvierzig auf sehshundertfünfzig an. In fast siebentausend Betreuungsstunden behandelten sie die akuten Symptome des ersten Schocks.

Doch erst im Januar zeigten sich die wahren Folgen. »Die wenigsten, die Hilfe bräuchten, lassen sich auch behandeln«, sagte er. Das bestätigte eine Stichprobe, die Dr. Katz und seine Kollegen im Januar durchführten. In Straßencafés und Wartezimmern der Führerscheinbehörde untersuchten sie rund eintausend beliebige Passanten. Das Ergebnis war erstaunlich. Die Hälfte aller Befragten zeigte Symptome von schwerem »Post Traumatic Stress Syndrome«, jener Form chronischer Angstzustände, die von der Medizin bis zum Zweiten Weltkrieg noch als »Shell Shock«, als Bombentrauma, bezeichnet wurde. Die Ärzte empfahlen rund einhundert Probanden, sich umgehend in psychiatrische Behandlung zu begeben. Im Rahmen der Lungenuntersuchungen für Bergungsarbeiter und Freiwillige vom Ground Zero, die seit Anfang August im Mount Sinai Hospital durchgeführt werden, wurde gleich die Hälfte aller Untersuchten zur psychiatrischen Abteilung weitergeschickt.

Im Prinzip hatte die Katastrophenpsychiatrie das Muster der Trauerarbeit übernommen: Auf den Schock folgte Aktionismus, dann die Verzweiflung, die Wut und erst später das Verständnis und jener Zustand, mit der neuen Situation fertig zu werden, der im amerikanischen »Closure«, Abschluss, genannt wurde. Seit Beginn der Menschheit gab es auf dem Weg zu diesem Abschluss unzählige Rituale. Die Totenwache gehörte dazu, die verschiedenen Formen der Mementos und Denkmäler. Sie sollten den Überlebenden den Tod buchstäblich begreifbar machen. Und genau deswegen blieb der 11. September für die New Yorker so schwer. »Ground Zero ist heute ungleich viel trauriger als gleich nach den Anschlägen«, sagte Dr. Katz. »Es mag pervers klingen, aber es war leichter, wenigstens die Überreste der Türme zu sehen, als in diese ungeheure Leere zu starren.«

Für die Angehörigen der Opfer lag in diesem Nichts aber auch eine trügerische Hoffnung. Kaum eine intakte Leiche war vom Ground Zero geborgen worden. Immer wieder stellten sie sich die Frage: Wenn es keinen Leichnam gab, gab es dann vielleicht auch keinen Toten? Die Anhänger des amerikanischen Dachverbandes für Kriegsgefangene und ihre Angehörigen glaubten schließlich auch noch nach dreißig Jahren, dass ihre Männer, Brüder, Söhne heute irgendwo in den Dschungeln von Vietnam, Laos und Kambodscha lebten.

Und war diese Hoffnung nicht auch nach dem 11. September berechtigt? Insgesamt sieben Totgeglaubte waren wiedergefunden worden. Am Dienstag vor dem Jahrestag erst wurde der

Straßenhändler George Sims von der Liste der Vermissten gestrichen. Ärzte hatten den Sechsundvierzigjährigen in einem Krankenhaus in Newark, New Jersey identifiziert, wo er wegen Gedächtnisverlust behandelt wurde. Eine Woche davor hatte man den Stadtstreicher Albert Vaughan im Rockland Psychiatric Center von Orangeburg gefunden.

Seit den Anschlägen war die Liste mit den ursprünglich sechstausendsiebenhundert Toten und Vermissten kontinuierlich geschrumpft. Erst letzte Woche hatten die Gerichtsmediziner vom Chief Medical Examiners Office am East River die Liste um achtzehn Namen auf die derzeit aktuelle Zahl von zweitausendachthunderteins reduziert. Selbst die Bergung der sterblichen Überreste war bis heute nicht abgeschlossen. Eine Woche zuvor hatten Bauarbeiter auf dem Dach des Bürogebäudes 130 Liberty Street drei münzgroße Knochenteile gefunden und damit wieder ein wenig Hoffnung, vermisste Opfer zu identifizieren.

Nicht alle Angehörigen wollten diese Hoffnung aufrechterhalten. Dr. Jeff Burkes kannte das Problem. Der Zahnchirurg leitete seit siebenundzwanzig Jahren die Abteilung für Dentalidentifizierung der New Yorker Gerichtsmedizin. »Viele wollen nicht wahrhaben, dass ein Stück Zahn der einzige Überrest eines geliebten Menschen sein könnte«, sagte der gedrungene Mann mit dem ungekämmten Haarschopf, der bei meinem Besuch in blauer Chirurgenmontur hinter einem überladenen Schreibtisch saß. »Oft sind das die einzigen Fundstücke, die noch eine Identifizierung erlauben, weil sie die widerstandsfähigsten Teile des Körpers sind«, führte er aus. Erst wenn sie länger als eine halbe Stunde Temperaturen von über siebenzehnhundert Grad Celsius ausgesetzt werden, beginnt der Verbrennungsprozess. Vieles, was Dr. Burkes seit dem 11. September untersucht hatte, war für

Laien gar nicht mehr als Zahn erkennbar gewesen. »Das sah oft aus wie ein Stück Holzkohle. Kein Wunder, wenn die Angehörigen solche Überreste lieber nicht haben wollen.« Aus Versicherungsgründen wurde vielen Familien der Totenschein auch ohne den vorgeschriebenen gerichtsmedizinischen Beweis ausgestellt. Über sechshundert Opfer der Anschläge hatte Dr. Burkes mit seinem Team identifiziert. Weitere achthundert Tote wurden mit Hilfe von Fingerabdrücken und DNS-Analysen bestätigt. Und die Arbeit war auch ein Jahr nach den Anschlägen keineswegs beendet. »Rund neunzehntausend Körperteile warten noch auf Bearbeitung«, sagte Dr. Burkes. Fast jeden Tag fuhr er nach der Arbeit von seiner Privatpraxis am Central Park zur Gerichtsmedizin an der First Avenue, um den Fortgang der Untersuchungen zu überwachen. Ein Ende war nicht abzusehen. Dr. Burkes Arbeit war Teil einer der größten Aufgaben der forensischen Wissenschaften seit dem Vietnamkrieg. Niemand kannte die genaue Zahl der Wissenschaftler, Arbeiter und Freiwilligen, die seit dem 11. September mitgeholfen hatten, die sterblichen Überreste der Opfer zu bergen, zu sortieren, zu untersuchen.

Richard Press, ein studierter Anthropologe und Fotograf, der auf seinem Mountain Bike eher wie ein Fahrradkurier wirkte, hatte die Arbeiten vom ersten Tag an begleitet. Zunächst nur, um die Fundstücke zu katalogisieren. Später auch, um den gerichtsmedizinischen Kraftakt zu dokumentieren. Der begann in den ersten Stunden und Tagen mit den primitivsten Mitteln. Feuerwehrleute und Bergungsarbeiter schaufelten den Schutt zunächst in Plastikkübel, die sie mit Menschenketten zu Lastwagen schafften. Erst später kamen die Baumaschinen, die Sattelschlepper und Lastkähne zum Einsatz. Und kein Kieselstein wurde dabei verloren.

Auf der ehemaligen Müllkippe von Freshkills auf Staten Island richtete die Stadt eine monumentale Sortierstelle ein. Richard Press erinnerte sich an die mächtigen Maschinen, die den Schutt nach Größe auf Förderbänder verteilten, an denen Helfer in weißen Schutzanzügen saßen. Dreimal wurde jedes Stück Schutt untersucht, bevor es endgültig in der Entsorgung landete.

Jedes noch so winzige Stück Knochen, Haut oder Haar wurde in Tüten verpackt und zur Gerichtsmedizin gefahren. Dort wurden die Funde neu sortiert und verteilt. Als die eigenen Labors an ihre Grenzen stießen, engagierte man Firmen wie den gentechnischen Konzern Celera, der das Genom entschlüsselt hatte. »Es war, als würde die moderne Gesellschaft ein unfassbar aufwendiges Totenritual feiern«, sagte Richard Press. »Tag und Nacht wandelten diese weiß eingepackten Gestalten über die riesigen Berge von Freshkills. Ganze Maschinenparks waren im Einsatz. Hundertschaften von Wissenschaftlern und Laboranten versuchten, wieder zusammenzufügen, was so brutal zerschlagen worden war.« Und doch war fast nichts geblieben von den beiden vierhundertfünfzehn Meter hohen Türmen, in denen jeden Tag bis zu fünfzigtausend Menschen ein und aus gegangen waren.

★

Diese Leere überforderte nicht nur die Menschen von New York, die Angehörigen und die forensischen Wissenschaftler. Auch die Historiker und Kuratoren der Museen wussten nicht, wie sie mit dem Anschlag umgehen sollten. Die ersten Ausstellungen versuchten zum Jahrestag erstmals, das grauenvolle Nichts greifbar zu machen.

Amy Weinstein, Kuratorin der New York Historical Society,

hatte seit dem 12. September gesammelt. Etwas schüchtern führte mich die zierliche Dame durch die stuckverzierten Ausstellungshallen. Ein verkrustetes Fahrrad stand da, mit Plastikblumen geschmückt. Es musste einem Fahrradkurier gehört haben und war an der Ecke Broadway und Liberty Street an ein Verkehrsschild gekettet, wo es bis Januar stand. Daneben hatte sie eines der spontanen Mahnmale vom Herbst wieder aufgebaut: eine Ansammlung von Kerzen, Teddybären, bemalten T-Shirts und fotokopierten Vermisstenanzeigen. Aus dem Hangar der bankrotten Fluglinie Tower, in dem am JFK-Flughafen die Überreste der Fassade lagerten, hatte sie eine der Stahlstreben geholt. Doch die bedrückendsten Fundstücke lagerten noch für die Öffentlichkeit unsichtbar im dritten Stock.

In einem fensterlosen Raum standen Kisten und Schachteln scheinbar wahllos auf Klapptischen und Regalen. Am Rand lehnten verbeulte Türen von Feuerwehr- und Polizeifahrzeugen. Vorsichtig hoben Amy Weinstein und ihr Kollege Paul Gunter ein paar Artefakte ans Licht. Ein Kühlschrankmagnet mit der Aufschrift »World Trade Center«, der aus dem Souvenirladen im hundertzehnten Stock stammen musste. Verbogene Eisentafeln mit schlichten Zahlen, die einst an einem der zweihundertsechs Aufzüge die Stockwerke markiert hatten. Neunundneunzig, einhundert, einhundertsieben – Etagen, in denen niemand überlebt hatte. Das verkratzte Schild der Nottreppe B. In einer Ecke standen Kartons mit Stücken, die sie erst Jahre später zeigen wollten. Fragmente der Flugzeugverkleidung. Einzelne zerfetzte Schuhe. Ein Bordmagazin des United Flug 175. Schutt, Müll und Schrott. Amy Weinstein nickte nachdenklich. »Wir wissen um unsere Verantwortung, denn im Kontext eines Museums bekommt all das eine makabre Bedeutung.«

Mittendrin stand ein unauffälliger Behälter, nicht größer als ein Marmeladenglas. Darin befand sich das wahrscheinlich treffendste Symbol für die Anschläge auf das World Trade Center – nichts als eine Handvoll Staub. Doch in den dicken gelben Flokken, die das südliche Manhattan nach dem Einsturz der Türme bedeckt haben, steckte all das, wonach die Feuerwehrleute, die Bergungsarbeiter, die forensischen Wissenschaftler und Angehörigen der Opfer seit einem Jahr vergeblich suchten.

Nicht nur die Menschen, die Türme und die Erinnerungen sind verschwunden. Auch die Worte waren in New York am 11. September verlorengegangen. Als die Honoratioren der Stadt und die Angehörigen der Opfer am Morgen des 11. September 2002 am Ground Zero zusammenkamen, hielten sie keine Reden. New Yorks Gouverneur Pataki verlas die »Gettysburg Adress«, jene kurze Ansprache, die Präsident Lincoln 1863 bei der Einweihung des Heldenfriedhofes auf dem größten Schlachtfeld des amerikanischen Bürgerkriegs gehalten hatte. Danach wurden die zweitausendachthundertundeins Namen der Opfer verlesen. Zum Schluss trug New Jerseys Gouverneur James McGreevey Teile der Unabhängigkeitserklärung vor – Oden an die säkulare Gesellschaft statt Reden und Predigten. Eine karge Feier, in der sich die verzweifelte Hoffnung versteckte, dass auch der 11. September einen Sinn gehabt haben könnte, denn in der »Gettysburg Address« versprach Abraham Lincoln »zu geloben, dass der Tod dieser Toten nicht vergeblich sein darf«. Genau daran scheiterte die Sinnsuche. »Wir waren keine Helden«, hatte mir der Feuerwehrmann Sal D'Agostino von den Magic Six gesagt. »Wir waren alle Opfer.« Doch Opfer hinterlassen kein historisches Erbe. Nur die Trauer und das Nichts.

Lincoln Center
Ode an die Trauer

Kollektive Trauerarbeit war ein schwieriges Unterfangen, vor allem in einer Stadt wie New York, deren Einwohner in einem komplexen Geflecht aus unterschiedlichen Glaubensrichtungen, Kulturen und Sensibilitäten lebten. Erschwerend kam hinzu, dass es mit Ausnahme der spärlichen Parks in New York keine öffentlichen Räume mehr gibt. Jeder Quadratmeter der Stadt, der nicht dem Verkehr diente, war für private Nutzung gekauft, gepachtet, gemietet worden. Kirchen, Synagogen und Moscheen bilden da keine Ausnahme. In einer Metropole, die sich als Hauptstadt der säkularen Moderne versteht, wird auch die Andacht zur Privatangelegenheit.

Weil es den New Yorkern nach dem 11. September nicht leichtgefallen war, gemeinsam zu trauern, begegneten sie dem Komponisten John Adams mit Dankbarkeit, als er verkündete, er wolle für das Auftragswerk der New York Philharmonics zum Gedenken an die Anschläge des 11. Septembers kein Requiem schreiben, sondern einen »memory space«, einen klanglichen Raum für die Erinnerung aller. *On the Transmigration of Souls* hieß sein symphonisches Stück zum Gedenken an den 11. September, ein etwas über zwanzig Minuten langes Werk für Orchester, zwei Chöre, elektronische Instrumente und »soundscapes«.

Ob *On the Transmigration of Souls* John Adams' eigenen Ansprüchen gerecht wurde, würde sich erst sehr viel später zeigen.

Im November 2001 hatte Adams in einem Interview mit dem Magazin *Andante* bedauert, dass es nach den Anschlägen kein adäquates amerikanisches Orchesterwerk gegeben habe und die meisten Orchester Beethovens erhebende 9. Symphonie mit Schillers »Ode an die Freude« gespielt hatten. Diese Lücke in der Musikgeschichte gelte es zu schließen, forderte er. *Transmigration* wurde damit das mit Abstand ehrgeizigste Werk eines amerikanischen Komponisten. Dabei blieb John Adams kaum Zeit zur Reflexion. Zwischen Auftrag und Premiere lagen nur sechs Monate. Benjamin Britten komponierte sein *War Requiem* beispielsweise erst sechzehn Jahre nach Ende des Zweiten Weltkrieges. Krzysztof Pendereckis Threnos für die Opfer von Hiroshima wurde erst 1960 uraufgeführt. John Adams musste sich dann allerdings doch an der Neunten messen, denn damit bestritten die New Yorker Philharmoniker das Programm nach der Pause.

Das Konzert fand eine Woche nach dem Jahrestag in der Avery Fisher Hall statt und war gleichzeitig der Dienstbeginn des neuen Chefdirigenten der New York Philharmonics Lorin Maazel. Der Begrüßungsapplaus für Maazel fiel herzlich aus. Dann legte sich eine beklemmende Stille über den Saal. Keine Musik erklang, sondern die erste jener Klanglandschaften, die ein Sound Designer für Adams' Werk geschaffen hatte. Gedämpfte Sommerklänge der Stadt – ein langsam heranfahrendes Auto, Schritte, Stimmen, entferntes Hupen, eine Sirene. Dann immer wieder das Wort »missing« – vermisst. Ein verbales Ostinato über den einsetzenden Streichern, die einen düsteren Mollakkord hielten, gefolgt vom Chor, der das Wort »remember« wiederholte.

Nicht einen Moment erlaubte John Adams seinen Zuhörern

eine Flucht in die Abstraktion der Musik. Wie ein Schatten laste-
ten die Worte über der anhaltenden Melancholie des Orche-
sters. Ein Libretto aus verbalen Fetzen, die Adams von den
handkopierten Vermisstenanzeigen adaptiert hatte, die nach
den Anschlägen überall in der Stadt an Zäunen und Mauern hingen. »You will never be forgotten«, »We will miss you«, »We all
love you.« Dazu Zitate aus jener Kolumne der *New York Times,*
die es immer noch gab: »Portraits of Grief«, Seiten mit Hunderten kurzer Nachrufe auf die einzelnen Opfer. Dazwischen das
Zitat aus dem letzten Handyanruf der Stewardess Amy Sweeny
aus dem American Airlines Flug Nummer 11, der wenige Sekunden später in den Nordturm des World Trade Centers einschlug: »Ich sehe Wasser und Gebäude …«

East 115th Street
Der Fahnder

Es fiel Sergeant Daniel Heinz vom New Yorker Sonderdezernat für Betrug und Fälschung gar nicht so leicht, seine Verachtung zu verbergen. »Man ist halt abgebrüht«, wehrte er die Frage ab, ob da nicht die Wut in einem hochkochte, wenn man Leuten nachstellte, die in den Anschlägen des 11. September in erster Linie eine gute Gelegenheit gesehen hatten, um sich Geld zu erschwindeln. Vor allem, wenn man wie Sergeant Heinz die ersten drei Monate nach dem Unglück in der städtischen Leichenhalle verbracht hatte, um bei der Identifizierung der Opfer zu helfen. Aber das wollte er sich nicht eingestehen – nicht nach siebzehn Dienstjahren. Und wenn er in dem winzigen Büro im Osten von Harlem an seinem Schreibtisch saß, die drahtige Figur in der angespannten Haltung eines Kampfsportlers, das Gesicht mit dem schmalen Schnurrbart hochkonzentriert, dann glaubte man ihm das. Dann wirkte er ein bisschen wie ein Cowboy mit Dienstmarke. Bei komplizierten Fällen hatte die Verfolgung von Trickbetrügern ja auch etwas von einem Westernfilm. Mann gegen Mann, der Bessere gewann. Bei der Fahndung nach Betrügern hieß das: der Klügere. Als Sergeant Heinz später von jenem jungen, eleganten Schwarzen erzählte, der letztes Jahr die High-Society ausgenommen hatte, schwang in seiner Stimme sogar so etwas wie Respekt mit. Der elegante Betrüger hatte sich in den besten Lokalen und Nachtclubs von Manhattan als gewichtiger Rapproduzent ausgegeben. Er trug teure Anzüge, schweren Goldschmuck, fuhr Luxusgeländewagen und war stets in der Begleitung von Frauen, Freunden und Bewunderern, wie ein richtiger Star eben. Den Wirt eines bekannten New Yorker Lokals beeindruckte das so sehr, dass er den falschen Produzenten per Handschlag als Partner engagierte. Der ließ sich daraufhin über Wochen hinweg mit seiner Entourage bewirten und nahm jeden Abend auch noch die Barbestände mit. Er war ja schließlich Mitinhaber.

Nachtclubbesitzer, Autohändler, Modehäuser und Juweliere fielen auf den imposanten Auftritt des vermeintlichen Moguls herein, merkten meist lange nicht, welch raffiniertem Spiel sie aufsaßen. Ein halbes Jahr lang dauerte der joviale Raubzug an. Bis Sergeant Heinz auf seine Spur gesetzt wurde. Wochenlang blieb er ihm auf den Fersen und lauerte darauf, dass der falsche Rapstar den ersten Fehler machte.

Nach der Verhaftung begann in solchen Fällen die eigentliche Herausforderung. Gute Betrüger waren hochintelligent, charmant und gewitzt. Sie lebten davon, ihre Opfer hinters Licht zu führen. Da war jedes Verhör wie ein Schachduell. Wenn er am Zug war, konnte Sergeant Heinz dann viel über die neuesten Tricks lernen. Aber die 9-11-Betrüger? Miese Gelegenheitsverbrecher. Bei den meisten wusste Sergeant Heinz schon nach zwei Sätzen, dass sie das Blaue vom Himmel herunterlogen, wenn sie einen Angehörigen meldeten, der im World Trade Center umgekommen sein sollte, in Wirklichkeit aber gar nicht existierte.

Erfahrene Polizisten wie Sergeant Heinz können schlechte Lügen förmlich riechen. Die nervösen Übersprungshandlungen, die unbewussten Seitenblicke, von den Widersprüchen im Gespräch ganz zu schweigen. Da war dieser Typ aus Yonkers, der behauptete, seine Frau sei in den Türmen umgekommen. Dabei hatte er sich vor Jahren von ihr getrennt, und sie lebte ganz unversehrt in Florida. Da gab es den Mann aus Michigan, der sich als sein eigener Bruder ausgab, und die Dame aus Georgia, die sogar Muttermale und Tätowierungen eines fiktiven Bruders beschrieb. Keine fünf Minuten hielten diese Geschichten dem geübten Blick von Sergeant Heinz stand.

Doch selten konnte er einen dieser Betrüger direkt verhaften. »Offiziell war ich für die Nothilfe zuständig, für die Identifizierung von Opfern und die Aufnahme von Vermisstenanzeigen. Wenn ich Verdacht schöpfte, bekamen die erst einmal einen Eintrag in ihre Akte. Erst wenn die Nachforschungen handfeste Beweise ergaben, konnten wir ihnen nachstellen. Da mussten wir schon Pietät beweisen. Das hätte in der Öffentlichkeit einen Sturm der Entrüstung ausgelöst, wenn wir Angehörige eines wirklichen Opfers zu Unrecht verdächtigt hätten.«

Rund einhundert Betrugsfälle hatte es nach 9-11 gegeben. Warum taten diese Leute so etwas? »Wegen dem Geld. Aber auch wegen dem Mitleid, der Aufmerksamkeit, dem Drama.« Bei fast jeder Katastrophe kreisten die Betrüger schon Stunden später wie Geier um die Rettungshelfer, egal, ob es sich um Wirbelstürme, Erdbeben, Überschwemmungen oder Flugzeugabstürze handelte. Das Amt für Katastrophenhilfe Federal Emergency Management Agency (FEMA) beschäftigte deswegen sogar eine eigene Einheit von Sonderfahndern, die auch nach dem 11. September sofort nach New York geflogen waren. Für Sergeant Heinz war der Typus Krisenprofiteur damals noch neu gewesen. Er zuckte mit den Schultern. »In New York begegnet einem als Polizist so einiges, was es in anderen Städten nicht gibt«, sagte er. Deswegen wunderte man sich nicht darüber. Man lernte einfach dazu.

Broadway, Ecke 53rd Street
Lobby für den Krieg

Nach einem leichten Mittagessen begann General Najib al-Salhi seinen Angriff. Die Lage war verzwickt. Rund um den riesigen Tisch im edelholzgetäfelten Konferenzraum einer Wirtschaftskanzlei am Broadway hatte seine Lobbyistin ein gutes Dutzend Entscheidungsträger und Meinungsmacher versammelt. Da war ein Oberst der US Marines, mehrere Abgesandte konservativer Think Tanks, ein Attaché der türkischen Botschaft und einige wichtig erscheinende Damen und Herren, die sich als »Privatleute« vorstellten. Die musste der General noch erobern, dabei war seine wahre Stärke, Panzerdivisionen ins offene Feld zu führen. So wie am 2. August 1990, als er mit den Grenadieren des fünften Corps der irakischen Armee in Kuwait einmarschiert war. Einen politisch heiklen Standpunkt in einer Gesprächsrunde mit ebenso vielen Interessen wie Teilnehmern zu vertreten erschien da ungleich schwieriger.

Während die Gäste ihre letzten Sandwichbissen mit Kaffee hinunterspülten, saß der breitschultrige General mit dem wulstigen Schnauzbart und dem dunkelgrau gestreiften Anzug am Kopfende des Tisches, lächelte, nahm Blickkontakt auf, sondierte die Lage. In einem Punkt waren sich die Anwesenden in diesem Winter sowieso einig: Der Krieg im Irak würde kommen. Trotzdem blieben genügend Fragen offen, und einige würde der General heute gerne zu seinen Gunsten beantworten. Denn wenn alles nach Plan lief, würde General al-Salhi nach dem Sturz Saddam Husseins das irakische Volk in eine freie, demokratische Zukunft führen. So stand es zumindest im Programm seiner »Bewegung freier Offiziere und Zivilisten«, das sein Sekretär verteilte.

Doch Saddam beerben wollten so einige andere auch. Knapp siebzig Anwärter gab es am Vorabend des Krieges für den Posten des Oberhauptes einer Interimsregierung. Die meisten gehörten wie al-Salhi zu den rund tausendfünfhundert ehemaligen irakischen Offizieren im Exil. Sie träumten davon, nach einem Sturz des Hussein-Regimes der nächste »Karsai« zu werden, ein Herrscher von Amerikas Gnaden wie das derzeitige nominelle Regierungsoberhaupt von Afghanistan, Hamid Karsai.

Dem Oberhaupt des zivilen irakischen Nationalkongresses in London, Ahmed Chalabi, hatte man in Washington nicht mehr zugetraut, dass er die verschiedenen ethnischen Gruppen des Irak vereinen und so Lynchjustiz und Bürgerkrieg verhindern könnte. Deswegen war zunächst der ehemalige Stabschef der irakischen Armee, General Nisar al-Chasradschi, auf die Position des Spitzenkandidaten nachgerückt. Dem traute man zu, dass er gemeinsam mit der Armee Ordnung schaffen würde. Allerdings lebte al-Chasradschi gerade in Dänemark, wo ihn die Staatsanwaltschaft unter Hausarrest gestellt hatte, denn die dänische Regierung nahm es mit der Verfolgung von internationalen Kriegsverbrechern sehr ernst. Man hatte ihn wegen Verstoßes gegen die Genfer Konvention während des Iran-Irak-Krieges angeklagt. Menschrechtsexperten gingen dem Verdacht nach, dass al-Chasradschi für die Giftgasangriffe auf die kurdische Stadt Halabja verantwortlich gewesen war. So blieb erst einmal al-Salhi der Favorit des amerikanischen Außenministeriums und der CIA.

General Najib al-Salhi wollte nicht nur die Interimsregierung in Bagdad führen, sondern auch den Krieg gegen Saddam. Den sollte man nicht als Krieg, sondern lediglich als Machtwechsel betrachten, wie er sagte. Dreißigtausend Kämpfer wollte er für den Bodenkrieg mobilisieren. Die USA hätten sich dann auf Luftangriffe beschränken können. Seine Strategie wäre gewesen, die irakische Armee aus drei Himmelsrichtungen in die Zange zu nehmen – aus dem kurdischen Norden, aus Kuwait im Süden und von Westen aus Jordanien.

Eine ähnliche Strategie verfolgte der General bei seiner Überzeugungsarbeit. Von drei Seiten bearbeitete er die Runde – politisch, völkerrechtlich und emotional. Politisch präsentierte er sich als überzeugter Demokrat. Auch wenn er sagte, dass die Demokratie in einem befreiten Irak erst einmal warten müsste. Damit stimmte er mit den Pragmatikern in den USA überein, die in der ersten Phase des Wiederaufbaus eine Militärregierung befürworteten. Al-Salhis Vorteil war hier: Er kannte immer noch die meisten Mitglieder der militärischen Führung, war zwar selbst Sunnit, kam aber mit den Kurden, Turkmenen und Assyrern im Norden genausogut aus wie mit den Shia-Arabern im Süden und der schiitischen Mehrheit.

Im Gegensatz zu al-Chasradschi, so sagte er, könnte man ihm völkerrechtlich nichts vorwerfen. Sicher, er habe gegen den Iran gekämpft. Die meisten Offiziere seien jedoch gegen diesen Krieg gewesen, und als der Iran den ersten Waffenstillstand mit einem Gegenangriff gebrochen habe, hätten sie eben ihre Heimat verteidigt, nicht jedoch das Hussein-Regime. Gegen das habe er schon seit 1979 im Untergrund opponiert. Er habe den

Aufstand 1991 unterstützt, der nur scheiterte, weil die USA im letzten Moment ihre Unterstützung für die Rebellen zurückzogen. Später im Süden habe er einige Oppositionelle vor dem sicheren Tod bewahrt, weil er die Befehle aus Bagdad einfach nicht an seine Offiziere weitergab. Später musste er dann nach Jordanien fliehen.

Und dann hatte der General noch die Trumpfkarte des Patriotismus im Ärmel. Die Liebe zu seinem Land, seinem Volk, das verstanden die Amerikaner im Raum. Außerdem ließ er damit genügend Spielraum für alle anderen Interessen. Wobei er betonte, dass das irakische Atomprogramm ein Mythos sei. Die brutale Unterdrückung der Iraker sei das wahre Drama. Er selbst wurde ja immer noch verfolgt. Ins Detail wollte er nicht gehen. Aber sein Sekretär hatte vorhin den Artikel aus der *Washington Post* verteilt, in dem eine furchtbare Geschichte stand, die seine Lage illustrieren könne: Als al-Salhi noch in Amman lebte, habe ein Taxifahrer eine Videokassette für ihn abgegeben. Erst habe er geglaubt, das sei ein Pornofilm. Bis er seine Verwandte erkannte, die da vor laufender Kamera vergewaltigt wurde.

Nun lebte er in Washington. Da plagte ihn das Heimweh. Doch er wusste, dass er nur in den USA zum Führer seines Volkes aufsteigen konnte, denn letztlich entschied nicht das irakische Volk über die Zukunft seines Landes, sondern Männer wie der schweigsame Oberst der Marines, ein Mann mit grauem Bürstenschnitt und den kantigen Gesichtszügen eines Karriereoffiziers. Der gab außer Hörweite des Generals und seiner Gäste zu, dass eines sicher sei: Krieg würde al-Salhi nicht führen. »Der hat ja nicht einmal eine stehende Truppe.« Das sei bei der afghanischen Nordallianz anders gewesen. Und die modernen

Laserzielgeräte, mit denen die Special Forces am Boden die Bombenhagel aus der Luft koordinierten, »die bedienen wir lieber selbst«.

Wusste der General, wie abhängig er vom Schutz der Amerikaner war? Er zuckte mit den Schultern. Sicher gab es viele verschiedene Interessen im Irak. Aber auf eines könne sich doch die ganze Welt einigen: Saddam musste weg. Es sei doch schon seit 1991 nur die Frage gewesen, wie und wann das geschehen würde.

Lafayette, Ecke Chambers Street
Eine Resolution für den Frieden

Es sollte noch ein paar Stunden dauern, bis der New Yorker City Council darüber entschied, ob die Stadt New York eine Resolution gegen den drohenden Krieg erlassen sollte, aber im roten Salon des Rathauses hatte der Abgeordnete des Wahlbezirks Harlem, Bill Perkins schon mal zum Empfang gebeten. Rund um das Lunchbuffet standen die Friedensaktivisten aus New York und Washington und balancierten Teller mit Salat und Sandwiches. Da waren die New Yorker Basiskämpfer von der »United For Peace And Justice« in Sackjeans und Wollmützen, die ehrfürchtig über den flauschigen Teppichboden schlichen und unsicher lächelten, wenn sich der hochgewachsene Bill Perkins in seinem eleganten anthrazitfarbenen Anzug neben ihnen aufbaute, ihnen Honoratioren und Abgeordnete vorstellte und ihnen lachend anordnete, es sich gutgehen zu lassen bei ihrem Nachmittag im Rathaus.

Am 5. März 2003 erst war Bill Perkins mit ihnen auf die Straße gegangen. Vor dem Büroturm 780 Third Avenue hatten sie sich getroffen. Im sechsundzwanzigsten Stockwerk residierte dort Hillary Clinton, die im Senat als eine der ersten im Schulterschluss mit George W. Bush für einen Krieg im Irak plädiert hatte. Wie an jedem Wochentag während der Legislaturperiode war die Senatorin auch an diesem Abend in Washington, aber es ging ja auch nur um den symbolischen Akt, als Bill Perkins unter dem Jubel der Menge eine Papptafel auf die Marmorplatten des Eingangs klebte, auf der die Aktivisten das Wappen der Stadt New York gemalt hatten und eine kurze Petition, die mit den Worten »New York Says No to War« begann.

Das war keine leere Floskel, sondern statistische Realität. Fünfundsiebzig Prozent aller New Yorker sprachen sich in Umfragen gegen Bushs Irakpläne aus und lagen damit rund fünfzehn Prozentpunkte vor dem Rest der Nation. Und dann stand auf der Papptafel noch die Forderung, dass Hillary Clinton die Resolution der Senatoren Ted Kennedy und Robert C. Byrd unterzeichnen solle. Mit dieser Resolution wurde kurz vor den Angriffen versucht, die Beschlüsse rückgängig zu machen, mit denen die Legislative den Präsidenten im Oktober 2002 ermächtigt hatte, nach eigenem Gutdünken Krieg zu führen.

Als die Friedensaktivisten dann zum Büro des zweiten New Yorker Senators Charles Schumer zogen, war die Menge der Demonstranten schon auf rund fünftausend angewachsen, und auf den drei Meilen bis zur Kundgebung im Washington Square Park schwoll der Marsch auf gut zehntausend Menschen an, die sich über acht Blocks hinweg brav auf den Bürgersteigen drängten, weil die New Yorker Polizei an einem ganz normalen Wochentag während der Hauptverkehrszeit nicht einfach die Straßen absperren wollte.

Dort im Park herrschte kämpferische Stimmung. Gastredner kamen auf die Bühne, die noch einmal den Triumph der Friedensbewegung am 15. Februar 2003 beschworen, als von Sydney bis Moskau Millionen gegen die Irakpläne auf die Straße gingen und endlich auch der Rest der Welt begriff, dass nicht Amerika in den Krieg ziehen wollte, sondern die Regierung von George W. Bush.

Das war auch der Punkt, den Karen Dolan gegen Ende des Empfangs noch einmal betonte. »Genau deswegen ist die Entscheidung des City Councils von New York heute so wichtig«, sagte die zierliche Dame, die ein braves Kostüm trug, weil sie zur Speerspitze jener gehörte, die den Kampf gegen den Krieg mit den Mitteln professioneller Lobbyarbeit betrieben. Karen Dolan gehörte zum »Institute for Policy Studies«, einem Think Tank, der sich in Washington seit 1963 für Bürgerrechte einsetzte. Und seit letztem Herbst organisierte das Institut Stadtparlamente in der Initiative »Cities for Peace«. Einhundertvierzig Städte hatten bis zu diesem Mittag schon Resolutionen erlassen, mit denen sie sich gegen den Krieg aussprachen. Kleine und mittlere Städte, aber auch Metropolen wie Chicago, Detroit, Los Angeles, San Francisco, Atlanta, Baltimore, Denver. Eigentlich fehlten nur die konservativen Hochburgen wie Houston, Dallas oder Miami auf der Liste. Für die Städte gab es handfeste Gründe, sich gegen den Krieg auszusprechen. »Die Kommunen leiden derzeit unter der schwersten Finanzkrise seit fünfzig Jahren«, sagte Karen Dolan. Dreihundert Milliarden Dollar fehlten den Kreisen und Gemeinden.

Was das bedeutete, sagte Bill Perkins, konnte man just an diesem Mittag am Westeingang des Rathausparkes sehen. Da scharten sich ein paar hundert zornige Feuerwehrmänner in Uniform um ein Rednerpult. Seit Bürgermeister Bloomberg die Firmenberater von McKinsey auf das Fire Department losgelassen hatte, sollten acht Feuerwachen geschlossen werden. Und das war nur der Anfang.

Vor ein paar Tagen war auf der Degraw Street in Brooklyn demonstriert worden. Das war ungewöhnlich für das Italienerviertel von Carroll Gardens. Lärm machte hier keiner, schon gar nicht bei Demonstrationen. Schließlich hingen vor den meisten Häusern der Gegend gelbe Bastschleifen, und das bedeutete in der Schleifensprache: »Unterstützt unsere Truppen.«

Doch dann stand die halbe Nachbarschaft vor dem zweistöckigen Ziegelbau, in dem seit 1855 die Feuerwache Engine Company 204 logiert hatte. Lautstark machten sie ihrem Unmut Luft. Die Engine Company 204 gehört zu den Feuerwachen, die Bürgermeister Bloomberg auf alle Fälle schließen wollte. Dabei wusste jeder, dass keine Stadt den Zivilschutz so dringend brauchte wie New York. Denn darüber machte sich niemand Illusionen – diese Stadt blieb ein Terrorziel. Das sagte auch die Polizei. Schon mehr als einmal hatte das Amt für Heimatschutz die Alarmstufe für den Rest des Landes von Code Orange auf Code Yellow gesenkt, worauf der Sprecher der Polizei jedesmal eilig bekanntgab, dass New York City die Alarmstufe Orange beibehalten werde, wie seit Einführung des Farbsystems für Alarmstufen.

Damit nicht genug. Die Antiterrormaßnahmen der »Operation Atlas« kosteten nämlich nicht wie gemeldet fünf, sondern dreizehn Millionen Dollar die Woche. Gleichzeitig musste Bürgermeister Bloomberg eine Milliarde Dollar mehr als geplant aus dem Haushalt streichen, weswegen er nicht nur acht, sondern eventuell sogar vierzig Feuerwachen schließen wollte, außerdem zwölf Kinderkliniken, einunzwanzig Freibäder sowie die Tierparks in Queens und Brooklyn. Selbst an der Skyline wurde gespart – die Lichterketten auf den Brücken nach Manhattan waren schon seit ein paar Wochen nicht mehr eingeschaltet worden.

Eines wussten dabei alle: Den Bürgermeister traf keine Schuld. Washington hatte New York im Stich gelassen. Einmal mehr, nur diesmal schmerzte es doppelt, schließlich dienten der Regierung die Anschläge auf das World Trade Center als Ausrede für den Abbau von Bürger- und Grundrechten und für ihre Kriege sowieso. Dabei scherte sich George W. Bush einen Dreck um New York.

Drei Tage nach dem 11. September war er kurz in die Stadt gekommen, hatte sich in Heldenpose auf den Trümmerhaufen von Ground Zero gestellt und war seither nicht mehr gesehen worden, auch wenn er inzwischen die eine oder andere Konferenz hier besucht hatte. Warum auch? In New York lebten doch nur Liberale, Schwarze und Einwanderer aus Schurkenstaaten und der Karibik. Die hatten ihn sowieso nicht gewählt. Deswegen würden die New Yorker auch bald mehr Steuern zahlen müssen, während der Präsident gerade mit dem Senat verhandelte, ob er den oberen Steuerklassen nun fünfhundertfünfzig oder doch nur dreihundertfünfzig Milliarden Dollar erlassen durfte, obwohl er schon geschätzte einundert Milliarden im Irak verpulvern wollte.

Sicher war auch Giuliani ein Konservativer gewesen, aber er hatte vor allem für Recht und Ordnung sorgen wollen. In letzter Instanz war er jedoch ein Lokalpatriot gewesen, der so stolz auf seine Stadt war wie jeder andere New Yorker auch. Für die Neokonservativen der Bush-Regierung stand New York dagegen für all das, was sie hassten: für den europäisch gefärbten Intellektualismus, den säkularen Humanismus und jene anarchische Form der Großstadt, in deren Nischen sich das Unbekannte, Aufregende und somit Gefährliche verbarg. Für sie war alles Unkontrollierbare ein Angriff auf einen Status quo, den sie mit aller Macht verteidigen.

Das erinnerte ein wenig an Präsident Gerald Ford. Auch der

hatte die Stadt mit ihren Nöten alleine gelassen, worauf der damalige Bürgermeister Abraham Beame mit dem Titelblatt der *Daily News* in der Hand posierte, auf dem die Schlagzeile prangte: »Ford to City: Drop Dead.«

Und es war auch nicht das erste Mal, dass ein unnötiger Krieg die amerikanische Gesellschaft um Jahre zurückwarf. »Vor sechsunddreißig Jahren hat Martin Luther King hier in New York in der Riverside Church eine historische Rede gehalten«, sagte Bill Perkins. »Er hat davor gewarnt, dass die Kosten des Vietnamkrieges unser Land sämtliche Errungenschaften der ›Great Society‹ kosten könnten. Und so war es dann auch.« Unter Nixon gab es bald schon kein Geld mehr für all die Sozialleistungen, die Lyndon B. Johnson im Rahmen seines Krieges gegen die Armut eingeführt hatte.

Das »Institute for Policy Studies« hatte dazu ein paar hübsche Rechnungen aufgestellt. Wenn man von der konservativen Prognose ausging, dass der Irakkrieg rund einhundert Milliarden Dollar kosten und ein Jahr dauern sollte, betrug der Anteil für die New Yorker Steuerzahler um die sechseinhalb Milliarden Dollar. Dafür hätte man über dreißigtausend Feuerwehrautos kaufen können, neunundachtzigtausend Lehrer beschäftigen oder die Krankenversicherung für eineinhalb Millionen Kinder finanzieren.

Dann begann die Sitzung. Es ging um Mietrecht und ein paar Baugenehmigungen, aber heute wurde das Alltagsgeschäft besonders schnell erledigt. Denn die Resolution 549-A, das wussten ihre Befürworter und Gegner, würde effektiv zwar wenig bedeuten, doch wenn New York als hunderteinundvierzigste Stadt eine Kriegsresolution erließ, dann hatte das einen Symbolwert, der weit über die Stadtgrenzen wirken würde.

Selten war im holzgetäfelten Saal des Stadtrates im New Yorker Rathaus so emotional debattiert worden. Jeder einzelne Abgeordnete nutzte an diesem Nachmittag seine Redezeit. Über eine Stunde lang spiegelte sich hier die weltweite Debatte. Die Gegner beschwörten die Helden des 11. Septembers, die drohenden Opfer der Frontsoldaten, die Pflicht aller Bürger, sich hinter ihren Präsidenten zu stellen. Die Befürworter der Resolution nahmen für sich in Anspruch, für die Mehrheit der New Yorker zu sprechen; sie betonten, dass niemand für Hussein war, aber der Krieg nur letztes Mittel sein durfte, wenn die Nation direkt bedroht würde.

Mit einunddreißig zu siebzehn Stimmen beschloss der New York City Council dann die Antikriegsresolution. Präsident Bush scherte sich auch darum nicht weiter. Doch es hatte tatsächlich Symbolwirkung, dass sich ausgerechnet diese Stadt gegen einen Krieg im Irak aussprach. Nur wenige Minuten nach dem Beschluss berichtete CNN ausführlich über die Resolution aus New York. Nur wenige hundert Meter von den Stufen des Rathauses entfernt hatte der Krieg ja begonnen. Dort bei Ground Zero klafft immer noch jenes Loch, das die Kriegstreiber in fast jeder Debatte als dramatisches Bild für ihre Gründe anführten. »Nie wieder soll der 11. September als Ausrede für einen Krieg missbraucht werden«, hatte Bill Perkins in seiner kurzen Ansprache gefordert. Was sich auf den Straßen von New York schon bald nach dem 11. September in dem Protestruf »Nicht in unserem Namen« ausgedrückt hatte, hatten die offiziellen Vertreter der New Yorker nun in den Annalen der Stadtgeschichte verewigt.

Für das Argument eines republikanischen Abgeordneten, nach einem Krieg gegen den Irak wäre die Welt ein wenig sicherer, hatte Bill Perkins nur ein verächtliches Lächeln übrig. »Selbst die CIA gibt zu, dass ein Krieg die Terrorgefahr erhöhen würde«, sagte er. Davon einmal abgesehen: »Der Krieg zieht ausgerechnet die Kräfte ab, die im Katastrophenfall die Städte schützen würden: die National Guard und die Reservisten.« Einhundertfünfzigtausend Reservisten waren schon einberufen worden. Fast die Hälfte aller Polizei- und Feuerwachen im Land hatten deswegen Personal verloren. Und dann gab es wie gesagt weniger Gelder für all die Einrichtungen, die die amerikanischen Bürger wirklich schützten: Krankenhäuser. Polizeikräfte und natürlich Feuerwachen – selbst wenn sich die Reaktionszeit der New Yorker Feuerwehren durch den Wegfall der Feuerwachen nur um dreißig Sekunden erhöhte. Schon im ganz alltäglichen Notfall eines Wohnungsbrandes konnten diese Sekunden über Leben und Tod entscheiden.

Was aber tun, wenn der Ernstfall eintrat? Das New Yorker Amt für Katastrophenschutz hatte dazu eine halbe Million Broschüren der Aktion »Ready New York« verteilt, in denen es den Bürgern in kurzen Kapiteln erläuterte, auf welche Eventualitäten sie sich vorbereiten sollten. Wer nun seine Terrorangst nach den Anschlägen des 11. September überwunden hatte und trotz der anhaltenden Alarmstufe Code Orange friedlich seinen Alltagsgeschäften nachgehen wollte, der wurde auf den sechzehn Seiten des freundlich gestalteten Heftchens eines Besseren belehrt. Denn die Apokalyptischen Reiter waren vor den Toren New Yorks offensichtlich zu einem ganzen Regiment aufgestockt worden.

Gleich auf den ersten Seiten der Broschüre konnte man sich einen Überblick über die drohenden Gefahren verschaffen. Dazu gehörten unter anderem Erdbeben, Stürme, Buschfeuer,

Atomschläge, Seuchen, chemische Angriffe, Stromausfall und schlechtes Wetter. Die Gegenmaßnahmen waren glücklicherweise denkbar simpel. Bei Erdbeben, Atomschlägen und einstürzenden Gebäuden empfahl das Amt, Schutz unter einem Tisch zu suchen.

Wer unter Trümmern eingeklemmt wurde, sollte sich mit einer Trillerpfeife bemerkbar machen. Befand man sich im Falle einer radioaktiven Verseuchung im Freien, half es, ein Gebäude aufzusuchen, es sei denn, die Quelle der Radioaktivität befand sich in einem Gebäude, dann sollte man dieses umgehend verlassen. Weiter sollte man sich bei Kältewellen warm anziehen, bei Hitze pralle Sonne vermeiden und bei Gewitter nicht unter Bäumen stehen. Außerdem empfahl es sich, jederzeit ein »Go Bag« gepackt zu haben, ein Fluchtköfferchen mit wichtigen Dokumenten, Medizin und einem Notradio, für das auch im lokalen Fernsehen mit Spots geworben wurde.

Insgesamt zwanzig Behörden und Organisationen hatten an der Broschüre mitgearbeitet. Die meisten New Yorker reagierten allerdings mit Hohn und Spott. Viele erinnerten die gutgemeinten Ratschläge an die »Duck and Cover«-Programme aus den fünfziger Jahren. Die amerikanische Regierung hatte damals ihren Bürgern empfohlen, im Falle eines Atomangriffes die Aktentasche über den Kopf zu stülpen, und Schulkinder mussten regelmäßig üben, auf Kommando unter die Schulbank abzutauchen. Anfang Februar hatte sich schon das Amt für Heimatschutz mit einem ähnlichen Programm für eigenverantwortliche Katastrophenhilfe zum Gespött gemacht. Jeder Amerikaner sollte sich mit ausreichend Plastiktüten und Klebeband versorgen, um im Falle eines ABC-Angriffes Türen und Fenster abzudichten, hatte Tom Ridge verkündet.

Der Soziologieprofessor Barry Glassner von der University of California bewertete diese Maßnahmen als exemplarisches Beispiel für die Hilflosigkeit der Regierung. »So etwas nutzt in erster Linie der Klebebandindustrie«, sagte Glassner. »Aber weder die Politik noch die Medien diskutieren die Tatsache, dass sich die Bevölkerung gegen diese Art von Terrorismus überhaupt nicht selbst schützen kann. Gegen solcherlei Angriffe können uns ausschließlich die Polizei, das Militär und ein funktionierendes Gesundheitssystem schützen. Mit den Aufrufen lenkt man nur davon ab, dass das unzulängliche Gesundheitssystem der USA von einem Ausnahmezustand wie nach einem relativ unwahrscheinlichen Terroranschlag oder einer viel wahrscheinlicheren Naturkatastrophe vollkommen überfordert wäre.«

So ganz unberechtigt war die Sorge der zuständigen Stellen nicht. Die komplexe Struktur eines so dichtbesiedelten Gebietes wie der Metropole New York, zu der Vororte in drei verschiedenen Bundesstaaten zählen, funktionierte im Katastrophenfall wie ein Verstärker. Selbst vergleichsweise harmlose Unregelmäßigkeiten wie Streiks der Müllabfuhr, der U-Bahn oder Telefongesellschaft führten hier rasch zum Chaos. Als die Polizei während des morgendlichen Berufsverkehrs die Williamsburg Bridge sperrte, um ein paar betrunkene Lausbuben vom Brückenpfeiler zu holen, hatte die Wall Street gleich mit Kurssturz und Goldhausse reagiert. Und was blieb der amerikanischen Regierung anderes übrig, als sich auf das Schlimmste vorzubereiten? Sie selbst hatte den Krieg gegen den Terror erklärt. In der westlichen Welt galt New York selbst unter Skeptikern als wahrscheinlichstes Ziel eines Terrorangriffes. Dabei ließ sich ein Anschlag genausowenig vorhersagen wie ein Erdbeben.

Im Idealfall hätte die amerikanische Regierung jedem Bürger einen Bunkerplatz und einen Katastrophenarzt zur Verfügung stellen müssen. In einem Stadtgebiet wie New York, das während eines Arbeitstages von bis zu zwanzig Millionen Menschen bevölkert wurde, war das ein illusorisches Vorhaben.

Wer nun angesichts der komplexen Gefahrenlage in New York unter emotionalen Stresszuständen litt, fand auch dafür Rat in der »Ready New York«-Broschüre. Man sollte seinen Gefühlen im Gespräch mit Freunden, Verwandten und Nachbarn freien Lauf lassen, stand da geschrieben. Außerdem wurde empfohlen Sport zu treiben und regelmäßig früh schlafen zu gehen.

First Avenue, Ecke 42nd Street
Seismograph der Zeitläufte

Das Gefühl der permanenten Bedrohung hatte nicht nur den Effekt, dass man in Amerika und New York das permanente Gefühl hatte, auf einer unermesslich großen Zielscheibe zu sitzen, man konnte auch leicht vergessen, dass es eine Welt außerhalb von Amerika und New York gab, die auch noch andere Sorgen hatte als den Krieg gegen den Terror oder was das Weiße Haus eben als solche definierte. Ein guter Ort, sich das in Erinnerung zu bringen, waren da die Vereinten Nationen. Tritt man dort in der Personalkantine vom Buffetraum in den Speisesaal, muss man eine kleine Stufe hinaufsteigen, was den Effekt hat, dass man nun plötzlich durch eine Front von Panoramascheiben auf den East River sieht, auf dem zu Mittag Lastkähne und Patrouillenboote vorüberziehen. Das öffnet den Blick und schafft Ruhe, und so soll es auch sein für die Belegschaft, die den ganzen Tag damit beschäftigt ist, die Zeitläufe der Weltgeschichte zu verwalten. Leidenschaftlich war hier in den Sitzungs- und Konferenzsälen gegen den Krieg im Irak gekämpft worden. Dafür hatte sich die gesamte Weltgemeinschaft die Verachtung und den Groll der Amerikaner zugezogen. Aber Diplomatie gehörte eben nicht zu den Stärken des jungen Bush. Vorne an der Salatbar ging es an einem Mittag im April des Irakkrieges äußerst geschäftig zu. Dort hielten Diplomaten und Verwaltungsangestellte mit dem Tablett in der Hand eilige

Kleinstkonferenzen ab, um dann zu den Ausgabestellen für warme Gerichte auszuschwärmen. Zwischen dem afrikanischen Spinatgericht und der indonesischen Reispfanne standen dort heute zwei arabische Diplomaten mit nachdenklichen Gesichtern. Sie sorgten sich um einen Kollegen, der nun schon seit zwei Monaten in Europa festsaß und nicht mehr an seinen Arbeitsplatz in New York zurückkonnte.

Für einige Länder galten jetzt verschärfte Einreisebedingungen in die USA, und seitdem die amerikanische Einwanderungsbehörde aufgelöst und ihre Aufgaben dem Amt für Heimatschutz übertragen worden waren, war es auch für Uno-Diplomaten nicht mehr so einfach, nach New York zu reisen.Die Sicherheitsvorschriften des Amtes hatten vor der internationalen Diplomatie absoluten Vorrang, auch wenn die USA als Gastgeberland theoretisch die Verpflichtung gehabt hätten, die Arbeit der Diplomaten, Delegierten und Angestellten im Hauptquartier zu erleichtern.

Im Ostkorridor des zwanzigsten Stockwerkes hatte Anton Bronner, der Leiter der Reiseabteilung, sein Büro. Bronner kannte die Flugpläne für Städte, die andere Reisebüros erst im Atlas suchen mussten – für Port-au-Prince, Abidjan oder Tiflis, für Brazzaville, Srinagar oder Dili. Seine Auftragsbücher waren so etwas wie ein Seismograph der Weltlage. Ein heftiger Ausschlag in der Flugfrequenz konnte eine Katastrophe ankündigen, wie in Sierra Leone oder Guinea Bissau. Und übers Jahr hinweg konnte man ganz gut erkennen, was die Weltgemeinschaft nicht nur interessierte, sondern de facto beschäftigte. Da stand vor dem Irakkrieg Pristina auf Platz drei der Statistik, und erst auf Platz vier kam die Basis der Waffeninspektoren auf Zypern.

Irgendwann würde auch der Irak aus den Schlagzeilen verschwinden und die wahre Arbeit der Vereinten Nationen beginnen: die Flüchtlings- und Nothilfe, der Wiederaufbau, die Wiederherstellung von Recht und Ordnung. Auf Anton Bronners Listen würde dann das Bagdader Flughafenkürzel »BGW« die Statistik hinaufklettern, dort wo in den letzten Jahren mal »KGL«, das Kürzel für den Flughafen von Kigali, mal »TLV2 für Tel Aviv oder »ISB« für Islamabad zu finden waren. Je höher das Kürzel emporstieg, desto weniger Zeit würde den Zuständigen für den Blick auf den East River bleiben. Denn dann hatte die Staatengemeinschaft ihre Kräfte entsandt, um wieder Ordnung zu schaffen im Chaos, das zwei ihrer Mitglieder angerichtet hatten. Dafür war sie gut genug. Nur Macht sollte die Uno keine ausüben, schon gar nicht gegen den Willen der USA.

Ganz langsam manifestierte sich während der Irakkriegswochen diese Gefühl der Frustration und Machtlosigkeit auch in den Fluren des Hauptquartieres. Manchmal entlud sich das in scheinbar albernen Stellvertreterdiskussionen wie im Streit um das Rauchverbot. Als souveränes Territorium durfte die Uno-Verwaltung ja selbst bestimmen, ob und wo im Gebäude geraucht werden durfte. Der allgemeine Konsens unter den Mitarbeitern und Delegierten war zwar, das Rauchen zu verbieten. Doch dann beschloss man, das Rauchen zumindest in eigens dafür vorgesehenen Räumen weiter zu erlauben. Im Rest der Welt wäre eine solche Debatte wohl als bürokratische Bagatelle zu den Akten gelegt worden. Für die Vereinten Nationen war es ein troziger Beweis der Souveränität, sich auch in der zunehmend genussfeindlichen Sicherheitszone New York nicht alles vorschreiben zu lassen.

7th Avenue, Ecke West 20th Street
Strafzettels Traum

Es war in New York seit dem Sommer 2003 gar nicht so einfach gewesen, eine Zigarette zu rauchen und dazu einen Cocktail zu trinken. Es gab nun nicht nur eine Stadtverordnung, sondern auch ein Gesetz des Bundesstaates, das das Rauchen in geschlossenen Räumen, die der Öffentlichkeit zugänglich waren oder die von Angestellten im Lohnverhältnis bewirtschaftet wurden, verbot, es sei denn, diese waren direkte Verwandte des Wirts. Viel Behördensprache für ein schlichtes Verbot. Deswegen war der Wirt der »Ciel Rouge Bar« im Galerienviertel Chelsea auch etwas verwirrt, weil er nicht wusste, wie er nun seine Gäste zu behandeln hatte.

In der Bar durfte man laut Stadtverordnung nicht mehr rauchen, vor einer Bar durfte man allerdings nicht trinken, das besagte ein Gesetz aus dem neunzehnten Jahrhundert, das immer noch in Kraft war, genauso wie eine ebenso alte Verordnung gegen das »loitering«, das Herumlungern und Bummeln.

Nun hatte das Lokal glücklicherweise einen Hinterhofgarten. Dort allerdings durfte nach dem neuen Bundesstaatsgesetz nur an einem Viertel der Tische geraucht werden. Und weil der Wirt angesichts all der neuen Regeln und alten Verordnungen, die ihn nach drei Verstößen seine Lizenz kosten konnten, so verwirrt war, erfand er noch seine eigenen Vorschriften dazu, wies seine Gäste an, beim Rauchen zu stehen, die Getränke im Schankraum zu lassen und nicht mehr als eine Zigarette in der Stunde zu konsumieren.

Zwischen dem Lebensgefühl des amerikanischen Alltags und dem Mythos von der Nation der Rebellen klaffte seit dem 11. September ein immer größerer Abgrund, der den Bürgern vor allem in den Städten langsam aufs Gemüt schlug. Dabei ging es den New Yorkern beispielsweise gar nicht um das Rauchen. Ein Großteil derer, die gegen das öffentliche Nikotinverbot protestierten, waren Nichtraucher. Es ging auch weder um haarsträubende Antiterrormaßnahmen, die das Grundgesetz aushöhlten, noch um Polizeibrutalität, den Spitzelstaat oder den latenten Rassismus der Strafverfolgung. Für den Alltag des Durchschnittsbürgers waren diese Themen so exotisch und irrelevant wie der Nahostkonflikt, die Kongokrise oder die Frage, warum die amerikanischen Streitkräfte eigentlich in den Irak einmarschiert waren. Es ging vielmehr um das Gefühl einer schleichenden Entmündigung im Namen von Sicherheit und Recht und Ordnung.

Das begann für Büroangestellte, Studenten und Schüler meist schon am frühen Morgen. Sicherheitsdienste überprüften in Bürogebäuden, Universitäten und Schulen bei jedem Ankömmling Hausausweis, Tascheninhalt und Metallgegenstände. Wer nur kurz jemanden besuchen wollte, der in einem der Wolkenkratzer von Midtown Manhattan arbeitete, der musste erst einmal seine Personalien angeben, die dann telefonisch überprüft wurden, bevor er die Kontrollen über sich ergehen lassen durfte, um dann ein Formular auszufüllen, sich einen temporären Ausweis aufs Hemd zu kleben und von einer ganzen Stafette von Wachbeamten den Weg zu Aufzügen und Bürotüren weisen zu lassen. Das waren Banalitäten, die nicht einmal viel Zeit kosteten, und doch gaben sie einem das permanente Gefühl, man wäre von Hundertschaften Erziehungsberechtigter umgeben.

In der Dichte der Großstadt machte sich das natürlich besonders bemerkbar. Kein Wunder also, dass es vor allem wieder die New Yorker waren, die über so viel Bevormundung maulten. Zu allem Überfluss hatte die New Yorker Stadtverwaltung im Sommer 2003 insgeheim beschlossen, ein paar Haushaltslöcher damit zu stopfen, sogenannte »Quality of Life«-Vergehen zu verfolgen, die Giuliani in den Gesetzbüchern der Stadt verankert hatte. Das waren in erster Linie Kavaliersdelikte, die selbst konservativ denkende Menschen als Lappalie abgetan hätten. Aber weil es diese Gesetze und Verordnungen eben gab, konnte man dafür nun Bußgelder zwischen fünfzig und einhundert Dollar eintreiben.

Die New Yorker Lokalzeitung *Daily News* sorgte mit einer Serie für Wirbel, in der sie die obskursten Strafzettelfälle aufführte. Schon legendär war der Fall einer jungen Frau namens Crystal Rivera aus Brooklyn. Im sechsten Monat schwanger, hatte sie sich erschöpft auf einer U-Bahn-Treppe niedergelassen. Fünfzig Dollar Strafe drückte ihr ein Polizist dafür auf. Die gleiche Summe musste der achtundsechzigjährige Rentner Pedro Nazario für das Füttern von Tauben bezahlen. Ein Ladenbesitzer im West Village wurde aufgrund einer Verordnung aus dem Jahre 1961 zu vierhundert Dollar Strafe verurteilt, weil der Baldachin vor seinem Geschäft mit zu vielen Wörtern bedruckt war. Ein Tourist aus Israel, der in der U-Bahn eingenickt war, bekam einen Strafzettel für die widerrechtliche Belegung von zwei Sitzplätzen. Und ein Friseur in der Bronx musste einhundertfünf Dollar dafür bezahlen, dass er vor seinem Salon auf einer Milchkiste saß.

Die Kampagne der *Daily News* hatte Erfolg. Bürgermeister Bloomberg berief eine Pressekonferenz ein, auf der er vehement bestritt, dass es solche verfassungswidrigen Ticketquoten gebe, obwohl er einräumen musste, dass es für die Polizeibeamten der Stadt sehr wohl Leistungsparameter gebe. Eilig fügte er hinzu, die Anzahl der Strafzettel für Falschparken sei immerhin um siebzehn Prozent zurückgegangen. Eine hübsche Zahl, die verschwieg, dass die New Yorker Cops in den ersten fünf Monaten des Jahres schon über hundertfünfzigtausend Strafbefehle für »Lifestyle«-Vergehen ausgestellt hatten. Das waren rund dreizehn Prozent mehr als im Vorjahr.

New York war zwar ein Extremfall, die neuen Gesetze galten jedoch nicht nur dort. In diesem Sommer 2003 war die Regel- und Vorschriftswut der amerikanischen Behörden schon Teil des Popkulturkanons der Sommerfilme. Da verkamen die Ikonen der Rebellion zu Don-Quijote-Figuren im Wust der Alltagsregeln. In dem Film *Die Wutprobe* musste Adam Sandler vor Gericht, weil er gegen die Sicherheitsbestimmungen einer Fluglinie verstoßen hatte. Die Gangster aus dem Actionstreifen *2 Fast, 2 Furious* brillierten vor allem damit, gegen die Paragraphen der Straßenverkehrsordnung zu verstoßen. Und in aktuellen Popvideos gehörte wildes Tanzen an öffentlichen Orten schon zu den gewagten Exzessen. Das war nach dem New Yorker »Cabaret Law« übrigens ebenfalls verboten.

★

Dennoch fand hier keine konzertierte Aktion der Regierenden statt, um ihre Bürger zu Untertanen zu degradieren. Es gab viele Gründe zu dieser Maßregelung des Alltags, die gemeinsam zu diesem schleichenden Gefühl der Entmündigung geführt hatten. Da war der fortschreitende Verlust des öffentlichen Raumes, der vor allem in der Provinz zum Tragen kam, wo sich das Gemeindeleben oftmals in den Shopping Malls abspielte. Die aber waren Privatgrund, und dort galten die Regeln der Besitzer. So hatte jeder Ladendetektiv mehr Befugnisse als jeder Polizist, durfte Kunden durchsuchen, befragen und sogar in Gewahrsam nehmen. Das New York Kaufhaus Macy's unterhielt beispielsweise ein eigenes Gefängnis für Ladendiebe, komplett mit einer langen Bank, auf der die Geschnappten mit Handschellen an Stahlschienen gefesselt wurden. Auch der Fern- und Nahverkehr fiel meist unter diese Regeln, denn Flughäfen, Bahnhöfe und Busstationen gehörten meist privaten Firmen.

Für die Anhäufung staatlicher und lokaler Verordnungen und Gesetze sorgte die systemimmanente Trägheit der Gesetzgebung selbst. Schließlich war es prinzipiell sehr viel einfacher, ein Gesetz zu erlassen, als es wieder abzuschaffen. Mit neuen Gesetzen konnte man bei den Wählern punkten, sich als Abgeordneter einen Namen und Schlagzeilen machen. Ein Gesetz abzuschaffen war politisch ganz unglamourös, denn das implizierte die Fehlbarkeit des Systems. Das konnte sich kein Volksvertreter leisten.

Gerade deswegen war ein Gesetzespaket wie der »USA Patriot Act« so folgenreich. Wer würde es schon wagen, die Grundregeln des Kriegs gegen den Terror in Frage zu stellen? Wer wollte sich schon nachsagen lassen, dass er ganz unpatriotisch aus dem Glied getreten war?

11 Wall Street
Das Watergate des Kapitalismus

Trotz der vorgerückten Uhrzeit waren die Fahrgäste der U-Bahn-Linie nach Coney Island noch außergewöhnlich gesprächig. Späte Heimkehrer aus den Bars und Lokalen mischten sich mit Arbeitern, die von der Nachtschicht kamen. Vorne im Waggon saß ein bulliger Wachmann und las einem schicken jungen Pärchen mit lauter Stimme aus der Zeitung vor. John Gotti war vor ein paar Tagen gestorben, jener Mafiaboss der Gambino Family, der für seine zweitausend Dollar teuren Maßanzüge und seine triumphierenden Auftritte vor Gericht berühmt gewesen war. Da waren sich alle einig: Als Gotti noch Chef der Mafia war, herrschte in seinen Revieren in Queens und Brooklyn Ordnung.

Man hätte glauben können, ein Volksheld sei gestorben. In jeder Ausgabe berichteten die Boulevardzeitungen über die Vorbereitungen zum Begräbnis des Paten, als stünde eine Feier am königlichem Hofe bevor. Der Chefkolumnist der *Post* Steve Dunleavy schrieb, im Gegensatz zu den Feiglingen von Enron habe die Mafia wenigstens die Finger von den Brieftaschen der Normalbürger gelassen. Damit brachte Dunleavy die Stimmung in der Stadt mit seinem populistischen Gespür auf den Punkt: Angesichts der Milliardenschwindler aus der Hochfinanz erschien den New Yorkern ein blutrünstiger Gangsterboss schon fast wie ein Held der Arbeit.

Was sich auf den New Yorker Straßen als nostalgische Sehnsucht nach der altmodischen Ehrlichkeit des Faustrechts manifestierte, hatte sich im Rest des Landes zu grundlegenden Zweifeln am System des Kapitalismus ausgeweitet. Und es waren nicht die üblichen Verdächtigen wie Noam Chomsky oder Ralph Nader, die das Prinzip der freien Marktwirtschaft in Frage stellen. Es war Henry Paulson Jr., Chef der Investmentfirma Goldman Sachs, der verkündete, dass sich die amerikanische Geschäftswelt in der größten Krise seit fünfzig Jahren befinde. Anstatt mit Schimpf und Schande davongejagt zu werden, bekam er für seine deutlichen Worte Beifall von Leuten wie dem Multimilliardär Warren Buffet, Senator Jon Corzine und mehreren Bankenchefs. Lange hatten die kritischen Urteile des Investors und Philanthropen George Soros als Minderheitenmeinung gegolten, jetzt aber fielen die Sätze aus seinem Buch *Der Globalisierungsreport* an vielen Orten auf fruchtbaren Boden: »Märkte sind amoralisch«, »Finanzmärkte brauchen deutliche Führung« und: »Es reicht nicht, einen Krieg gegen den Terror zu führen, die Menschen brauchen auch eine Vision von einer besseren Zukunft.«

Die etablierten Medien, die während der letzten zehn Jahre unbeirrbar die Segnungen der freien Marktwirtschaft gepriesen hatten, sprachen nun täglich von der Krise des Kapitalismus. Sowohl die *New York Times* als auch das *Wall Street Journal* bezeichneten die Enthüllungen der neuesten Finanzskandale als »Watergate der amerikanischen Wirtschaft«. Die *Washington Post* machte »einen Wurm im Kern des Kapitalismus« aus, das Wirtschaftsmagazin *Fortune* konstatierte das »Versagen des Systems«. Die dazu passende Titelgeschichte des *Economist* hieß »Die Niedertracht der Wall Street«.

Einen so radikalen Stimmungswandel hatte Amerika seit dem

Ende der Weltwirtschaftskrise in den dreißiger Jahren nicht durchgemacht. Am Abend nach der Verkündung des Worldcom-Skandals lag das Vertrauen der amerikanischen Bevölkerung in ihre Marktwirtschaft mit achtunddreißig Prozent auf einem Rekordtiefststand. Da lag nicht zuletzt daran, dass diesmal kein nebulöser Industriekonzern beim Betrug erwischt worden war, sondern einen Kommunikationskonzern, zu dem mit MCI auch das zweitgrößte Telefonunternehmen im Land gehörte. Ein Markenname, der Durchschnittsbürgern so geläufig war wie Pepsi, Burger King und Chrysler. Und auch der Rest der Welt spürte das Debakel auf sich zukommen, denn Worldcom betrieb gut ein Drittel des Internetverkehrs.

Selbst Ikonen der amerikanischen Tugenden waren in Finanzskandale verwickelt. Martha Stewart, die mit ihrem Imperium aus Zeitschriften, Fernsehsendungen und Produktkollektionen für die gepflegte Hausfrau ein dreistelliges Millionenvermögen erwirtschaftet hat, musste sich wegen Insidergeschäften verantworten. Vizepräsident Dick Cheney, der trotz Herzkrankheit erfolgreich den starken Mann im Krieg gegen den Terror gab, war beim Bauunternehmer Halliburton Vorstandsmitglied gewesen, als auch dort Bilanzen geschönt worden waren.

Die Goldenen Neunziger waren noch keine zwei Jahre her, doch die zu neuen ökonomischen Ufern aufbrechende, aufregende Kultur der Wirtschaftswunderjahre galt plötzlich als Anachronismus. Vorbei waren die Zeiten, als Konzernchefs wie Popstars gefeiert wurden, als Erfolgsgeschichten wie die Autobiographie von Jack Welch monatelang auf den Bestsellerlisten standen, als das *Time Magazine* den begehrten Titel »Man of the Year«, der vor allem für Politiker, Wissenschaftler und große Wohltäter der Menschheit reserviert war, gleich zweimal in einem Jahrzehnt an Geschäftsleute vergab, als Publizisten und Futurologen die Ära der »Third Wave« verkündeten, ein Zeitalter der bahnbrechenden Technologien, welche die Menschheit von Grund auf zum Besseren verändern sollten.

Der Optimismus des verjüngten Kapitalismus schien damals grenzenlos, selbst dann noch, als im März 2000 der Neue Markt zusammengebrochen war. Die sogenannten Dotcoms, die jungen Aufsteiger aus den neuen Industrien, wurden noch als präpotente Versager belächelt. Die Weltwirtschaft habe sich zurechtgerüttelt, hieß es. Kein Grund zur Sorge. Die Dotcoms traten ab. Die alte Garde kehrte zurück und mit ihr das Vertrauen in die Börse.

Doch dann flog auf, dass die Geschäftsleitung des Energiekonzerns Enron mit Hilfe ihrer Finanzberater Betrug in großem Stil begangen hatte. Ein Einzelfall, beschwichtigte man. Aber die ersten Zweifel regten sich. Als sich der Firmenleiter Kenneth Lay bei der Anhörung vor dem Kongress wie ein ertappter Schuljunge um die Verantwortung drücken wollte, um sich danach mit zweistelligen Millionenbeträgen aus dem Geschäftsleben zurückzuziehen, während seine Winkelzüge die Angestellten von Enron um ihre Rente und Ersparnisse gebracht hatten, platzte das amerikanische Traumbild vom Konzernchef als Superhelden.

Auf Enrons Ken Lay folgten Chuck Watson vom Stromversorger Dynegy, Gary Winnick vom Kommunikationskonzern Global Crossing, John Rigas von den Adelphia Communications und der Leiter der amerikanischen Hugo-Boss-Niederlassung, Marty Staff. Die Tathergänge ähnelten sich. Mit Hilfe von gefälschten Bilanzen hatten die Chefs die Aktien in die Höhe getrieben, um sich dann spätestens kurz vor dem Zusammenbruch des Lügengebäudes daran zu bereichern. Der jüngste war auch der schwerste Fall – die Firmenleitung von Worldcom hatte Bilanzen mit einem Falschbetrag in Höhe von fast vier Milliarden Dollar frisiert.

Ein Gespenst aus der Vergangenheit schien wieder aufzutauchen: der habgierige, amoralische Yuppie der achtziger Jahre. Der Börsenspekulant Ivan Boeski hatte damals den Schlüsselsatz dieser Zeit geprägt: »Greed is good!« – Gier ist gut. Und die Hotelmagnatin Leona Helmsley hatte die Klassengrenze mit dem Satz definiert: »Nur die kleinen Leute zahlen Steuern.« Doch angesichts der Milliardenschäden der Enron-Generation nahmen sich die Millionenbetrüger der Achtziger wie Kleinganoven aus.

Mit den neuen Technologien sollte sich scheinbar eine neue Geschäftskultur etablieren; Erfolg war »hip«, aber nicht das Wichtigste. Die neuen Millionäre arbeiteten sich mit ehrlichen Leistungen nach oben, waren sozial engagiert, bemühten sich um Kultur und Umweltschutz, trugen Jeans und Turnschuhe, gaben sich zumeist bescheiden. Als es eigentlich schon vorbei war mit dem Boom, erfand der Journalist David Brooks noch rasch jenes Schlagwort für die lässige neue Oberschicht: die Bobos. Die bourgeoisen Bohemiens. Sie hätten die Wandlung Amerikas zu einer wahren Meritokratie endgültig vollzogen, behauptete er in seinem Bestseller *Die Bobos – Der Lebensstil einer neuen Elite*.

Tatsächlich aber hatte die Misere schon Ende der achtziger Jahre begonnen, als sich die Wirtschaft von den Exzessen der Yuppie-Ära reinigen wollte. Es könne nicht angehen, dass Chefs und Aufsichtsräte millionenschwere Gehälter beziehen, während es mit ihren Firmen bergab ging, war die einhellige

Meinung gewesen. Vor allem die Aktionäre waren es leid, die Verluste ausbaden zu müssen, während sich das unfähige Management bis zum Konkurs reich entlohnen ließ. Um die Chefetage ins gleiche Boot wie die Aktionäre zu holen, bedrängten die Aktionärsversammlungen die Aufsichtsräte, die Chefs in Zukunft jenseits eines moderaten Basisgehalts mit Aktienoptionen zu belohnen. Nun mussten die Chefs die Bilanzen ihrer Firmen nach oben treiben, um nach Ablauf der Sperrfrist ihrer Optionen am gestiegenen Aktienkurs zu verdienen: die perfekte Motivation zum Betrug. Und darum machte der Kapitalismus den gleichen Denkfehler wie der Kommunismus: Er glaubte an das Gute im Menschen.

Sicherlich gab es viele Konzernchefs, die ihre Firmen zu großen Erfolgen führten, die ehrliche Bilanzen ablieferten und daran interessiert waren, den Markt mit guten Produkten zu überzeugen. Doch es gab einfachere Methoden, um den Wert der Aktien hochzutreiben: den Abbau von Personal, die Übernahme der Konkurrenz und eben die sogenannte kreative Buchführung.

Für die Konzernchefs hatte sich die vermeintlich strenge Linie der Aktionäre mehr als ausgezahlt: Seit 1985 war das durchschnittliche Jahresgehalt eines Topmanagers von rund einer Million auf über zehn Millionen Dollar im Jahr gestiegen. Auch die Bezüge der regulären Angestellten sind in dieser Zeit im Schnitt um dreiundsechzig Prozent gestiegen. Doch während Konzernchefs Ende der achtziger Jahre noch das rund Siebzigfache eines Arbeiters verdient hatten, bekamen sie nun im Schnitt das Vierzehnhundertfache eines Normallohns ausbezahlt.

Unten an der Wall Street war es recht ruhig in diesen Tagen. Die

Händler, Broker und Analysten schienen auf einmal froh zu sein, dass ihr Viertel seit dem 11. September von Spezialeinheiten der Polizei hermetisch abgeriegelt worden war. Die Börse galt ja als potentielles Anschlagsziel. Jetzt huschten sie aus ihren Limousinen eilig hinter die Stahlgitter der Straßensperren, froh, den Mikrofonen und Kameras zu entkommen.

7 World Trade Center
Der Chef von Ground Zero

Ich war etwas zu früh dran, und so konnte ich aus dem Westfenster im Konferenzraum des Architekturbüros Skidmore, Owings & Merrill das Treiben auf Ground Zero betrachten. Träge bewegten sich dort schwere Baumaschinen über den festgewalzten Erdboden. Hin und wieder flackerte der kalte Funkenregen eines Schweißgerätes in den Tiefen der riesigen Betonwanne. Aus der Unglücksstelle war zwei Jahre später längst eine Baugrube geworden, und der zuständige Architekt für den Neubau hieß David Childs, einer der Partner bei Skidmore, Owings & Merrill.

David Childs hatte am Morgen des 11. Septembers vor zwei Jahren hier an diesem Fenster im dreiundzwanzigsten Stockwerk des Bürogebäudes 14 Wall Street gestanden und voll Entsetzen mitangesehen, wie der zweite der beiden Jets in den Südturm des World Trade Centers einschlug. Am nächsten Tag hätte er sich dort eigentlich mit Larry Silverstein, dem Pächter des World Trade Centers, treffen sollen, der ihn zwei Monate zuvor damit beauftragt hatte, die missglückte Architektur des Komplexes zu korrigieren. Kurz nach dem Anschlag sprachen sie dann am Telefon zum ersten Mal darüber, wie sie den Wiederaufbau gestalten würden. Kaum ein New Yorker hätte vor dem 11. September mit dem Namen Larry Silverstein etwas anfangen können. Der gehörte zwar zu den mächtigsten Baulöwen der Stadt, aber im Gegensatz zu Donald Trump lebte er ein eher zurückgezogenes Leben in einem Apartment, das allerdings das gesamte siebenunddreißigste Stockwerk eines der prächtigsten Gebäude an der Park Avenue einnahm. Statt mit Architekturstars spektakuläre Gebäude zu bauen, die das Potential zur Sehenswürdigkeit besaßen, beauftragte er lieber Architekturkonzerne wie Skidmore, Owings & Merrill. Denen ging es nicht um Kritiken und Preise.

Silverstein hatte für das World Trade Center einen Pachtvertrag mit einer Laufzeit von neunundneunzig Jahren abgeschlossen und hatte somit die absolute Verfügungsgewalt über das Gelände. Den Wettbewerb für die künstlerische Gestaltung von Ground Zero hatte zwar der Stararchitekt Daniel Libeskind gewonnen, und Silverstein wollte dessen Pläne für den Grundriss des Geländes und den fünfhunderteinundvierzig Meter hohen »Freedom Tower« auch weitgehend umsetzen. Die architektonische Leitung des Wiederaufbaus und damit das letzte gestalterische Wort hatte er allerdings schon gleich David Childs übertragen, der bei Skidmore, Owens & Merrill geschäftsführender Partner und Leiter des New-York-Büros war. Keinerlei Mitspracherecht hatten übrigens von Anfang an der Gouverneur des Bundesstaates New York George Pataki, der ehemalige New Yorker Bürgermeister Rudolph Giuliani, der amtierende Bürgermeister Michael Bloomberg, die Bundesregierung in Washington und die New Yorker Bürger sowie die Jury des Architekturwettbewerbes, den Libeskind gewonnen hatte. Sie alle durften lautstark ihre Meinungen kundtun oder Empfehlungen aussprechen. Aber mehr auch nicht.

Grob vereinfacht, hätte man die Entwicklungen seit diesem Wettbewerb so zusammenfassen können: Daniel Libeskind hatte die künstlerische Gesamtleitung des Neubaus und machte die Schlagzeilen, David Childs machte die Arbeit, weswegen seinen Namen kaum jemand kannte. Dabei hatte der zweiundsechzigjährige Architekt das Stadtbild von New York in den letzten Jahren nachhaltiger geprägt als Donald Trump.

Nur war Childs das genaue Gegenteil eines Visionärs wie Libeskind. Er verkörperte den Archetyp des hemdsärmeligen Pragmatikers, der besser mit Bauarbeitern, Tiefbauingenieuren und Baulöwen zurechtkam als mit Kulturfunktionären oder den Mitgliedern einer Wettbewerbsjury.

Für die Architekturkritiker war der Name Childs sowieso Synonym für kommerzielle Mittelmäßigkeit. Paul Goldberger hatte einst einen Essay über Urbanismus und Architektur mit den Worten begonnen: »So etwas wie einen David-Childs-Stil gibt es nicht.« Das war richtig. Allerdings sollte man dem vorausschicken, dass David Childs unter ganz anderen Bedingungen arbeitete als seine berühmten Kollegen. Die realisierten ihre Visionen zumeist mit eigenen kleinen Firmen. Die Firma Skidmore, Owings & Merrill, an der David Childs beteiligt war, verhielt sich mit ihren neunhundert Mitarbeitern zu diesen Büros ungefähr so wie die Entwicklungsabteilung von Opel zu den Sportwagendesignern von Modena. Die mochten den Glamour und den Ruhm genießen. Das Straßenbild bestimmten allerdings die Ideen aus Rüsselsheim.

Man sah dem hochgewachsenen Mann mit den kurzgeschorenen grauen Haaren an, dass er für Extravaganzen keinen Sinn hatte. Er trug weder teure Anzüge noch auffällige Brillen, begnügte sich an diesem Morgen mit beiger Hose und dunklem Konfektionsjackett. Hier in New York wirkte das für einen Mann in seiner Position schon auffällig bescheiden. Ein paar hundert Meilen weiter südlich, in Washington D. C., war das allerdings die Uniform der Männer, die hinter den Kulissen die Fäden in der Hand hielten. Und genau dort hatte er sich schon früh in seiner Karriere die Fähigkeiten erarbeitet, die ihn zum perfekten Chef von Ground Zero machten.

Gleich nach seinem Studium an der Yale School of Art and Architecture war David Childs 1971 in die Hauptstadt gegangen. Richard Nixon war zur der Zeit Präsident, und der hatte Daniel Patrick Moynihan, seinen Berater für Städtebau, damit beauftragt, mit der Washington Mall und der Paradenstrecke Pennsylvania Avenue die beiden zentralen Achsen der Stadt neu zu gestalten. Childs sah schon bald, dass sich architektonische Visionen beim Städtebau oft genug der Politik, der öffentlichen Meinung und der Geschichte unterordnen müssen. »Eines habe ich damals gelernt«, sagte er. »Wenn man in eine vorgegebene Situation springt, muss man sich aller Einflüsse rundherum bewusst sein. Wer in der Oper mitsingen will, der sollte auch die gleiche Tonart wie die anderen Sänger treffen.«

Achtzehn Jahre lang arbeitete er in Washington. Dort gestaltete er unter anderem die Constitution Gardens, jenen Teil der Washington Mall, der für Gedenkstätten reserviert wurde. Das Vietnam Memorial war damals das erste Denkmal dort, jene glattpolierte schwarze Mauer mit den Namen der Toten, die damals eine heftige Debatte auslöste. Childs wusste also nur zu gut, was alles passieren konnte, wenn Stadtplanung und Emotionen aufeinandertrafen. Immerhin hatte er auf der Pennsylvania Avenue selbst gegen den Vietnamkrieg protestiert.

Diese Umsicht war ihm geblieben. Jedes seiner Gebäude war die Summe der Kompromisse zwischen Funktion, Auftraggebern, Umfeld und Geschichte des Ortes. Für den Times Square entwarf er die amerikanische Konzernzentrale von Bertelsmann.

»Sie steht genau dort, wo sich Broadway und siebte Avenue in einer Art Schleife treffen«, erklärte er. »Deswegen musste die Spitze des Gebäudes so weit hervorstechen, damit der Rest des Times Square hier seine Balance finden kann.«

Beim Neubau für den Medienkonzern Time Warner am Columbus Circle, einem der wenigen Gebäude in der Stadt, die sich über zwei Straßenzüge erstrecken, versuchte er mit zwei Türmen die unterbrochene 59. Straße anzudeuten. Etwas weiter südlich soll an der 34. Straße die neue Penn Station entstehen, für den Childs das barocke Hauptpostamt als Grundelement benutzt, um dahinter ein hochmodernes Bahnhofsgebäude zu errichten, das von einem Gittersegel gekrönt wird. Damit hätte er schon drei der wichtigsten Punkte der Stadt mit seinen Arbeiten besetzt. Nur die Pläne für das neue Börsengebäude der New York Stock Exchange waren nach dem 11. September zu den Akten gelegt worden. Childs' Gebäude hatten nur eines gemeinsam: Keines sah wie das andere aus.

Doch was ihm als Mangel an eigenem Stil und visionärer Radikalität vorgeworfen wurde, kommentierte er trocken mit der Bemerkung: »Ich hab's nicht so mit den Moden.« Das hieß jedoch nicht, dass David Childs nicht für seine Ideen gekämpft hätte. Auf ein Detail beim Wiederaufbau des World Trade Center war er zum Beispiel besonders stolz. »Hier, sehen Sie«, sagte er und deutete auf seinem Holzmodell von Downtown Manhattan auf eine Furche, die sich quer durch die Straßen und Ground Zero bis zur Südspitze zog. »Das war einmal die Greenwich Street. Wie die meisten Straßen von Manhattan ging sie durch bis zum Wasser.« Und gehörte somit zu den markantesten Charakteristika der Insel – den Blickachsen, die das gitterförmige Straßennetz freigibt.

Wer einmal auf dem Times Square gestanden und von dort aus den Sonnenuntergang über dem Hudson River gesehen hat, weiß, wie so ein freier Blick auf die natürlichen Horizonte am Ende der Straßenschluchten die Wucht der Beton- und Stahlgebirge abfedern kann. »Das Word Trade Center hat die Greenwich Street allerdings jäh unterbrochen. Dadurch entstand eine visuelle und auch räumliche Blockade, die den Eindruck des Geländes als Fremdkörper noch verstärkte.«

Childs hatte Silverstein nun überredet, das Gebäude Nummer sieben zu verkleinern und so die einst verbaute Straße wieder freizugeben. Mit Erfolg. Für Silverstein war das ein großes Zugeständnis gewesen, schließlich zählte für ihn bei einhundertzwanzig Millionen Dollar Jahrespacht jeder Quadratmeter zukünftiger Bürofläche. Und er war seiner Meinung nach sowieso schon großzügig genug gewesen. Childs zeigte das anhand des neuen Grundrisses. Die gesamte »Area l«, auf der früher die Zwillingstürme standen, sollte ein Park mit Gedenkstätten und Museen werden. »Cultural Building«, stand auf diesen rot schraffierten Flächen. Für einen Mann, der mit seinem Grund Geld verdienen musste, war das finanzielles Brachland.

Als hätte Silverstein mit Libeskinds Plänen nicht schon genug Ärger gehabt. Denn so ganz durchdacht war der Grundriss und der Freedom Tower nicht. »Das erste Gebäude, das auf dem World Trade Center eröffnet, muss auf alle Fälle funktionieren«, sagte er. Und meinte damit, dass die Büroflächen vermietet werden und die Mieter auch zufrieden waren. Das dürfte allerdings nicht ganz einfach werden.

»Sehen Sie hier«, sagte er und zeigte auf die für den Turm vorgesehene Ecke ganz am Rand des Geländes. »Unter diesem Platz verläuft eine Eisenbahnstrecke nach New Jersey. Es wird sehr aufwendig, die Pfeiler für den Turm zu setzen, weil die Züge ja auch während der Bauarbeiten fahren müssen. Dann steht der Turm an einer Durchgangsstraße, auf der Taxis und Lieferwägen nicht halten dürfen. Außerdem ist der nächste U-Bahnhof viel zu weit weg.« Er zeigte mit dem Stift auf ein »Areal« auf der Ostseite des Geländes. »Hier wäre der Turm viel sinnvoller.« Dort gäbe es U-Bahnhöfe, Restaurants und Halteplätze für Taxis.« Er seufzte. »Aber nun wird Dannys Plan eben gebaut.« Er fügte eilig hinzu: »Und ich mag den Plan sehr gerne.«

Libeskinds Idee, für die Gedenkstätte die Dichtwand an der Westseite als Symbol für die Stärke der Nation stehenzulassen, hatte er ihm allerdings gleich ausgeredet. Die hätte dem Wasserdruck vom Hudson River nicht lange standgehalten. Libeskind war inzwischen auch nur noch einer aus einem Dreamteam von Stararchitekten, die unter der Leitung von Childs das Gelände bebauten. Ende September 2003 hatte Larry Silverstein auch noch Norman Foster, Fumihiko Maki und Jean Nouvel engagiert. Es gab ja neben dem Freedom Tower mindestens drei weitere große Gebäude zu gestalten. Wer welchen Turm bekommen sollte, war allerdings noch nicht entschieden. Lediglich der Architekt für das Gebäude Nummer sieben stand schon fest: David Childs selbst. Er deutete durch das Fenster – da stand es schon bis zum vierten Stockwerk.

Den Tower selbst wollte Childs zusammen mit Libeskind in den folgenden Wochen in Form bringen. »Wir sind gute Freunde«, beschrieb er die Zusammenarbeit höflich. Aber dann unterbrach er sich, weil er über seinen Einfluss auf den Freedom Tower eigentlich nichts sagen durfte. Die letzten Planungsphasen waren noch so geheim, dass er kurz vor dem Interview sogar die Zeichnungen und Pläne abgehängt hatte. Das Gespräch fand vor kahlen Wänden mit Tesafilmspuren statt.

Die Planungsphase zog sich dann doch noch länger hin. Erst am 19. Dezember 2003 wurde der Freedom Tower in seiner endgültigen Form vorgestellt. Childs hatte nicht untertrieben. Von Libeskinds Plänen waren lediglich der Lageplan und die Höhe übriggeblieben.

42nd Street, Ecke 8th Avenue
Glitter oder Glamour

Die Abscheu der New Yorker vor der sogenannten Corporate Architecture der heimlichen Superarchitekten wie David Childs war genauso Ausdruck jener Angst vor der Amerikanisierung New Yorks wie der pubertäre Hass auf große Ketten wie Starbucks und Gap oder die nostalgische Verklärung veralteter New-York-Ikonen wie den U-Bahn-Münzen, den blauweißen Polizeiautos oder den Graffittimalern in der Subway. Natürlich dachten nicht alle so. Die New Yorker Architekturkritik teilte sich beispielsweise in zwei Lager. Auf der einen Seite stand der Traditionalist Paul Goldberger, der für die Wochenzeitschrift *New Yorker* schrieb. Auf der anderen Seite Herbert Muschamp, der auf den Seiten der *New York Times* gerne Visionen feierte, die sich noch nicht bewährt hatten. Die exemplarische Debatte dieses Kulturkampfes trugen die beiden im Sommer 2003 über den Streit um ein neues Hotel im Theaterviertel des Times Square aus.

Spazierte man damals nach Sonnenuntergang die 8. Avenue von Manhattan entlang, konnte man über den Spitzen der Wolkenkratzer auf Höhe der 42. Straße ein neues Lichtspiel beobachten. Neue Gebäude fielen einem im New Yorker Häusermeer oft nur auf, wenn sie an Ecken standen, die einem auch wirklich vertraut waren. An einem Lichtspiel über den Wipfeln der Wolkenkratzer blieben jedoch die Blicke aller Passanten hängen.

Mitten durch die asymmetrischen fünfundvierzig Stockwerke aus rosa- und blaugetönten Spiegelflächen des neuen »Westin Hotel« zog sich da ein monumentaler Milchglasbogen, der sich in kurzen Schüben immer höher mit Licht erfüllte, bis ein Strahl durchs Dach in den Nachthimmel stach. Die Bewegung des Lichts erinnerte dabei ein wenig an die rhythmischen Fontänen, mit denen die Prachtbrunnen vor den großen Hotels in Las Vegas Blicke auf sich zogen, während man die Fassade mit den tropischen Farbtönen eher in der Welt der Poolterrassen von Florida vermutete.

Nun buhlen im Viertel um den Times Square Leuchtreklamen und Farbenmeere schon seit Erfindung der Neonröhre um die Aufmerksamkeit der Passanten, und Stararchitekten versuchten sich schon seit Beginn des zwanzigsten Jahrhunderts mit immer kühneren Wolkenkratzerentwürfen in der Skyline zu verewigen. Doch es gibt eine feine Grenze zwischen Glitter und Glamour, deswegen wirkte das »Westin« im urbanen Panorama von Manhattan ein wenig, als würde man während der Pause eines philharmonischen Konzertes eine Mariachikapelle aufspielen lassen. Vom traditionellen New Yorker Kulturbetrieb wurde solch visuelle Präpotenz auch sogleich mit Naserümpfen bestraft. So fragte Paul Goldberger im *New Yorker* schon in der Überschrift: »Ist dies das hässlichste Gebäude in New York?«, um dann auf drei Seiten darüber herzuziehen, was Bernardo Ford-Brescia und Laurinda Spear von der Firma Arquitectonica da für eine zickige, unzureichend durchdachte, prätentiöse Anbiederung an den schlechten Geschmack des Broadwaypublikums hingestellt hatten.

Er erinnerte an die Anfänge von Arquitectonica. Der Weltruhm der beiden Architekten beruhte nämlich auf einer einzigen

Arbeit: dem Atlantis, einem Gebäude mit luxuriösen Eigentumswohnungen an der Biscayne Bay von Miami. Der quadratische Bau mit der vier Stockwerke hohen Lücke in der Mitte, in der eine einzelne Palme steht, war im Vorspann der Krimiserie *Miami Vice* zur Ikone für den Florida Chic der achtziger Jahre geworden. Seither seien Ford-Brescia und Spear für Ruhm und dicke Aufträge zu viele Kompromisse eingegangen, um als Architekten wirklich ernst genommen zu werden, schrieb er. Auch wenn er einräumte, das »Westin Hotel« sei nicht der erste Wolkenkratzer, der sich Kritikerschelte dafür eingehandelt hatte, dass er aus dem Rahmen fiel. 1930 habe Lewis Mumford das Chrysler Building als »eine Reihe rastloser Fehler« beschrieben, zwei Jahre später habe George S. Chappell das McGraw-Hill Building als »nicht besonders gelungenes Kunststückchen« abgetan. Beide Gebäude galten später als architektonische Legenden und gehören heute zu den absoluten Sehenswürdigkeiten der Stadt.

Doch Goldberger bezweifelte, »dass die Geschichte das Urteil diesmal aufheben wird«. Das »Westin« sei weder seiner Zeit voraus, wie das McGraw-Hill Building, noch das heutige Pendant zu der »würdevollen Etüde in den Synkopierungen des Jazz-Zeitalters« des Chrysler Building. Es sei lediglich das vulgärste und aufdringlichste Hochhaus, das zu seinen Lebzeiten in New York gebaut worden sei.

Ein solch leidenschaftlicher Verriss verlangte nach einer Antwort. Und die kam prompt von Herbert Muschamp. Ohne Goldberger beim Namen zu nennen, nahm er dessen Text auseinander, bis von Goldbergers Ausführungen nur noch die bürgerliche Engstirnigkeit übrigblieb. »Ein Latinoruck geht durch die Skyline« lautete Muschamps Überschrift. Euphorisch erklärte er dann, was für einen wichtigen Schritt New York mit diesem Gebäude getan hatte. »Ob es einem gefällt oder nicht, das Gebäude markiert eine wichtige Verschiebung in der Geschichte des Geschmacks«, schrieb er. Das »Westin« habe bewiesen, dass sich die Kultur der Latinos, die sich in Kunstformen wie Musik, Film, Literatur und Tanz längst durchgesetzt und niedergeschlagen hatte, nun auch in der Architektur manifestiere.

Auch Muschamp zitierte aus Verrissen der Vergangenheit. Er erinnerte jedoch an die Kontroverse um den Umbau des »Summit Hotel« an der Lexington Avenue im Jahre 1961. Auch damals habe sich ein Architekt aus Florida den Zorn der New Yorker Architekturkritik zugezogen. Morris Lapidus aus Miami hatte dem Hotel mit eleganten Kurven, grünen und türkisfarbenen Kacheln eine tropische Note verliehen. Der Architekturkritiker Russell Lynes habe damals wenigstens die Selbstironie gehabt, den eigenen Dünkel zu thematisieren: »Was die Subkultur von Florida betrifft, sind wir New Yorker intolerante Snobs«, hatte der damals geschrieben. »Wir wünschten, dass sie außer ihren Pampelmusen und Orangen alles da unten für sich behalten würden und unser Nest nicht mit ihrem Geschmack beschmutzen. Unserer ist schlecht genug. Da brauchen wir keine Hilfe aus der Provinz.«

Und genau das, schrieb Muschamp, sei doch die Essenz von New York. Es könnte keine Frage sein, ob etwas hässlich war oder nicht. »Leute, schaut euch um«, feixte er. »Das ist New York. Wir leben in einer riesigen, hässlichen Stadt. Man kann hier sowieso nur leben, wenn man nicht zu viel Wert auf Schönheit legt. Aber das macht es doch so aufregend. Dafür, dass wir unsere Kultiviertheit aufgeben, bekommen wir eine Form von urbaner Lyrik, um die uns der Rest der Welt beneidet. Die Schönheit besteht eigentlich darin, ein Außenseiter zu bleiben. Und das ›Westin‹ ist das vollendete Außenseiterhotel.«

Beim ersten Besuch des »Westin«, schien sich Muschamps Theorie zu bestätigen. Elegante Menschen hatten sich in der Lobby auf den geschwungenen Ledermöbeln drapiert. Sie kleideten sich modern, aber nicht nach der gedeckten Mode der New Yorker, sie unterhielten sich lebhaft, aber nicht auf englisch, sie genehmigten sich einen Drink am Nachmittag, aber keinen klassischen Lunchmartini. Kniff man die Augen im gedämpften Licht der Niedervoltlampen zusammen, wähnte man sich zur Happyhour in São Paulo, Buenos Aires oder eben Miami. Und man hätte nichts lieber getan, als Herbert Muschamp recht zu geben. Hatte es die Bewohner des protestantischen Nordens ganz tief im Inneren nicht schon immer vor der barocken Emotionalität der mediterranen Kulturen gegraust? Geschah es den New Yorker Eliten nicht recht, wenn sie mit der veränderten Demographie ihrer Umgebung nicht nur im Straßen-, sondern auch im Stadtbild konfrontiert wurden? Symbolisierte das »Westin« nicht die Grundidee Amerikas, die Idee von einem Land von Außenseitern aus aller Welt, die hier einen gemeinsamen Nenner finden?

Doch gleichzeitig verkörperte es eben auch jene Entwicklung, die sowohl den Hoch- als auch den Subkulturen in New York seit gut zehn Jahren den Atem abschnürte. Das Hotel war das Ergebnis eines Wettbewerbes, den das »42nd Street Development Project 1995« ausgerichtet hatte. In der Sanierung der einstigen Sündenmeile hatte sich das Erbe von Bürgermeister Giuliani materialisiert: die Amerikanisierung New Yorks, das längst keine wunderbare Katastrophe mehr war, sondern vor allem das Epizentrum einer Wirtschaftskultur, die Kulturen zu konsumierbaren Planungseinheiten reduzierte. Die Strukturen der Megalopolis waren ihrer Funktionen beraubt und dienten als Kulisse für einen urbanen Vergnügungspark, der von der postindustriellen Dynamik der suburbanen Konsenskultur langsam, aber stetig von innen ausgehöhlt wurde.

So wie das »Westin Hotel« nun am westlichen Ende der Times Square Mall in der Skyline von New York stand, war es kein Brückenkopf für die Kultur des Südens. Die spielte hier letztlich eine ähnliche Alibirolle wie der mild gewürzte Fajitateller auf der Speisekarte im Steakhouse. In Wahrheit stand hier ein erstes Denkmal für Rudolph Giuliani. Zwei Amtszeiten lang hatte er den Triumphzug der Konsenskultur erfolgreich durch die Straßen von New York geführt. Mit dem »Westin Hotel« eroberte er nun im nachhinein auch noch den Luftraum.

Perry, Ecke West Street
Umzugsärger

Giulianis Erbe manifestierte sich allerdings nicht nur in der Architektur. Parallel zu den sinkenden Kriminalitätsraten stiegen die Preise auf dem Immobilienmarkt auf Rekordhöhen, an denen auch weder das Platzen der Dotcomblase noch der 11. September etwas änderten. Zwar lag New York 2003 nur auf Platz zehn der teuersten Städte der Welt, weit hinter Tokio, Moskau, Genf und London. Die East 57th Street war dafür die Straße mit den teuersten Ladenmieten der Welt. Im Geschäftsjahr kostete der Quadratmeter hier im Schnitt achttausendfünfhundert Dollar Jahresmiete. Für ein mittleres Ladengeschäft mit einer Gesamtfläche von fünfhundert Quadratmetern inklusive Lager-, Büro- und Toilettenräumen waren das über viereinhalb Millionen Dollar. Auf Platz zwei der Liste landeten die Champs-Élysées in Paris mit knapp über sechstausendsiebenhundert Dollar, auf Platz drei Hongkongs Causeway Bay mit rund fünftausend Dollar Jahresmiete pro Quadratmeter.

Bei Wohnungen sah es nicht viel besser aus. Der durchschnittliche Kaufpreis für eine Privatwohnung lag in New York um die sechshunderttausend Dollar, für eine Loftwohnung um die eineinhalb Millionen. Solche Statistiken zeichneten allerdings ein leicht verzerrtes Bild, da ein Großteil der New Yorker Wohnungen für europäische Verhältnisse unbewohnbare Löcher sind. Auf meiner letzten Wohnungssuche in Manhattan bekam ich im einstigen Alphabet City unter anderem ein Dreißig-Quadratmeter-Zimmer mit Bad, Kochnische und Blick auf einen Hinterhof angeboten, das der Vermieter mit zwei Rigipswänden aufgeteilt und deswegen als Dreizimmerwohnung für zweieinhalbtausend Dollar pro Monat vermieten wollte. Danach meldete sich eine Maklerin, die mir über Wochen hinweg ausschließlich Wohnungen zeigen wollte, die doppelt soviel kosteten, wie ich verdiente. Sie überbrachte mir schließlich die Sensationsmeldung, dass sie eine Hundert-Quadratmeter-Wohnung im West Village gefunden hatte, die meinen Preisvorstellungen entsprach. Das mit den hundert Quadratmetern stimmte, nur leider lag die Wohnung hinter den Mülltonnen des Mietshauses in einem Keller und hatte keine Fenster.

In New York haben selbst Millionäre und Superstars Schwierigkeiten, eine Wohnung zu finden. Als sich Madonna zum Beispiel im exklusiven San-Remo-Apartmenthaus am Central Park West eine Wohnung kaufen wollte, beschloss die Eigentümerversammlung, dass die millionenschwere Sängerin zu ordinär für ihre exklusive Gemeinschaft war, und sie musste sich mit einer Wohnung um die Ecke begnügen. Und Fußballstar Lothar Matthäus, der nach New York gekommen war, um dort für die Metro Stars zu spielen, jammerte, dass man in der Stadt nicht einmal für zwölftausend Dollar eine ordentliche Wohnung finden könnte. Er landete dann im Trump International am Columbus Circle. Dort hatte er zwar eine schöne Aussicht auf den Central Park, dafür bezahlte man dort eben für ein kleines Neubauapartment mehr Miete als für einen ganzen Gutshof in Deutschland.

In New York gibt es sogar eine ganz besonders luxuriöse Form der Obdachlosigkeit. Die erlebten der Medienmilliardär Rupert

Murdoch und der Modeschöpfer Calvin Klein Ende der neunziger Jahre fast gleichzeitig. Beide hatten sich von ihren Frauen getrennt. Beide zogen daraufhin in das soeben eröffnete »Mercer Hotel« in SoHo. Ein sehr hübsches, minimalistisches Hotel mit geschmackvollen Räumen und ein paar Loftsuiten, die spärlich mit dezent weißen Möbeln eingerichtet waren. Ein Jahr lang lebte Murdoch in so einer Suite, Calvin Klein noch etwas länger. Zu einem Preis von dreitausend Dollar pro Nacht. Der Hotelbesitzer André Balasz freute sich. Seine zwei Dauergäste finanzierten ihm buchstäblich die Hypothek für das Gebäude.

In New York war es auch sonst sehr ernüchternd, Superstars zu Hause oder in ihrem Büro zu besuchen. Calvin Klein traf ich ungefähr ein Jahr, nachdem er aus dem »Mercer Hotel« ausgezogen war, in seiner Firmenzentrale, einem Bürohaus in der 39. Straße. Es war kein sonderlich auffälliges Gebäude, sondern eine jener graubraunen Trutzburgen aus den dreißiger und vierziger Jahren, wie sie in Midtown Manhattan zu Hunderten stehen, mit einer schlichten Lobby und einem schmucklosen Aufzug. Calvin Klein residierte im zehnten Stock. Die Räume waren von fast anachronistischer Schlichtheit – rohe Betonböden, weiße Wände, schwarze Möbel. Strategisch plazierte weiße Lilien und gerahmte Schwarzweißfotos waren der einzige Schmuck. Selbst die Angestellten trugen durchweg Schwarz und Weiß.

Der Chef selbst arbeitete in einem unspektakulären Eckzimmer. Jalousien aus weißem Tuch sollten die gleißende Sommersonne hinter dem Schreibtisch abhalten. Neben dem kleinen Konferenztisch stapelten sich Modemagazine und Fotobände. Auch Calvin Klein wirkte, als hätte er das letzte Jahrzehnt in einem Reservat für Achtziger-Jahre-Stil verbracht. Er trug ein graues

T-Shirt, Jeans, ein schwarzes Jackett und weiße Socken zu schwarzen Slippern.

An seine Zeit im Hotel erinnerte er sich gar nicht gerne. »Da habe ich ja nur gelebt, weil sich meine Frau und ich getrennt haben und es einfach bequemer war, in ein Hotel zu ziehen. So ein Hotelleben ist natürlich sehr luxuriös. Der Room Service war hervorragend, das Essen war exzellent, und man bekommt zu jeder Zeit, was immer man will. Aber da habe ich auch erst erkannt, wie wichtig es ist, einen Ort zu haben, an dem man sich mit Dingen umgibt, die Teil von einem selbst sind. Auf Dauer ist es ziemlich deprimierend, in einem Raum zu leben, der nichts mit einem zu tun hat.«

Im Police Building, dem ehemaligen Polizeipräsidium an der Mulberry Street in Little Italy, war er gerade erst eingezogen. Es war inzwischen zu Stadtwohnungen für Models und Stars umgebaut worden. Aber auch dieses Domizil sollte nur vorübergehend sein. Calvin Klein hatte gerade eine neue Wohnung in dem Gebäude gekauft, das Richard Meier an der Perry Street gleich am Hudson River gebaut hatte. Die Bauarbeiten waren gerade erst fertig geworden. Zwei vierzehnstöckige Türme, ganz aus Glas, standen nun dort am Fluss. Neunzehn Millionen Dollar kostete die billigste Wohnung in dem Gebäude. Nicht schlecht für eine Glasschachtel direkt am achtspurigen Westside Highway.

In den oberen Stockwerken war der Blick allerdings phantastisch, und das in alle vier Himmelsrichtungen. Damit entsprach die Wohnung auch Calvin Kleins Vorstellungen von Luxus: »Der wahre Luxus ist in New York das Licht«, sagte er. »Deswegen wohne ich auch gerne weiter oben. In der Perry Street habe ich drei der oberen Stockwerke gekauft. New York ist einfach kein Ort, um in einem Townhouse zu leben. Häuser sind fürs Land oder den Strand, nicht für die Stadt. Da sind sie nur klaustrophobisch. Das war auch gar nicht so einfach, eine Wohnung mit gutem Licht zu finden. Im Village gibt es nur die alten kleinen Häuser, und das restliche Downtown besteht aus Fabrikgebäuden und Mietskasernen, die nicht gerade als großzügiger Lebensraum konzipiert wurden.«

Ganz normale Stars konnten sich so einen Luxus wie die Richard-Meier-Türme allerdings nicht leisten. Sebastian Junger, den Bestsellerautor und Starreporter des Hochglanzmagazins *Vanity Fair,* besuchte ich beispielsweise in einer kärglich eingerichteten Junggesellenbude in einem Tenement an der Rivington Street. Technostar Moby lebte in einem fünfzig Quadratmeter großen Miniloft in Little Italy, der Literat Jonathan Franzen in einer winzigen Zweizimmerwohnung an der Lexington Avenue, Punklegende Iggy Pop in einer Dreizimmerwohnung im Christadora Building am Thompkins Square Park. Rockstar Lenny Kravitz hauste nach vier Platten voller Hits immer noch in einem Loft an der Broome Street, das in Berlin schätzungsweise nicht mehr als fünfzehnhundert Euro Monatsmiete gekostet hätte.

Immobilienpreise waren zwar schon immer die Triebfeder städtischer Entwicklungen gewesen. Doch nirgendwo hängen kulturelle und gesellschaftliche Entwicklungen und die Verschiebungen auf dem Immobilienmarkt so stark zusammen wie in New York. Manchmal reicht schon ein einzelnes Gebäude, um die kulturelle Geographie zu verschieben.

Long Island City
Über den Fluss

Kurt Sattler ließ seinen Blick schweifen, als er den tiefblauen Betonblock in der New Yorker Vorstadt Queens betrat, der als vorübergehendes Domizil des Museum of Modern Art dienen sollte. Momente der puren Perfektion gibt es im Leben eines Architekten nur selten. Aber der Augenblick, in dem er zum ersten Mal ein fertiges Gebäude betritt, ist mit Sicherheit so einer. Die Arbeiter waren schon abgezogen, die Räume, frei von Nutzen, Einrichtung und Menschen, konnten ihre Wirkung in Reinform entfalten. Jetzt sollten sich die Ideen zum ersten Mal in der Realität beweisen.

Es war ein Kraftakt, der hier vollzogen worden war. Siebzig Jahre lang war das Museum of Modern Art an der 53. Straße von Manhattan der Nabel der modernen Kunstwelt gewesen. Doch der Platz war knapp geworden. Ein Teil der sechshundert Mitarbeiter war schon vor Jahren in umliegende Bürogebäude ausgesiedelt worden. Auch die Lagerräume waren zu eng – seit 1970 hatte sich die Sammlung des Museums von vierzigtausend auf einhunderttausend Gemälde, Skulpturen, Objekte, Zeichnungen und Fotografien vergrößert, die inzwischen auf zwölf Lagerhallen in der ganzen Stadt verteilt waren. Der Vorstand hatte schon ernsthaft darüber diskutiert, ob das Museum seine Sammeltätigkeit ganz einstellen sollte. Doch dann entschied man sich zum Umbau. Die Umsiedelung wurde mit militärischer Präzision geplant.

Immerhin wurden hier Milliardenwerte bewegt. Jeden Tag verschwanden hinter den Toren der Ladezone des MoMA neutral gekennzeichnete Lastwagen. Bewaffnete Wächter sicherten die Verladung. Anfahrtswege und Lieferungen waren Geheimsache. Nicht einmal die Fahrer sollten wissen, ob sie gerade Picassos, Warhols oder doch nur ein paar Stellwände transportierten. Beim MoMA Queens lieferten sie ihre Fracht dann hinter den Stahltoren der Laderampe ab.

Das Publikum sollte die dreijährige Auslagerung nicht als Kraftakt, sondern als erstes Kapitel eines Neubeginns wahrnehmen. »MoMA moves forward« lautete der Slogan auf den Broschüren für die Außenstelle in Queens. »Die Bewegung war von Anfang an das Motiv unserer Pläne«, sagte Kurt Sattler. Eine Bewegung, die schon mit unserer Anreise begann. Deswegen bestand er auch darauf, dass wir die U-Bahn nehmen.

Am U-Bahnhof des Times Square, der wie die meisten U-Bahnhöfe der Stadt nach den ästhetischen Kriterien eines Urinals gestaltet war, stieg man in die U-Bahn-Linie sieben. Der Seven Train war ein Zug, der vor allem die Armenviertel von Queens bediente. Gleich hinter dem East River stieg er aus den Tiefen des Untergrundsystems auf und fuhr weiter auf einem jener altmodischen Hochgleise, die in unzähligen Kriminalfilmen zum Symbol urbaner Härte verklärt wurden. Bevor der Zug später die Einwandererstraße Roosevelt Avenue überschattete und im Schwarzenviertel Flushing endete, zog er zunächst in scharfen Kurven über eine archaische Industrielandschaft, auf deren Hallendächern die verwaisten Gerüste früherer Werbetafeln wie Menetekel für das Ende des Industriezeitalters thronten. Hier begann jenes Niemandsland zwischen Großstadt und Suburbia, das Peter Rowe, der Direktor der Harvard School of Design, als

»Middle Landscape« bezeichnet hatte: »Ein desolater und unwirtlicher Raum, der sich ins Land erstreckt, ohne auch nur den Hinweis auf einen Mittelpunkt oder einen Abschluss. Was fehlt, sind vor allem die traditionellen Straßen einer Stadt, die ein öffentliches Leben möglich machen.« Ausgerechnet hierher, zwischen die Fabrik- und Lagerhallen, Parkplätze, Eisen- und Autobahnbrücken, sollte das Museum of Modern Art seine Besucher aus dem edlen Midtown Manhattan locken.

Doch es war keine unorganische Bewegung, die Kurt Sattler hier vollziehen musste. Längst gehörte es zu den ungeschriebenen Gesetzen der Großstadt, dass die Kultur dem Geld weichen musste. Nirgendwo vollzog sich das so dramatisch und so rasch wie in New York. Die etablierten Galerien und Museen hielten sich noch in Manhattan. Die Kunst selbst hatte den Schritt weg vom Zentrum längst vollzogen, hatte sich die alten Viertel von Brooklyn erobert und die Flussufer von Queens. Das MoMA war auch nicht die einzige Kunstinstitution am Westende von Queens. Dort war auch das P.S.1, jene umgebaute Schule, in der sich das Museum of Modern Art Experimente mit Ausstellungen junger und radikaler Künstler gönnt, das Museum of Moving Images, der japanische Steingarten von Isamu Noguchi und der Socrates Sculpture Garden.

Auf der Hinfahrt hatte Sattler auf die Lettern und Kürzel gedeutet, die in die Scheiben geritzt waren, weil die Stadt die Züge schon vor Jahren mit graffitifesten Emailleplatten verkleidet hatte. Sie verzerrten den Blick und trafen sich doch mit den monumentalen Schriftzügen auf den Mauern der Industriegebäude, begleiteten die Fahrt wie hieroglyphische Wegmarken. Dann, kurz vor der 33rd Street Station, tauchte zwischen den Rost-, Grau- und Brauntönen der Umgegend der tiefblaue Quader des

MoMA Queens auf. Weiße Schriftfragmente leuchteten auf den Luftschächten der Dachlandschaft, fügten sich zu den Lettern »MoMA« und lösten sich wieder auf.

Lange hatte es gedauert, bis dieser optische Effekt funktionierte. Immer wieder hatte Kurt Sattler vom Seven Train aus die Bewegung überprüfen und die Bautrupps anweisen müssen, die Luftschächte noch einmal zu versetzen, bis die Bewegung perfekt saß. Am Eingang zogen sich die Stufen dann erst nach links, eine Treppe fuhr daneben zum Zwischengeschoss. Der Architekt nahm die Stufen langsam, ließ jeden Schritt auf sich wirken. Am Kopfende öffnete sich das Foyer. Ein langgezogener Raum, über dem das Zwischengeschoss des zukünftigen Cafés schwebte. Ganz leicht nur öffnete sich der Raum, schloss in die Halle mit dem Kartenschalter ab, hinter dem sich parallel zum Foyer und zum Gang in die Ausstellungsräume schon der nächste Raum öffnete. Kurt Sattler war zufrieden. »Wie Kontraktionen« sollen die Besucher den schleifenförmigen Weg ins Herz des Museums wahrnehmen. Dann öffneten sich die Galerien, Hallen, die luftig und hell wirkten. Eine in sich geschlossene, stimmige Abfolge von Bewegungen vom Times Square bis zum Ausstellungsobjekt. Und sollten die Besucher erst am frühen Abend wieder auf den Queens Boulevard treten, auf diese unansehnliche Ausfallstraße unter den Hochgleisen des Seven Train, dann konnten sie entdecken, dass es sogar in der visuellen Wüste der Middle Landscape perfekte Momente geben konnte. Nach Westen öffnete sich eine der schönsten Blickachsen New Yorks. Entlang der Hochgleise sah man über den Monolithen der Citibank Queens, über die Netzstrukturen der 59th Street Bridge, über die Vereinten Nationen und die Art-déco-Nadel des Chrysler Building auf die letzten Strahlen des Sonnenuntergangs.

Jackson Heights
Alles ist erleuchtet

Es war nachvollziehbar, dass Jonathan Safran Foer nach Jackson Heights im New Yorker Bezirk Queens gezogen war. Nicht nur, weil der Schriftsteller dort in einem jener Apartmenthäuser wohnte, deren Parkettböden, Stuckaturen und gedrechselte Türrahmen ein wenig von der Herrschaftlichkeit europäischen Großbürgertums ausstrahlten. In Manhattan konnte sich so etwas kein Mensch mehr leisten. Schon gar nicht ein fünfundzwanzigjähriger Schriftsteller, der gerade seinen Magister der Philosophie an der Princeton University abgeschlossen hatte. Deswegen war Jonathan Safran Foer eben in das Einwandererviertel unter den Hochgleisen der U-Bahn-Linie sieben gezogen. Die halbe Million Dollar Vorschuss, die seine Agentin für seinen ersten Roman *Alles ist erleuchtet* ausgehandelt hatte, kam erst lange nach dem Umzug. Aber das war nicht der eigentliche Grund, warum es nachvollziehbar war, dass er hier lebte, sondern weil *Alles ist erleuchtet* über eine ganz ähnliche kulturelle Rückkoppelung funktionierte wie das Soziotop von Jackson Heights.

In Jackson Heights lebten vor allem Einwanderer, die erst seit kurzem im Lande waren: Mexikaner, Kolumbianer, Inder und Koreaner. Die hatten sich hier in kleinen Gemeinden eingerichtet, mit Tempeln, Kirchen, Lokalen und Geschäften. Dennoch hatten sie sich hier nicht ein Stück Amerika erobert. Vielmehr hatten sie ihre eigene Vorstellung von Amerika, die sie in den Städten ihrer Heimat entwickelt hatten, ins Ziel ihrer Träume reimportiert. Und so glich Jackson Heights eher den Einkaufsgegenden in den Arbeitervierteln von Guadalajara, Medellín oder Kalkutta. Mitten in New York hatten sich die Einwanderer eine exakte Kopie jener Stadtviertel der Dritten Welt aufgebaut, in denen Neonreklamen, sauber gefegte Fliesenböden und übervolle Schaufenster eine Illusion vom Wohlstand Amerikas erzeugen sollten.

Jonathan Safran Foer hatte in seinem Roman mit der Figur des Studenten Alex Perchov einen ganz ähnlichen Kultursprung vollzogen. Alex vermittelte diese freundliche Großspurigkeit, die Menschen an sich haben, für die ihre hochgesteckten Ziele und Träume lange vor ihrer Verwirklichung zur Realität gehören. Alex träumte von Amerika, und einen Teil seines Traums hatte er sich schon erkämpft – die Sprache. Doch genauso wie die Einkaufspassagen der Einwanderer von Jackson Heights das nebulöse Vorbild flüchtiger Fernsehbilder und ferner Erinnerungen widerspiegelte, gründete sich Alex' Sprache auf einer kruden Vorstellung des Englischen. Alex machte keine deutlichen Fehler beim Sprechen. Alles hätte so stimmen können. Aber es stimmte nicht. Er hatte sich die Sprache aus Sekundärmaterial zusammengesammelt, aus Büchern, Lexika und Fernsehfilmen.

»Seit Anthony Burgess' *Uhrwerk Orange* wurde die englische Sprache nicht mehr so brillant zerfetzt und mit Energie aufgeladen«, hatte Francine Prose über den Roman in der *New York Times* geschrieben. Der Schauspieler Liev Schreiber glaubte zunächst, das Buch stamme von einem ungefähr fünfundsiebzigjährigen, erfahrenen Autor. Doch wenn Foer dann vor einem saß, in grünem T-Shirt und Jeans, eine ovale Nickelbrille auf der Nase, das dunkle Haar in kurzem Schopf, wirkte er eigentlich immer noch wie ein Student.

Begonnen hatte Foer den Roman als Zwanzigjähriger. Auch er unternahm einer Reise in die Ukraine. Auch er wollte damals nach der Frau suchen, die seinem Großvater während der Besatzung durch die Nazis das Leben gerettet hatte. Aber damit endeten die Parallelen. »Ein kompletter Reinfall in jeder nur möglichen Hinsicht« war die Reise gewesen, wie er sagte. Und eines war ihm wichtig: »Das ist kein Holocaustbuch, auch wenn der Holocaust natürlich eine wichtige Rolle spielt«, sagte er. »Ich finde es schade, dass wir immer sofort an *Das Tagebuch der Anne Frank* denken, wenn wir von jüdischer Literatur sprechen. Das ist natürlich ein ganz wunderbares Buch, aber es gibt so viele Bücher, die voller Leben sind – von Philip Roth oder Saul Bellow zum Beispiel. Und was an meinem Buch jüdisch ist, ist eben in erster Linie ein bestimmter Humor, eine Art freundlicher Ironie.« Es war jedoch eine Ironie, die sich deutlich vom Zynismus von Autoren wie Bret Easton Ellis, Chuck Palahniuk oder T. C. Boyle abhob.

Bei all den Vorschusslorbeeren für *Alles ist erleuchtet* und einer Startauflage von vierzigtausend Exemplaren wäre es nun die logische Konsequenz gewesen, dass sich Jonathan Safran Foer als neuer Liebling der Literatur herumreichen ließ. Doch er hatte sogar auf eine Party für sein Romandebüt verzichtet. Er schrieb an einem zweiten Roman, ansonsten widmete er sich seinen Aktionen. Er sammelte zum Beispiel leere Manuskriptseiten von Autoren. Wo sonst, wenn nicht in New York, das mit seiner Konzentration an großen Verlagen und Agenturen zum Zentrum der amerikanischen Literatur und somit eigentlich auch der Weltliteratur geworden war. Ein streng liniertes, deutsches Buchhaltungspapier von Helen DeWitt hing da. Manuskriptbögen von Paul Auster, Siri Hustvedt, Susan Sontag und Richard Powers. Joyce Carol Oates hatte ihm eines ihrer Manuskriptblätter geschickt, die sie in der Mitte falzte, damit sie sich schneller füllten. »Mit dem hier fing es an«, sagte er und deutet auf einen Rahmen mit einem leeren Blatt Papier in der amerikanischen Standardgröße. »Das ist von Isaac Bashevis Singer«, sagte er. »Ein Freund von mir hat für seine Nachlassverwaltung gearbeitet. Die wollten all diese Stapel leeres Schreibmaschinenpapier wegwerfen. Neben der Schreibmaschine lag noch ein Block. Da habe ich mir das oberste Blatt abgerissen. Das wäre das Blatt gewesen, das er als nächstes beschrieben hätte.«

60 Thompson Street
Sound and Vision

Der freundliche junge Mann federte durch die Designerland-
schaft des Hotelfoyers und sagte lächelnd: »Mr. Bowie erwartet
Sie im siebten Stock.« Das spielte sich natürlich nicht in irgend-
einem Hotel ab, sondern im »60 Thompson«, jenem New Yorker Hotel, in dem New Yorker absteigen würden, wenn sie nicht
in New York leben würden. Ein elfstöckiger Neubau im Bou-
tiquenviertel SoHo, unaufdringlich, aber nach modernstem Geschmack gestaltet. Im Aufzug läuft elektronische Loungemusik,
und ganz oben gibt es eine Dachbar mit Blick über die ganze
Stadt. David Bowie wohnte nicht weit von hier mit seiner Frau
Iman und ihrer dreijährigen Tochter Alexandria Zarah Jones. So
ein modernes Designerhotel an der stilistischen Schnittstelle
zwischen Pop und erwachsenem Luxus passte ja auch zu einem
Sechsundfünfzigjährigen, der gerade sein sechsundzwanzigstes
Rockalbum produziert hatte und schon bald eine Konzerttournee durch die großen Sportstadien der westlichen Welt antreten
würde.

Meistens war es ein Fehler, einem Mythos im wahren Leben
zu begegnen, vor allem, wenn einen dieser Mythos durch die
frühe Jugend begleitet hatte. Warum sollte das bei David Bowie anders sein? Die Wahrscheinlichkeit, dass die Realität das
Wunschbild zu einer kleinen, faden Erinnerung reduzierte, war
relativ hoch. Ich hatte mir den Zauber durch die journalistische

Arbeit oft genug selbst genommen, hatte die Stars mit Fragen gelöchert, versucht, ihnen auf die Schliche zu kommen, und ganz selten hatte ich da den Eindruck, dass sich hinter dem großen Werk ein noch größerer Mensch verbirgt. Außerdem war ich mit vierzig Jahren einfach zu alt, um mich noch ernsthaft mit Rockstars zu unterhalten. Rockmusik funktioniert am besten, wenn man als Teenager drei Minuten lang das Gefühl hat, dass da einer war, der einen versteht.

1976 war ein gutes Jahr gewesen, um David Bowie zu entdecken. Da hatte er dieses ganze anzügliche »Ziggy Stardust«- und »Alladdin Sane«-Theater schon hinter sich. Später waren ihm seine Glamrockposen ja selber peinlich, vor allem dieser wohlfeile Spruch, er sei schon immer bisexuell gewesen, den er in einem Anfall von pubertärem Größenwahn einem Reporter vom *Melody Maker* ins Mikrofon diktiert hatte. Das hatte ihm damals den lebenslangen Ruf als androgyner Bilderstürmer sexuellen Rollenverhaltens eingebracht, der sich dann endgültig zementierte, als seine Ex-Frau Angie viele Jahre später in der Talk-Show von Joan Rivers die Legende in die Welt setzte, sie habe Bowie mal mit Mick Jagger im Bett erwischt.

Dabei hatte David Bowie ein Gespür für Zeitgeist und Lebensgefühl, das sich nicht bloß auf karnevalesken Sex reduzieren ließ. Nein, 1976 veröffentlichte er mit *Station To Station* ein Album, das die gesamten achtziger Jahre vorwegnahm. Es war minimalistisches Dandytum als Auflehnung gegen die erstarrten Ideologien. Die Mischung aus Synthesizer-Avantgarde und Funk bewies, dass es auch einen eigenständigen weißen Soul geben konnte. Die vieldeutigen Drogenreferenzen setzten der Sinnsuche ein Ende und ebneten dem Hedonismus den Weg.

Von alldem verstand ich als Teenager natürlich nichts. Da gab es nur diese dunkle Ahnung, dass es mit den Utopien und Horizonterweiterungen der elterlichen Hippiegeneration nicht so weit hersein konnte. Und es gab dieses grandiose Foto aus dem Nicholas-Roeg-Film *Der Mann, der vom Himmel fiel* auf dem Plattencover, mit dem ich schnurstracks zum Friseur marschierte, um ihm zu zeigen, wie er die langen Kinderhaare abzuschneiden hatte.

Kurze Zeit später zog Bowie nach Berlin und produzierte dort mit »Low«, »Heroes« und Iggy Pops »Lust For Life« den Soundtrack für den Teenage-Weltschmerz mitteleuropäischer Bildungsbürgerkinder. Er hatte es geschafft, der euphorischen Melancholie, die einen genialen Popsong ausmacht, einen intellektuellen Rahmen zu geben, der mit dem Spagat zwischen proletarischem Punk und verkopfter Avantgarde die Sehnsucht nach einem anspruchsvollem Hipstertum befriedigen konnte. Dazu kam, dass er der deutschsprachigen Jugend viel näher war als all die anderen Rockstars, weil einem dieses grau-düstere Berlingefühl viel vertrauter war als der ganze Glamour aus London, New York und Los Angeles. Und man musste nicht einmal die Texte verstehen. Er hatte es ja selbst formuliert, um was es in seiner Musik gehen sollte: »Sound and Vision«.

Das neue Album hieß nun *Reality*. Das klang weder besonders glamourös noch rebellisch, aber damit waren wir auch schon beim Thema. David Bowie öffnete die Türe zur Suite selbst. Er trug Turnschuhe, eine knittrige olivgrüne Hose, die sicherlich viel Geld gekostet hatte, ein ausgewaschenes schwarzes T-Shirt mit einem nichtssagenden Sportemblem und volles, aber kurzes Haar, unter dem ein Paar Koteletten hervorlugten. Das alles hätte man ihm nun als betont jugendlichen Auftritt auslegen können, aber so laufen tagsüber New Yorker jeder Altersstufe herum. Erstaunlich war dagegen sein drahtiger Yogakörper: Muskeln, aber kein Gramm Fett. Bowie besorgte Wasser aus der Minibar und setzte sich, ein Bein untergeschlagen, auf den Stuhl neben der Polstergruppe. Jetzt wäre eigentlich gleich die Frage nach *Reality* an der Reihe, aber der kam er gleich zuvor, weil er auf meiner Visitenkarte die Berufsbezeichnung »Korrespondent« erspäht hatte.

»Wissen Sie, was mit der Webseite des ›Project for the New American Century‹ passiert ist?« Das war der rechtskonservative Think Tank in Washington, dessen Mitglieder zusammen mit George W. Bushs Falken wie Dick Cheney, Paul Wolfowitz und Richard Perle schon vor Jahren die entscheidenden Strategiepapiere zur derzeitigen Außenpolitik geschrieben hatten. Es folgte eine kurze Unterhaltung über die Neokonservativen, Robert Kagans essayistische Europaverwünschung *Macht und Ohnmacht* und William Kristols Wochenzeitung *Weekly Standard*. Das alles hatte weder etwas mit David Bowies Werk noch mit seiner neuen CD zu tun, und auf den Einwand, ich würde zwar gerne die Tagespolitik diskutieren, es gehe jedoch eigentlich um ihn, sein Album *Reality* und New York, gelang ihm der Bogen dann selbst: »Es gibt so viele Realitäten, über die wir hier in Amerika nichts zu lesen bekommen. Man wacht jeden Tag mit der neuen Zeitung auf und bekommt dann nicht einmal eine Ahnung davon, was drüben in Europa oder im Nahen Osten passiert. Es sei denn, man macht sich die Mühe und liest im Internet Zeitungen aus anderen Teilen der Welt. Als Engländer sehe ich mir jeden Morgen als erstes den *Independent* und den *Observer* an, und dann vergleiche ich das dort Gelesene mit den Artikeln aus der *Washington Post* und der *New York Times*. Dann bekommt man so eine ungefähre Ahnung, was wirklich passiert.« Er schüttelte lachend den Kopf. »Passt doch, dass da jemand vor zehn Jahren das Wort ›virtuell‹ vor das Wort ›Realität‹ gesetzt hat. Das ist doch die perfekte Beschreibung unseres heutigen Lebens – wir leben in einer virtuellen Realität, vielleicht sogar in einer parallelen Wirklichkeit.«

Nun war am 11. September 2001 natürlich eine ganz brutale Wirklichkeit über David Bowies Wahlheimat New York hereingebrochen. Er war an diesem Tag gute hundert Meilen den Hudson River flussaufwärts in einem Landhaus bei Woodstock gewesen, wo er gerade seine letzte Platte *Heathen* aufgenommen hatte. Ausgerechnet. Als lebenslanger Kosmopolit hatte er sich dort oben sowieso schon fehl am Platz gefühlt. »Als das erste Flugzeug einschlug, war meine Frau downtown in unserer Wohnung, die wir ja auch deswegen gekauft hatten, weil sie einen so großartigen Blick auf das World Trade Center hatte. Sie fütterte gerade das Baby und konnte alles sehen. Als das zweite Flugzeug einschlug, haben wir schon telefoniert, und ich habe nur noch gesagt, dass sie sofort da rausmuss. Sie ist dann zu Fuß nach Uptown gelaufen, weil es keine Taxis gab.«

David Bowie hatte dann erst mal Panik erfasst. »Für mich war es deswegen so traumatisch, weil ich nicht nach New York zurückkonnte. Die Stadt war ja für die ersten vierundzwanzig Stunden komplett abgeriegelt. Und als ich dann endlich zurückkam, war unser Viertel mit diesen gelben Plastikstreifen abgesperrt, mit denen die Polizei sonst Tatorte versiegelt. Da stand ich dann, sie wollten meinen Pass sehen, der war allerdings in der Wohnung. Ein Polizist hat mich sogar erkannt, aber das hat nichts genützt.«

Iman musste ihm den Pass an die Straßensperre bringen.

In der Wohnung war alles mit einer dicken Staubschicht bedeckt. Aus dem Fenster sah er den Qualm über Ground Zero.

»Das hat mich schon ziemlich mitgenommen. Als Europäer ist man sich der Gefahren des Terrors ja eher bewusst, auch wenn ich damals nicht in London war, als überall die Bomben der IRA hochgingen. Die Amerikaner haben natürlich geglaubt, dass sie nun ihre Unschuld verloren hätten. Obwohl ich nicht genau weiß, was ein Land, das auf Sklaverei und Korruption gebaut wurde, mit Unschuld meint.«

Im ersten Song auf *Reality* sang David Bowie über den Blick auf Ground Zero und den Schock: »See a great white scar over Battery Park, then a glare glides over, but I won't look at that scar, oh my nuclear baby, oh my idiot trance, all my idiot questions, let's face the music and dance.«

Es sollte aber nun niemand auf den Gedanken kommen, *Reality* sei ein Album über den 11. September. Solche Platten überließ er den Fürsprechern der amerikanischen Volksseele wie Bruce Springsteen, Neil Young oder John Mellencamp. Die CD sollte nicht einmal ein New-York-Album sein. Natürlich hatten ihn Orte bei seiner Arbeit an Songs schon immer beeinflusst. »Momentan befindet sich New York in einer Art Übergangsphase«, sagte er. »Da herrscht noch eine vorsichtige Ängstlichkeit, die sich zu so einer Spannung entwickeln kann wie im Berlin des kalten Krieges. Allerdings musste man in Berlin nie wirklich um sein Leben fürchten. Man hatte mehr das Gefühl, in einem Gefängnis zu stecken. Hier herrscht jetzt eine ganz andere Art von Spannung. Dennoch war New immer ein grandioser Ort, um Songs zu schreiben.«

New York war allerdings auch immer ein grandioser Ort, um andauernd den Anschluss an Trends, Pop und die Jugend zu verpassen. In seinem neuen Song »She'll Drive the Big Car« beschrieb Bowie diese Stimmung und ortete dieses Ende der

Jugendlichkeit an einer Straßenkreuzung: »She'll drive the big car, he'll sit behind, bursting her bubbles of Ludlow and Grand.« Dazu mus man wissen, dass auf der Ludlow Street die Eroberung der Lower Eastsisde angefangen hatte. David Bowie wusste das. »Jaja, damals im ›Max Fish‹«, sagte er und lachte. Es wunderte mich, dass er als Rockstar eine leicht gammlige Künstlerkneipe kannte, die in erster Linie von den jungen Menschen frequentiert wurde, die er im Titelsong beschrieb: »Tragic youth was looking young and sexy, tragic youth was wearing tattered black jeans.« Inzwischen waren die Vorreiter der Szene allerdings längst weitergezogen, die meisten davon nach Brooklyn. Bowie nickte. »Dumbo scheint ja gerade zu so einem neuen Viertel zu werden. Ich kenne eine Menge Künstler, die sich dort in den alten Fabriken eingerichtet haben.« Die New Yorker in den zerrissenen schwarzen Jeans hätten ihn nun wahrscheinlich belehrt, dass die Lower Eastside längst von BWL-Studenten bewohnt wurde und Dumbo fest in den Händen der Immobilienhaie war. Aber den Einwand fegte er mit einem Lachen weg. »Die alte Avantgarde wird immer sagen, dass ja nichts mehr so ist wie früher, dass es keine ernst zu nehmenden Künstler mehr gibt und dass sich überall Cafés und Boutiquen eingenistet haben. Das mag ja für die Gegend, in der sie früher gelebt haben, stimmen, aber in New York wird es immer arbeitende Künstler geben. Die Gegenden verändern sich eben nirgendwo so schnell wie in New York, und die Künstler ziehen weiter.«

Dieses subkulturelle Nostalgie-Gejammer war ja auch nichts Neues. Das gab es schon, als Bowie gerade anfing, die Hippieszene zu erobern. »Ich erinnere mich noch, dass ich in den Sechzigern einen Artikel über irgendein Hippiefestival gelesen habe«, sagte er. »Darin stand ein Interview mit Jack Kerouac. ›Was für ein Scheiß‹, hat der geschimpft, ›diese Kids haben doch keine Ahnung, um was es wirklich geht.‹ Ich habe mir damals nur gedacht, o nein, der Mann ist eines meiner Idole, und jetzt macht er meine Generation so runter. Wir haben ihm doch alle nachgeeifert. Er hat uns überhaupt erst inspiriert.«

Erwischte er sich nie dabei, dass er nach drei Jahrzehnten als Rockstar die Jugendkultur betrachtete und sich dachte, dass die Kids keine Ahnung haben? Bowie lächelte. »Na klar. Ich zwinge mich dann allerdings immer dranzubleiben. Man findet immer etwas gutes Neues. Zugegeben – die Suche ist etwas schwerer geworden. Die Medien helfen einem dabei ja nicht gerade. Im Radio hört man kaum noch gute Songs. Es gibt viel zu viel kommerzielle, vorgefertigte Ware, die sich immer weiter aufbläst. Aber dann muss man sich eben die Mühe machen, herauszufinden, wer die guten neuen Bands sind, die guten neuen Autoren.«

Dann driftete das Gespräch auch schon zu seiner zweiten Leidenschaft, der Kunst. Er erzählte von Meret Oppenheim, von Balthus, Clive Barnes und Matthew Barney. Er fragte, was es denn im Brooklyn Museum of Art zu sehen gebe und ob dort auch neue Galerien aufgemacht hätten. Und er seufzte: »New York erfindet sich ja immer und ewig aufs neue.«

Montauk Point
Wo Amerika beginnt

Man konnte in New York leicht vergessen, dass man sich auf dem amerikanischen Kontinent befand. Das ging vor allem Europäern so, schließlich verkörperte New York ein kosmopolitisches Europa, das es in den Großstädten der alten Welt mit ihren verkehrsberuhigten Innenstädten, ihren Industriegürteln und endlosen Suburbias immer seltener gab. Und das war natürlich auch der Grund dafür, warum es die europäischen Großstädter vor allem nach New York zieht, wenn sie nach Amerika kommen. Dort führt der nächste Weg nach Amerika allerdings erst einmal nicht nach Westen, sondern rund drei Autostunden weit nach Osten, an den Montauk Point. Dort, wo jenes strenge, melancholische Amerika beginnt, das sich längst nicht mehr vom Glanz der nahen Stadt blenden lässt.

Wenn der Nordostwind, der im Herbst die Regenwolken und im Winter die Schneestürme bringt, von Kanada nach New York hereinbläst, verwandelt sich die See um die Landspitze des Montauk Point in einen Schlund aus dunkler Dünung und brodelnder Gischt. Vom Flugzeug aus kann man dann deutlich erkennen, wie der graubraune Landstumpf in die Brandung des Atlantik ragt. Für New Yorker auf dem Heimweg von Europa ist das nach den Eisfeldern von Labrador und den endlosen kanadischen Wäldern das erste erkennbare Zeichen, dass man nun bald zu Hause sein wird. Wie eine Leitplanke weisen die Strände

Long Islands von hier aus den Weg bis nach Brooklyn, und meist informiert der Copilot nun über das örtliche Wetter und die Uhrzeit.

Da draußen aber, wo der schwarz-weiß getünchte Leuchtturm steht, sieht man die Flugzeuge nur als winzige Silberstreifen am Himmel. Hören kann man sie bei so einem Wetter schon gar nicht, denn bei Nordostwind bauen sich die Wellen schon weit draußen zu meterhohen Walzen auf, die sich unten an den Felsen mit schwerem Donnern brechen. Der Wind hat die Felskuppe fast blankgefegt. Nur struppige Dornbüsche wachsen hier noch, durch die schmale Pfade zum Strand hinunterführen. 1974 wanderte Max Frisch hier mit der jungen Amerikanerin Lynn durchs Buschwerk, verbrachte ein melancholisches Wochenende mit seiner kurzzeitigen Geliebten, das er ein Jahr später in der Erzählung »Montauk« beschrieb.

Die Melancholie ist geblieben. Vorne am Klippenrand warnt das Nebelhorn mit seinem einsamen Ton vor der Mündung des Sunds von Long Island. Die Salzluft schmeckt scharf, als hätte man auf eines jener altmodischen Pfefferminzbonbons gebissen. Man bekommt das Gefühl, schutzlos auf dem äußersten Zipfel Amerikas zu stehen. Und wie man unten am Strand sehen kann, stimmt das sogar. Von der Erosion grotesk auf die Seite gekippt, klemmen zwischen den Felsen die verwitterten Betonunterstände, aus denen einst die Marinespäher nach Nazi-U-Booten Ausschau hielten.

An einem grauen Herbstnachmittag stand hier nur ein einsamer Surfer auf den Klippen, der zum Horizont hinausstarrte. Ein junger Mann mit blondem Haarschopf, der auf die Frage nach seinem Namen kurz »Derek« murmelte und einen schwarzen Gummianzug trug. Er war hier aufgewachsen, aber für die

Herbstwellen musste selbst er all seinen Mut zusammennehmen. Besonders hoch waren sie eigentlich nicht. Zwei, drei Meter vielleicht. Aber wenn die Ebbe begann, gegen die Dünung zu pressen, und sich die Wellen zu jenen grauschimmernden Hohlkehlen aufbauten, die man manchmal eine Viertelmeile weit abreiten konnte, dann überspülten sie auch die Felsblöcke am Fuß der Klippen, und eine tückische Strömung riss Ungeübte mit sich nach draußen.

★

Turtle Cove hieß die kleine Bucht gleich hinter dem Leuchtturm. Unter den Surfern hieß es, dort sei der beste Strand der Ostküste. Jeden Sommer drängten sie sich mit ihren Brettern auf dem schmalen Stück Strand. Dann ist das Dorf voll von braungebrannten Teenies und Twens in salzverkrusteten T-Shirts.

Zu viert, fünft und sechst teilen sie sich die Zimmer in einer der Holzbuden der Motels am Old Montauk Highway. Das »Beachcomber«, das »Breakers«, das »Briny Breezes«, das »Wavecrest« – die romantischen Namen sollen darüber hinwegtäuschen, dass man hier von Juni bis September für ein karges Motelzimmer weit über zweihundert Dollar bezahlt. New York ist nicht weit. Die einhundertzwanzig Highwaymeilen sind bei gutem Verkehr in drei Stunden zu schaffen. Und im Sommer, wenn in Manhattan der Teer auf den Straßen schmilzt und sich die Hitze wie in schweren, feuchten Klumpen in den Straßenschluchten festgesetzt hat, bezahlen die New Yorker gerne viel Geld dafür, um wenigstens für ein paar Stunden in den Dünen zu stehen und sich den Wind um die Ohren wehen zu lassen.

Viel Auswahl haben sie nicht. Zwischen der Stadt und dem Dorf liegen die endlosen Long-Island-Suburbias mit ihren tristen Stadtstränden. Dann kommen die Hamptons, die hysterischen Feriendörfer der Reichen. Beschauliche Orte voll hübscher Holzhäuser und Bungalows mit Hauptstraßen, über denen ein Sternenbanner weht. Doch die pittoreske Dorfidylle trügt. In den Ortskernen haben sich längst teure Ketten eingenistet. Da gibt es Barbourjacken von Ralph Lauren zu kaufen, Diamantschmuck von H. Stern, Handtaschen von Coach, und in der unscheinbaren Vered Gallery kann man für ein paar hunderttausend Dollar sogar Originale von Picasso, Chagall und Pollock erstehen. Hier gibt es keine Hotels mit Blick aufs Meer, und die Gemeinden verscheuchen Wochenendgäste mit Hundertfünfzig-Dollar-Strafzetteln von ihren Parkplätzen am Strand. Denn dort stehen die Villen von Calvin Klein und Steven Spielberg, die Country Clubs mit ihren manikürten Golfplätzen und die berüchtigten »Share Houses«, in denen sich sich die Aufsteiger von der Wall Street für viel Geld auf Matratzenlagern drängeln, nur um den Reichen und Berühmten am Wochenende ein wenig näher zu sein.

In den Hamptons manifestiert sich der amerikanische Traum vom großen Glück. In Montauk aber finden die New Yorker einen ganz anderen Traum: den Traum von Amerika mit ein wenig Pioniergeist und Grenzlanderfahrung. Sicherlich, auch hier kosten die Ferienhäuser hinter den Dünen schon eine halbe Million Dollar. Aber in den Boutiquen bekommt man höchstens bunte Ferienhemden und Plastiksandalen, die besten Lokale heißen »Shark Shack«, »Crow's Nest« und »Duryea's Lobster Deck«, und unten am Hafen riecht es ganz authentisch unappetitlich nach Diesel und Fisch.

Dort liegt ein Wald aus Masten und Ruten, die zu den bulligen Fischerbooten gehören. Sie bringen immer noch den Fischfang ein, nur in den Sommerwochen stehen die vierschrötigen Jungs mit den Südwesterhosen und den rotgeäderten Wangen in aller Frühe an den Piers und warten auf die Hobbyfischer. Die können dann mit Barry auf der »Venture«, mit Al auf der »Lil' Ocean Annie« oder Jack auf der »Windy« hinausfahren. Sie können mit den harten Seebären ein Bier trinken, sich in einem der Hochseefischersessel festschnallen oder ganz einfach mit einer Rute am Heck einklinken und auf das erste Zurren harren, das jenen Kampf ankündigt, in dem sich Stadtmensch und Natur für ein Weilchen aneinander messen. Es erscheint gar nicht so schwer. Die Hand auf der Rute, die Leine im Schlepp. Und wenn einer anbeißt, steht der Skipper parat. Einholen, lockerlassen, wieder einholen. Jetzt geht es darum, wer länger durchhält – Mann oder Fisch. Immer wieder reißt der Fisch mit einem Ruck an der Leine, so dass sich die Rute gefährlich nach unten biegt. Das kostet Meter und Minuten. Ein Ringen, das schon mal Stunden dauern kann, bis der Fisch zu schwach ist, sich weiter zu wehren, bis sein silbriger Leib neben dem Schiffsrumpf auftaucht, der Skipper mit dem Haken nachhilft und die zappelnden Pfunde auf Deck aufschlagen.

Ein Ferientraum: einmal einen Schwert- oder Thunfisch besiegen, so einen kräftigen Kerl, der sein Leben in den Wellen verbracht hat und doch kapitulieren muss vor dem Geschick und der Kraft seines Jägers. Und wer den Kampf verliert, der setzt sich am Abend an eine der Bars in den Hafenkneipen, lässt sich einen Teller Muschelsuppe bringen oder eine Semmel mit Hummersalat und Mayonnaise, trinkt ein Bier dazu und träumt vom einfachen Leben der Fischer, die ohne die Hemingway-Romantik der Touristen längst nicht mehr überleben könnten. Aber wen interessiert das schon, wenn der Sternenhimmel klar über dem Atlantik steht. Ein Anblick, den man in New York City schon seit fast seit hundert Jahren nicht mehr kennt. Und so waren es auch immer jene Prominenten, die des Glamours müde waren, die hier den freien Blick und die Ruhe suchten und nicht die Fortsetzung des ewigen Wettbewerbs, wie in den Hamptons. Der Fotokünstler und Großwildjäger Peter Beard hat hier ein kleines Steinhaus nicht weit vom Strand. Ein paar Dünen weiter wohnt Paul Simon. Der Maler Julian Schnabel hat sich in einem Schuppen ein Atelier eingerichtet. Und vor dreißig Jahren erstanden Andy Warhol und Paul Morrissey für zweihundertfünfundzwanzig Dollar das Anwesen der Church Estates, einen Komplex von fünf Holzhäusern aus den zwanziger Jahren, die der legendäre Architekt Stanford White gebaut hatte. Jackie Kennedy gehörte damals zu ihren Sommergästen, genau wie Halston, Liza Minelli, Liz Taylor, John Lennon, Mick und Bianca Jagger. Die Stones schrieben sogar einen Song, den sie nach einer der Strandherbergen benannten – »Memory Motel«. Auch wenn sich Peter Beard daran erinnert, dass er Mick nur einmal kurz in die Bar des »Memory Motel« am Highway führte, wo der damalige Besitzer den Rockstar mürrisch wissen ließ, dass er die Stones nicht leiden könne.

Seit Warhols Tod lassen sich die Stars nur noch selten hier blicken. Heute gehört Montauk wieder den Hobbyfischern und Surfern, den Familienurlaubern und Strandläufern, den Ehebrechern, die sich im »Montauk Manor« ein Zimmer nehmen, und den Ufo-Jägern, die oben am Leuchtturm nach Spuren des sagenumwobenen »Montauk Experiment« suchen.

Die sieht man hin und wieder am Turtle Cove. Es sind bleiche

Gestalten, die sich verstohlen in die Büsche schlagen. Glaubt man den Verschwörungstheoretikern, dann werden in den unterirdischen Tunnelnetzen der ehemaligen Luftwaffenstation Camp Hero heute immer noch jene unheimlichen Versuche duchgeführt, die ihren Anfang im Philadelphia Experiment nahmen und im berüchtigten H.A.A.R.P.-Projekt mündeten. Methoden zur Wetter- und Geisteskontrolle habe man hier entwickelt, geheime Geräte wie den Traumabtaster, den Verstandzertrümmerer und den Nullzeitgenerator. Militärwissenschaftler hätten hier in Montauk einen Zeittunnel gefunden, mit dem sie 1983 Versuchspersonen ins Jahr 1943 zurückschickten. Geheimdienstler arbeiteten hier mit Topwissenschaftlern und Altnazis zusammen.

Doch nicht nur irdische Forscher waren am Werk. In Montauk machten die Militärs gemeinsame Sache mit befreundeten Außerirdischen wie den Reptilwesen von Antares und Gesandten der Elohim, die mit Menschen experimentierten und von hier aus Schlachten mit Wesen vom Orion ausfochten. Viele Bücher gibt es dazu, vornehmlich in esoterischen und rechtsradikalen Verlagen.

Man muss gar nicht so weit laufen, um an den Maschendrahtzaun von Camp Hero zu gelangen. Offiziell ist hier immer noch Sperrgebiet, doch die Wachhäuschen sind längst verlassen. Viel ist nicht mehr übrig: ein paar Baracken und Nutzbauten aus der Zeit, als der riesige Radarschirm der Basis über die Ostküste wachte, ermauerte Zugänge zu Bunkern. Wer weiß? Vielleicht lauern dahinter ja immer noch die furchtbaren »Reptoids« auf menschliche Probanden.

★

Drüben an den Klippen war Derek an jenem Nachmittag dann doch in die Wellen gestiegen. Aufrecht saß er auf seinem Brett, warf sich plötzlich auf den Bauch, paddelte, bis ihn der Schub des Brechers nach vorne katapultierte. Zielsicher kurvte er in die Klippen, bis er sich mit einem Schwung über den Wellenkamm in Sicherheit brachte. Ich sah ihm zu, wie er hinausschwamm, ins bleiche Licht der Dämmerung. Hinter dem Horizont versank langsam die Sonne, und dahinter wartete schon die Stadt. Jede Welle war jetzt noch ein Aufschub des unvermeidlichen Endes. In genau dieser Stimmung begann schon Max Frischs Erzählung. »Sein Flug ist für Dienstag gebucht«, stand dort. Das beschrieb eine ganz andere Sehnsucht als den amerikanischen Traum. Ein paar Meilen weiter westlich glaubt man vielleicht an die Grenzenlosigkeit. Doch die findet hier draußen erst einmal ein Ende.

Riverhead Raceway
Demolition Derby

Man konnte leicht vergessen, dass New York City die Südspitze eines Bundesstaates bildet, in dem man einige der ärmlichsten Landstriche des Landes findet. Eine Provinz, die einem als Europäer finster, fremd und exotisch erscheint. Eine derbe Welt mit eigenartigen Ritualen. Und einer der seltsamsten Bräuche von allen ist das »Demolition Derby«, das nicht weit von New York erfunden wurde.

Die Regeln des Demolition Derby sind denkbar einfach. Ein bis zwei Dutzend schwerer Straßenkreuzer fahren in einer Arena so lange ineinander, bis sich nur noch ein einziger aus eigener Motorkraft bewegen kann. Für ein Startgeld von zehn Dollar darf jeder antreten, der seinen Wagen von Plastik, Glas und allem, was sonst noch splittern kann, befreit und die Türen zugeschweißt hat. Wer nicht mindestens alle sechzig Sekunden einen Blechschaden verursacht, wird wegen Feigheit disqualifiziert, allerdings scheidet auch aus, wer einem anderen lebensgefährlich in die Fahrertüre rauscht.

Mir hatte Frankie von diesem Derby erzählt. Er trug einen ölverschmierten Overall und die Werbemütze eines Herstellers für Auspuffanlagen und behandelte mich als Großstädter und Europäer gleich als zweifachen Idioten. »Hast du kapiert, was ich sage?« Mein Schweigen quittierte Frankie mit einem belustigten Rasseln seiner Bronchien und der beruhigenden Versicherung: »Da gibt es nichts zu kapierten.« Frankie packte bei den Demolition Derbys auf Long Island als Mechaniker mit an. Er arbeitete für seinen Kumpel Joey, der seine wulstige Figur gleich durch die Fensteröffnung des achtundsiebziger Chrysler Imperial zwängen würde, um in die erste Runde des Riverhead Demo Derby zu gehen, nach der Frankie die zerbeulte Karosserie und das verbogene Chassis auf der Wiese hinter den Tribünen so lange mit dem langstieligen Vorschlaghammer bearbeiten würde, bis die Karre wieder fuhr. Die meisten Wagen beim Demolition Derby waren solche schweren Achtzylinder aus den siebziger Jahren. Die hielten einfach mehr aus als die Plastikschüsseln aus den Windkanälen der letzten beiden Jahrzehnte.

Seit den fünfziger Jahren trafen sich die Demolition-Derby-Fahrer jeden Sommer in der Provinz, zum Beispiel in Riverhead auf Long Island, in den Dörfern des Mittelwestens und des Südens, in der Wüste von Utah oder im kalifornischen Ventura County auf Rennstrecken, Kirmes- und Rodeoplätzen, um ihre präparierten Wagen zu Schrott zu fahren. Das war kein Sport für Memmen und auch keiner für die Massen. Demolition Derby rangiert im Ansehen nur wenig vor den Schweinerennen und Kraftproben für Traktoren bei den sommerlichen Landwirtschaftsmessen. Weswegen die Derbys nicht einmal auf den obskuren Sportsendern im Kabelfernsehen übertragen werden.

Die gut zweitausend Zuschauer, die an diesem Samstagabend die Freilufttribünen um das Asphaltoval des Riverhead Raceway besetzten, scherte das nicht weiter. Sie hatten ihre eigenen Champions, auch wenn die jenseits der Landkreisgrenzen keiner kannte. Sie trugen Namen wie Westernhelden: »Slim Jim«

Donaldson, »Irish Mike« O'Keefe, »Hot Rod John« Montecalvo. Den größten Applaus bekam Bob »Whiplash« Genovese aus Farmingdale, der schon seit dreizehn Jahren Long-Island-Derbys fuhr und viermal Meister geworden war.

Der rundliche Mann mit dem Schnauzbart und der blauen Bandana um den Kopf, der den amerikanischen Begriff für Schleudertrauma als Spitznamen trug, schlüpfte recht behende durch das Fenster seines sechsundsiebziger Chevy Wagon, auf den er mit weißer Farbe die Startnummer vierundvierzig und den Namen seines Sponsors »Quality Auto Body Shop« gesprüht hatte. Mit kurzen Tritten aufs Gaspedal ließ er die acht Zylinder warmlaufen, die sich ohne Schalldämpfer vom sonoren Blubbern bis zum Gebrüll eines Düsentriebwerks steigerten. Das war das Signal für die anderen Fahrer, ihren Maschinen ebenfalls ein Maximum an Dezibel zu entlocken. Für Sekunden schien eine Wetterfront aus Lärm über die Wiese niederzugehen, gegen die sich das Geheul von Formel-1-Wagen wie das Kläffen hysterischer Schoßhunde ausgemacht hätte.

Die Fahrer gingen in Position. Mit dem Kühler nach außen stellten sie sich entlang der Bande auf. Der Ansager zählte den Countdown, das Publikum fiel ein. Bei »Drei« war schon nichts mehr zu hören. »Slim Jim« eröffnete den Kampf. Mit Anlauf setzte er seinen roten Chevrolet Kombi in das Heck eines blauen Fords, das sich zusammenknüllte wie Schokoladenpapier. Dafür schob ein beigefarbener Chevy Impala »Slim Jim« mit Wucht in vier verkeilte Wagen.

Der Impala stieß zurück. Die Kollision hatte ihn den rechten Vorderreifen gekostet. Das Heck hatte sich keilförmig aufgebeult. Mit schwerem Rechtsdrall schlitterte er über den Asphalt. Funken sprühten von der Felge. Doch der Impala nahm trotz der Behinderungen Geschwindigkeit auf, zielte und raste Heck voran in die Front von »Irish Mike«. Dem platzte der Kühler, aus dem eine weiße Dampffontäne in den Nachthimmel schoss.

Von der Erlebnisqualität konnte das Demolition Derby mit jedem Heavy-Metal-Konzert mithalten. Der Motorenlärm ließ das Brustbein vibrieren. Es roch nach verbranntem Gummi. Die pyrotechnischen Effekte mochten ungeplant aus den Wagen stieben, der Kitzel blieb der gleiche. Doch zum Spektakel kam hier auch noch die ungebremste Lust an der Zerstörung. Das waren keine Posen. Beim Demolition Derby gab es keinen Applaus für Geschick, sondern für den, der mit größter Wucht und Scheppern in das Blech des Gegners rammte.

Wer hier nach einem tieferen Sinn suchte, war fehl am Platz. Dabei befanden wir uns an diesem Samstagabend an einem historischen Ort. Tom Wolfe hatte 1964 im Sonntagsmagazin der *New York Herald Tribune* die Ursprünge des Demolition Derby auf dem Riverhead Raceway, gut fünfundsiebzig Meilen östlich von Manhattan, beschrieben: Im Sommer 1958 wurde der achtundzwanzigjährige Stock-Car-Rennfahrer Lawrence Mendelsohn während der zehnten Runde um den Islip Speedway von seinem Hintermann zwölf Reihen weit in die Tribüne hinaufbefördert. Niemand kam zu Schaden. Dafür schien sich kein Mensch mehr für das Rennen zu interessieren. Im Nu umringten Schaulustige den Schrotthaufen, und eine Idee war geboren. Warum, so fragte sich Mendelsohn, sollte man den Zuschauern bei Autorennen nicht bieten, auf was die meisten eigentlich insgeheim warten? Einen ordentlichen Unfall. Noch besser – gleich ein paar Dutzend ordentlicher Unfälle. Und so begann er auf dem nahe gelegenen Riverhead Raceway allwöchentlich gut einhundert Fahrer in den neuen Sport einzuweisen, die die nach den regulären Rennen ausgemusterten Straßenkreuzer zu Schrott fuhren.

Auch an diesem Samstag hatte das Publikum schon gut drei Stunden regulärer Autorennen hinter sich. Der Applaus überschlug sich allerdings erst, als »Wild Man« Jimmy Hubble als letzter mit den Resten seines Buicks über die Rennbahn rutschte. Die Stock-Car-Fahrer mit ihren dreißig- bis vierzigtausend Dollar teuren, zu Rennwagen frisierten Serienwagen bewunderten sie. Sie waren die wahren Gladiatoren, die sich nicht hinter komplizierten Regelwerken versteckten wie Footballspieler und nicht hinter ausgeklügelten Choreographien wie die Kämpfer des Schauringens im Fernsehen.

Demolition-Derby-Fahrer riskierten in ihren Schrottwagen die gesamte Palette orthopädischer Verletzungen. Das Preisgeld konnte die Motivation dafür nicht sein, denn bei den Hauptgewinnen sind fünfhundert Dollar die Norm. Ein derbytauglicher Wagen kostet meist um die zwei- bis dreihundert Dollar. Für die meisten Fahrer ist das viel Geld. »Slim Jim« arbeitete auf einem Schrottplatz, »Irish Mike« verdingte sich als Abschleppfahrer, und »Hot Rod« asphaltierte tagsüber Straßen. Dort wird Arbeit noch in Stundensätzen bezahlt.

Nein, die Derbyfahrer stiegen stellvertretend für ihr Publikum in den Ring. Das bestand zu hundert Prozent aus jener benachteiligten Mehrheit im Land, die sich immer mehr als Minderheit fühlte: der weißen Unterschicht. Jenem Teil Amerikas also, der wegen des stetig sinkenden Lebensstandards im Land eine ohnmächtige Wut hegte, die viel zu selten ein Ventil fand. Für die meisten von ihnen war der amerikanische Traum schon immer ein leeres Versprechen gewesen. Kein Wunder, wenn sie mit anarchischer Lust dabei zusahen, wie die Derbyhelden das teuerste aller Konsumgüter mit Brachialgewalt zerstörten.

Am Ende der dritten Runde hatten die Fahrer den Riverhead Raceway in ein dampfendes Trümmerfeld verwandelt. Frankie hatte die letzte Runde vom Zaun aus beobachtet. Er hatte Joeys Imperial trotz heftiger Schläge gegen die verbogene Achse nicht mehr flottgekriegt. »Wild Man« Jimmy Hubble blieb an diesem Abend Sieger. Stolz nahm der seinen Pokal entgegen. Den größten Applaus bekam trotzdem Bob »Whiplash« Genovese. Auch wenn sein Wagen in der Endrunde schon früher aufgegeben hatte – er hatte die besten Kollisionen geliefert, bei denen sich die Blechplatten aufbäumten, die Kabel und Innereien wie Eingeweide aus den Wagen quollen und das Öl wie Blut über den Asphalt spritzte. Und darum ging es doch in Wahrheit.

Land's End
Wo der amerikanische Traum beginnt

Mit seinen melancholischen Küstendörfern und seiner nihilistischen Landbevölkerung passt das Umland so gar nicht zu einer Stadt, die für den Rest der Welt den Fluchtpunkt des amerikanischen Traums darstellt. Aber für die New Yorker selbst liegt das Ziel ihrer Sehnsucht viel näher. Die Fahrt zum Fluchtpunkt des amerikanischen Traums dauert nicht einmal halb so lange wie der Weg nach Montauk oder Riverhead. Auch hier führt der Weg zunächst in den Osten. Bei gutem Verkehr braucht man von Manhattan für die knapp fünfundzwanzig Meilen nicht einmal eine dreiviertel Stunde. Man fährt über die 59th Street Bridge, dann auf dem Northern Boulevard immer weiter nach Osten, biegt bei Manhasset links ab, bis die Vorgärten der bürgerlichen Einfamilienhäuser mannshohen Hecken weichen, hinter denen die Familien des amerikanischen Geldadels auf ihren Anwesen leben. Dort, wo sich die Straße im Schatten mächtiger Bäume schließlich verjüngt, führt die Hoffstots Lane nach rechts. Von links weht nun die salzige Luft des Sund von Long Island durchs offene Fenster, von rechts der frische Duft von Nadelhölzern. Das Gezwitscher der Vögel wird nur gelegentlich von einem Möwenschrei unterbrochen. Und dann steht man vor dem weißen Gatter, hinter dem F. Scott Fitzgerald in seinem Roman *Der große Gatsby* 1925 den Mythos des modernen amerikanischen Traums begründete.

»Land's End« steht auf dem Schild geschrieben. Das Gatter öffnet sich. Man rollt über den geteerten Weg am Pförtnerhaus vorbei, an den Stallungen und Gesindehäusern, und dann sieht man auf dem Hügel schon jenes Anwesen, das Fitzgerald wie folgt beschrieb: »Ihr Haus war sogar noch weitläufiger, als ich es erwartet hatte. Eine freundliche rote und weiße Kolonialvilla mit Blick über die Bucht. Der Rasen begann am Strand und zog sich eine Viertelmeile bis an die Vordertüre, sprang über Sonnenuhren, gepflasterte Wege und blühende Gärten. Die Fassade wurde von einer Reihe französischer Fenster durchbrochen, die das goldene Licht widerspiegelten, weit offen für den warmen, windigen Nachmittag.«

Es hat sich seither kaum etwas verändert in »Land's End«. Der überdachte Pool ist neu, doch die über zwanzig Zimmer sind immer noch mit der Eleganz altehrwürdigen Reichtums möbliert. Links neben dem Haus weht am weißgestrichenen Fahnenmast das Sternenbanner. Unten im Sund ziehen Segelboote und Yachten ihre Bahnen. Die Auffahrt schwingt sich um ein Rund voller Rosenbüsche und Blumenrabatten. Ein Schäferhund schleicht über die Veranda. Fünfzig Millionen Dollar kostete das Anwesen, als es vor einigen Jahren versteigert wurde. Viel Geld für eine betagte Kolonialvilla, auch wenn fünf Hektar exklusivstes Land dazugehören. Doch wer »Land's End« ersteigerte, der gelangte an jenes Ziel, das Jay Gatsby, der literarische Stellvertreter des amerikanischen Unternehmergeistes, bis zu seinem Tode verwehrt blieb.

Es war vor allem seine unerfüllte Liebe zu Daisy Buchanan, die Gatsby dazu trieb, seinen Reichtum wie ein eitler Pfau zur Schau zu stellen. Doch sein Geld war neues Geld. Schnöde zusammengeraffte Dollars, mit denen er die Kluft zu jener Welt der

Buchanans nicht überbrücken konnte, in der sich nicht nur das Vermögen über Generationen akkumuliert hatte, sondern auch das Wissen, mit dem Reichtum würdevoll umzugehen. Gatsby lebte in einem protzigen Schlösschen, die Buchanans auf einem altehrwürdigen Anwesen, für das Fitzgerald »Land's End« zum Vorbild nahm.

»Land's End« ist das Symbol für jene Kluft geblieben, die sich bis heute durch die amerikanische Gesellschaft zieht. Was sich damals an der North Shore von Long Island abspielte, wiederholt sich heute gut sechzig Meilen weiter östlich in den Hamptons. Dort giert das aufgeregte neue Geld nach der gelassenen Ruhe der Eliten.

Bis in die vierziger Jahre hinein waren die Hamptons nicht mehr als eine Ansammlung verschlafener Fischerdörfer zwischen West Hampton und Montauk, in denen sich ein paar reiche New Yorker ihre Sommerhäuser bauten. Es gab einen jener elitären Country Clubs, den »Maidstone Club«, einen weitläufigen Gebäudekomplex hinter den Dünen von East Hampton, zu dem ein Golfplatz, Tennisplätze und ein Salon gehörten, in dem sich die Herren bei Brandy und Zigarre über die Börsenkurse unterhielten. Doch die Aufnahmebedingungen waren so restriktiv wie die Auflagen für Immobilienverkäufe der Gegend: keine Farbigen, keine Juden, keine »alleinstehenden Herren«, wie Homosexuelle in feineren Kreisen verschämt genannt wurden, und keine Entertainer.

Doch mit dem Zweiten Weltkrieg kamen die vertriebenen Künstler nach New York: Max Ernst, Marcel Duchamp, Fernand Léger und die Kunstsammlerin Peggy Guggenheim. Gerald und Sara Murphy, die das Dunes-Anwesen gleich neben dem »Maidstone Club« besaßen, kannten viele der Exilanten aus ihrer Zeit in Paris und luden sie ein, der drückenden Sommerhitze von New York City zu entfliehen. So etablierten sie die Hamptons fast nebenbei als Kolonie der Kreativen. Die Sommergäste der Murphys zogen nach dem Krieg eine ganze Reihe prominenter Künstler und Autoren in die Hamptons. Maler wie Jackson Pollock, Willem de Kooning, Larry Rivers, Jasper Johns und Robert Rauschenberg richteten sich in Sommerhäusern und Scheunen Ateliers ein. Die Literaten des *Paris Review* um George Plimpton und Peter Matthiessen verbrachten ihre Sommer hier. John Steinbeck kaufte sich ein Haus in Sag Harbor und verwendete das Dorf als Setting für seinen Roman *The Winter of Our Discontent*.

Später folgten die Stars der Pop Art. Andy Warhol zog sich von den Exzessen in seiner Factory nach Montauk zurück, Roy Lichtenstein baute sein Studio in Southampton auf. Heute noch arbeiten hier Künstler wie Julian Schnabel, Ross Bleckner oder Peter Beard. Robert Wilson gründete sein Water Mill Center, in dem er die meisten seiner Inszenierungen entwickelt.

In der Boomphase der achtziger Jahre folgten die Superstars aus Pop, Film und Mode. Steven Spielberg kaufte sich eine ehemalige Farm an der West End Road. Billy Joel und Paul Simon bezogen prächtige Villen. Calvin Klein richtete sich eine Villa direkt am Strand komplett in strahlenden Weißtönen ein, und Donna Karan zog sich in ein Anwesen hinter dem versteckten Barcelona Beach zurück.

Den Künstlern, Genies und Superstars folgte schon bald das große Geld nach. Industriekapitäne wie der Medienmogul Steve Ross und Edgar Bronfman, der Chef des Seagram-Konzerns, wurden wie magisch von der Aura der Kreativen angezogen. Für sie waren die Künstler und Stars die Halbgötter der amerikanischen Meritokratie, hatten sie ihre Macht und ihren Reichtum doch nicht durch Finanzgeschick und eine gehörige Portion Rücksichtslosigkeit erlangt, sondern durch Genius und Ideen.

In der New Yorker Hautevolee gehörte es bald schon zum guten Ton, während der Sommersaison zwischen dem Memorial Day im Mai und dem Labour Day im September eine Residenz in Strandnähe zumindest anzumieten. Unter der Ägide des findigen Maklers Allan Schneider explodierte in den achtziger Jahren der Immobilienmarkt. Die Anwesen im begehrten Teil südlich des zweispurigen Highway 27 waren schon bald nicht unter fünf Millionen Dollar zu haben. Um ein standesgemäßes Sommerhaus mit Swimmingpool, mindestens sechs Schlafzimmern und Meerblick zu ergattern, muss man für die Saison gut einhunderttausend Dollar Miete, für Spitzenobjekte bis zu einer halben Million hinlegen. Nicht ganz so wohlhabende Hausbesitzer ziehen für die Sommermonate oft in weiter abgelegene Wohnungen und erzielen mit der Miete einen guten Teil ihres Jahreseinkommens.

Im Vorwort zur autorisierten Fassung des Fitzgerald-Romans schreibt der Literaturwissenschaftler Matthew Bruccoli: »Der große Gatsby verkündet nicht den edlen Geist der Menschheit; er ist nicht politisch korrekt. Er ist ganz einfach nur ein Meisterstück.« So ähnlich verhält es sich mit den Hamptons. Der besondere Zauber von Long Island erschließt sich nicht sofort. Die Ortschaften mögen liebliche Dörfer sein, mit schmucken Hauptstraßen, gepflegten Gärten und weißgetünchten Kolonialgebäuden. Solch hübsche Orte gibt es auch in Neuengland. Die Landschaft ist eher karg und erinnert mit ihren Dünen und struppigen Büschen an die Nordsee. Es gibt keinen Glamour wie in St. Tropez oder in Monte Carlo, keine atemberaubenden Landschaften wie auf Capri oder in San Remo. All die Prominenz, all der Reichtum verbergen sich hinter geradezu protestantischer Schlichtheit. Doch wer den Exzess verteufelt, die endlosen Schlangen von Luxus- und Sportwagen, die an jedem Wochenende den Highway 27 entlangschleichen, wer sich darüber echauffiert, dass er im Delikatessengeschäft »The Barefoot Comtessa« für ein Fischbrötchen zwölf Dollar bezahlt und im Country Store von Ralph Lauren für einen schlichten Pulli gute tausend, der hat die Hamptons nicht verstanden.

Nein, politisch korrekt ist diese Gegend beileibe nicht. Als Bill Clinton noch Präsident war, ließ er im »Maidstone Club« ankündigen, dass er an einem Sonntag im Sommer Golf spielen wollte. Nun kann nicht einmal der »Maidstone Club« dem Präsidenten eine Runde auf dem Golfplatz verwehren. Doch ausgerechnet an jenem Sonntag sollte das traditionelle Sommerturnier stattfinden, das in über hundert Jahren nicht einmal verschoben worden war. Die Not war groß. Bis ein politisch findiges Maidstone-Mitglied darauf kam, den Beratern des Präsidenten die politisch nicht ganz korrekten Verhältnisse im »Maidstone« zu schildern. Ob es sich der Präsident denn leisten könne, in einem Club zu spielen, der bekannterweise bis heute kaum Juden und Farbige aufnehme. Der Hinweis genügte. Bill Clinton buchte um. Statt im »Maidstone« spielte er an diesem Sonntag im »Atlantic Golf Club« von Bridgehampton, den schwerreiche jüdische Industriekapitäne 1992 gegründet hatten, weil sie bis heute aus dem Zirkel der Hampton WASPs ausgeschlossen bleiben.

Doch wer die Hamptons wirklich verstehen will, der sollte zunächst einmal eine Sommerwoche zwischen den Wolkenkratzern von Midtown Manhattan verbringen. Er sollte sechzehn Stunden am Tag arbeiten und nur vier bis fünf Stunden schlafen. Dann sollte er sich am frühen Abend des Freitags in einen jener Geländewagen setzen, die weniger das große Abenteuer simulieren, als auf dem Highway das Wohnzimmer ersetzen sollen. Er sollte sich in den Business-Class-Sessel hinter dem Steuer lehnen und spüren, wie ein leichter Druck aufs Gaspedal die vier Tonnen Stahl mit der Kraft eines Sportwagens beschleunigt. Er sollte sich K.D. Langs Song »Summer Fling« anhören, in dem es heißt: »The smell of Sunday in our hair, we ran along the beach with Kennedy flair.« Dann sollte er sich am Nachmittag in einen Swimmingpool legen, an einem Martini nippen, dem Vogelgezwitscher lauschen und über die blühenden Rhododendronbüsche hinweg in den azurblauen Himmel blicken. Später sollte er sich Sandalen überstreifen und zum Strand hinuntergehen, wo die untergehende Sonne die karge Dünenlandschaft in orangefarbenes Licht taucht.

Der schlichte Frieden mag teuer sein. Aber hier können die Reichen, Schönen und Berühmten unter ihresgleichen bleiben. Doch inzwischen ist auch der Rest des Landes neugierig geworden, was da jeden Sommer am Ostende von Long Island vor sich geht. Mehrere Dokumentarfilmer haben sich am Paradies der High-Society versucht. Allen voran Barbara Kopple, die für ihre Filme über Minen- und Fabrikarbeiter mit zwei Oscars ausgezeichnet wurde. Doch selbst sie hat es nicht geschafft, die Hamptons zu erklären. Vier Monate hatte sie gedreht und war doch nur an der Oberfläche geblieben.

Vielleicht taugte der Blick einer engagierten Dokumentaristin nicht für diese exklusive Welt. Da kam sie letzten Sommer mit ihrem Team in den Nachtclub »Tsunami«, konzentrierte sich auf das junge Partyvolk, auf das offensichtliche Klischee der Exzesse. Junge Börsenmakler, die sich zu dreißig ein Sommerhaus teilen, auf Matratzenlagern schlafen, nur um dabeizusein, am Strand der Meritokraten, gierige Mädchen auf der Suche nach reichen Männern und lüsterne Burschen auf der Pirsch. Sie hatte vor allem die Disco-Hamptons entdeckt, die mit dem neuen Geld der neunziger Jahre entstanden. Eine vulgäre Welt, die im Skandal um Lizzie Grubman kulminierte, eine reiche Tochter, die sich als Presseagentin für Nachtclubs und Popstars verdingte. Die setzte in einem Wutanfall vor der Disco »Conscience Point« ihren Mercedes-Geländewagen in eine Menschenmenge, hinterließ bei ihrer Fahrerflucht mehr als ein Dutzend Schwerverletzter und landete als Prototyp der verdammenswerten Nouveaux Riches landesweit in den Schlagzeilen.

Nein, als die amerikanische Fernsehnation die Dokumentarserie *The Hamptons* einschaltete, bekam sie nur die neueste Generation junger Aufsteiger zu sehen, die wie Jay Gatsby vor den ewig verschlossenen Türen der Eliten ihre prahlerischen Feste feierten. Und sie begriffen nicht, warum die Hamptons so wichtig waren. Als Ziel aller Anstrengungen und Ambitionen in New York waren sie der wahre Fluchtpunkt des amerikanischen Traums, Ziel der kollektiven Sehnsucht. Nur ein Ziel, das unerreichbar blieb, konnte Menschen dazu treiben, ihr Bestes zu geben, nach vorne zu sehen und ihr Glück zu suchen. Denn nicht Ruhm, Reichtum und Macht, sondern genau diese Suche nach Glück war schon immer die Essenz des amerikanischen Traums.

Brooklyn Queens Expressway
Kleine Geographie der großen Stadt

Während ich die letzten Zeilen dieses Buches schreibe, hat sich die Hitze wieder wie ein schwerer, feuchter Klumpen zwischen den Häuserzeilen verfangen. Das Empire State Building zeichnet sich wie eine Fata Morgana gegen den gelblichen Dunst der Sommernacht ab, und in den kommenden Tagen wird Bürgermeister Bloomberg die New Yorker wohl wieder ermahnen, genügend Wasser zu trinken und körperliche Anstrengungen im Freien zu vermeiden. Allerdings rauschen vor meinem Fenster jetzt die Blätter der Eschen und der Ahornbäume, die tagsüber einen kühlen Schatten über die Front der Brownstonehäuser werfen, denn auch ich bin vor zwei Jahren dem Exodus aus Manhattan gefolgt und lebe nun in Brooklyn.

Nach vierzehn Jahren in Manhattan litt ich bei der Vorstellung, umziehen zu sollen, kurzzeitig unter geographischen Verlustängsten: Ich würde die klassische New Yorker Vorwahl 212 verlieren und meine New-York-City-Adresse aufgeben müssen. Ich fühlte mich an eine Kurzgeschichte erinnert, in der David Sedaris von seiner Zeit als Möbelpacker erzählt: »Kundschaft, die die Insel für Astoria in Queens oder Cobble Hill in Brooklyn hinter sich ließ, machte immer eine gute Miene, aber man spürte jedes Mal dieses untergründige Gefühl der Niederlage.«

Die Furcht vor dem geographischen Abstieg hielt allerdings nicht lange vor, und das nicht nur, weil inzwischen fast alle

Freunde und Bekannten in die Außenbezirke gezogen sind. Manhattan ist zur Insel der Superreichen und Transitpassagiere verkommen, denn alle anderen können nur dann auf Dauer dort bleiben, wenn sie sich schon vor dem Immobilienboom der achtziger Jahre ein Haus oder eine Wohnung gekauft haben.

Außerdem hatte ich in Brooklyn immer öfter Erlebnisse wie bei meinem ersten New-York-Besuch vor fast genau zwanzig Jahren. Damals glaubte ich, in New York ein Stück altes Europa gefunden zu haben, das um vieles europäischer war als meine eigene Heimat. Hier in Brooklyn fand ich nun unzählige Teile von jenem New York wieder, das mich damals so gefesselt hatte.

Ich lebe in Carrol Gardens, dem alten Italienerviertel, und hier blüht noch das New-York-Idyll. Vorne an der Court Street stand heute mittag ein Feuerwehrwagen vor der Eisdiele, aus dem ein Schlager von Frank Sinatra schallte, während die Mannschaft Limoneneis aß. Auf der Smith Street hat der Biergarten wieder geöffnet, der sich nach dem stinkenden Kanal ein paar Blocks weiter »Gowanus Yacht Club« nennt und vorwiegend von jungen und meist tätowierten Nachbarn besucht wird, die dort Dosenbier und Burger bestellen. Und am Westrand des Viertels, der eigentlich Red Hook heißt, gibt es immer noch ein paar Landebrücken, an denen beispielsweise die Frachtlinie nach Haiti ablegt. Hier herrschte früher die International Longshoremen's Association über die Hafenanlagen, die gleich um die Ecke noch immer ein Seemannsheim unterhält und Vorbild für die Mafia in Elia Kazans *On The Waterfront* war.

Diese Herrschaft hat mein neues Viertel über ein Jahrhundert lang geprägt. Nur ein paar hundert Meter südlich von meiner Straße hat Al Capone 1918 in der Kirche St. Mary Star of the Sea seine Braut Mary »Mae« Coughlin geheiratet. Der damals neunzehnjährige Capone war in den Slums hinter den Brooklyn Navy Yards aufgewachsen. Seit seiner frühen Jugend hatte er sich als Laufbursche für den lokalen Mafiaboss Johnny »The Fox« Torrio verdingt. Die Gangster von Brooklyn verdienten ihr Geld mit Schutzgelderpressungen, Glücksspiel und Zuhälterei rund um den Hafen. Mit der Prohibition eröffnete der Alkoholschmuggel allerdings plötzlich eine Einkommensquelle, die noch viel mehr Profit versprach. Gleich nach dem Alkoholverbot eröffnete Torrio in Chicago die ersten illegalen Kneipen. Capone folgte seinem Boss schon bald nach seiner Hochzeit in den Mittleren Westen. Der Rest ist Geschichte.

In Montero's Bar an der Atlantic Avenue hängen heute noch die Andenken der Seefahrer und Hafenarbeiter – Buddelschiffe, Rettungsringe und Seekarten. Seefahrer jedoch lassen sich hier längst nicht mehr blicken, und auch die Hafenarbeiter sind nach New Jersey gezogen.

Flüchtig betrachtet ist Brooklyn gerade in jener Phase, die Manhattan in den siebziger und achtziger Jahren durchlaufen hat. Die traditionellen Industrien mussten weichen, nun hält die Kultur Einzug. Und die macht die eigentliche Qualität des neuen Brooklyn aus. Auch das erinnert an das alte Manhattan: all die Künstler, Musiker, Theatergruppen und Nachtclubs, die in den endlosen Nischen und Ecken der »Middle Landscapes« von Brooklyn, Queens und der Bronx neuen Platz finden.

Als das Brooklyn Museum vor ein paar Wochen wiedereröffnet wurde, war sie wieder zu spüren, diese trotzige Stimmung, jene Mischung aus Neugier, Dissidenz und Aufbruch, die das New York der sechziger, siebziger und achtziger Jahre geprägt hatte, als die Stadt noch die Impulse vorgab und nicht nur die Preise bestimmte. Ganz Brooklyn hatte sich da versammelt, das ganze Panoptikum der New Yorker Archetypen – Literaten im Tweedjackett aus Brooklyn Heights mischten sich mit afrozentrisch gewandetem schwarzen Bildungsbürgertum aus Fort Greene, kunstvoll verschlampten Bohemiens aus Williamsburg und zerzausten Althippies aus Park Slope.

Nun gibt es nur wenige Orte auf der Welt, deren Bewohner einen so leidenschaftlichen Lokalpatriotismus pflegen wie in Brooklyn. Hier, so sagten sie schon immer, leben die wahren New Yorker, die echten Einheimischen, die schon seit Generationen in der Stadt sind und nicht nur für ein paar Jahre aus der Provinz hierherkommen, um im Durchlauferhitzer von Manhattan schnell Karriere zu machen und dann wieder in die familienfreundlichen Vororte zu ziehen. Brooklyn mit seinen zweieinhalb Millionen Einwohnern sei eigentlich die viertgrößte Metropole der USA, heißt es meist schon zur Begrüßung. Der südöstliche Zipfel von Long Island hat allerdings einiges an Minderwertigkeitskomplexen wettzumachen: 1898 wurde die Hafenstadt Brooklyn per Verwaltungsakt zum Außenbezirk von New York City degradiert, und von da an ging es fast hundert Jahre stetig bergab.

Talent und Geld ließen sich von den Lichtern der Großstadt über den East River nach Manhattan locken. Brooklyn, vom Schriftsteller Irwin Shaw schon in den dreißiger Jahren als »Friedhofsbezirk« belächelt, wurde zur Schlafstadt für Einwanderer, Arbeiter und Kleinbürger. Dann wurden die Docks und Werften geschlossen, die Schwarzen- und Einwandererviertel verkamen, und Brooklyn wurde zum Synonym für Gangster, Gewalt und Gettoelend. Daran konnten auch Schriftsteller wie Truman Capote und Arthur Miller oder Filmemacher wie

Martin Scorsese und Spike Lee nichts ändern, die den Bezirk in ihren Werken verklärten.

Für viele war die Neueröffnung des Brooklyn Museums im Frühjahr 2004 ein Schlüsseldatum, auch wenn sie betonten, dass damit kein künstlicher Wendepunkt in der Geschichte des Stadtteils markiert werde, wie ihn der Vorstand des Museum of Modern Art in der maroden Industrielandschaft von Queens inszenierte, sondern dass die Eröffnung den vorläufigen Höhepunkt einer Entwicklung bilde, die schon dreißig Jahre zuvor begonnen hatte. Damals war die erste Welle der Bildungsbürger von Manhattan nach Brooklyn gezogen. Dort konnte man in den ehemals prächtigen Bürgerhäusern entlang der baumgesäumten Straßen ebensogut Familien aufziehen wie in den Vororten, ohne dabei auf die urbane Umgebung verzichten zu müssen. In Brooklyn Heights und Park Slope entstanden die ersten Kultur-Enklaven, die sich bald in alle Richtungen ausbreiteten. Giulianis Säuberungsaktionen, der Dotcomboom und die damit einhergehende Amerikanisierung von Manhattan initiierten dann in den neunziger Jahren die zweite innerstädtische Völkerwanderung. Die junge Boheme zog nach Williamsburg und Dumbo, die Bildungsbürger gingen nach Cobble Hill und in die Gegend um den Prospect Park.

Weil es sich in Brooklyn aber nicht nur wegen der niedrigeren Mieten, sondern auch wegen der weitläufigen Strukturen etwas entspannter lebt als im komprimierten Manhattan, bleibt hier Platz für ebenjene Neugier, Dissidenz und Aufbruchstimmung, die eine lebendige Kulturlandschaft ausmachen. Wer hingegen in Manhattan arbeitet, kann sich keine Fehler erlauben. Das Leben ist zu teuer, um auch nur einen Tag zu verlieren. Weil es keine nennenswerte Subventionskultur gibt, kann Neues nur aus einer Bohemekultur entstehen. Die aber hat es schwer in einer Zeit, in der Dissidenz verdächtig und Affirmation lebensnotwendig geworden ist. Da heißt es dann: keine Experimente. Dabei hatte in den Jahren nach den Anschlägen des 11. September niemand so viel Grund für einen gerechten Zorn auf die Regierung, die Kriege und den Lauf der Geschichte wie die New Yorker.

★

Seit den Anschlägen dient New York der neokonservativen Machtclique um George W. Bush und Dick Cheney als Faustpfand ihres ideologischen Extremismus. Kein Argument wirkt so emotional wie die Todesgotik der Fassadenreste des World Trade Centers, die aus den qualmenden Trümmern von Ground Zero ragen. Genau dieses Bild nutzte George W. Bush für seinen ersten Fernsehspot, den sein Wahlkampfteam gleich nach dem »Super Tuesday« in den Vorwahlen der Demokraten schaltete. Da sah man New Yorker Feuerwehrmänner bei einer Bergung auf Ground Zero. Der alte Haudegen des New Journalism Jimmy Breslin schrieb in seiner Kolumne für *New York Newsday* daraufhin: »Mit seinem ersten Wahlkampfspot hat sich George Bush auf das niederste Niveau begeben und die Toten angepöbelt.«
Bush, Cheney und ihre ideologischen Weggefährten gehören genau zu jener Sorte Konservativer, die ihren ureigenen Hass auf die urbane Gesellschaft pflegen. Für diesen Hass war New York schon immer das exemplarische Ziel. Richard Nixon brachte die republikanischen Ressentiments gegen die Stadt am Hudson auf den Punkt. »Gott verfluche New York«, hört man

ihn auf einem der Watergate-Tonbänder von 1972 poltern. Die Stadt sei voll von »Juden und Katholiken und Schwarzen und Puertoricanern«. Nixon fand, in New York herrsche »das Gesetz des Dschungels, in dem manche Dinge einfach nicht überleben. Vielleicht sollte New York nicht überleben.«

Sein Nachfolger Gerald Ford setzte die Ressentiments in die Tat um, als er New York 1974 während der Wirtschaftskrise finanziell verhungern ließ, was ihm die legendäre *Daily-News*-Schlagzeile »Ford to City: Drop Dead« einbrachte. Dreißig Jahre später zitierte die Wochenzeitung *Nation* Mitte April 2004 das legendäre Titelblatt für einen Essay des New Yorker Reporterveteranen Jack Newfield, der unter der Dachzeile »Bush to City: Drop Dead« eine zornige Tirade auf die Doppelmoral der Bush-Regierung im Umgang mit seiner Stadt losließ.

Obwohl New York nach den Anschlägen auf das World Trade Center in den Jahren 1993 und 2001 mit Sicherheit die Stadt mit der höchsten Terrorgefahr ist, hat die Bush-Regierung ihren Anteil am Budget des Amts für Heimatschutz kontinuierlich reduziert. Im ersten Haushalt des Amts Anfang 2003 war von dem für sieben Städte veranschlagten Budget von fünfhundert Millionen Dollar noch ein ganzes Viertel für New York reserviert. Ein knappes Jahr später waren es weniger als sieben Prozent. Pro Kopf der Bevölkerung rangierte der Bundesstaat New York damit auf Platz neunundvierzig – hinter so spärlich besiedelten Provinzstaaten wie Wyoming, Montana und North Dakota. Für jeden New Yorker waren fünf Dollar und achtundsiebzig Cent vorgesehen. Im Heimatstaat des Sekretärs für Heimatschutz Tom Ridge entfielen auf jeden Bürger von Pittsburgh mehr als fünfunddreißig Dollar, in Florida, wo George W. Bushs Bruder Jeb das Amt des Gouverneurs bekleidet, hatte der

Haushalt für Miami über zweiundfünfzig Dollar pro Bürger vorgesehen. Gleichzeitig bat die New Yorker Feuerwehr um Unterstützung aus Washington, um neue Funkgeräte anschaffen zu können, sowie um zweihundertfünfzig Millionen Dollar für neue Technologien zur Terrorabwehr. Die New Yorker Polizei bat um zweihunderteinundsechzig Millionen. Zugeteilt wurden lediglich sechzig Millionen für beide Behörden zusammen.

Doch die Heimatschutzzahlen waren erst der Anfang. Die Bush-Regierung veranlasste Haushaltskürzungen für Mietzuschüsse – mit der Folge, dass schätzungsweise zehntausend Haushalte ihre Wohnung verlieren würden. Die Gesundheitsreform brachte fünfundvierzig Krankenhäuser an den Rand des Ruins. Und das in einer Stadt mit neununddreißigtausend Obdachlosen, in der mehr als eineinhalb Millionen Einwohner und ein Drittel aller Kinder unter der Armutsgrenze leben.

Angesichts dieser menschenverachtenden Politik war es der Gipfel des Zynismus, New York auf dem Höhepunkt der Wahlen zur emotionalen Erpressung der Wähler einzuspannen. Anstatt ihren Parteikongress wie üblich im Sommer zu veranstalten, verlegten die Republikaner diesen Beginn der letzten Wahlkampfphase auf die Woche vor dem dritten Jahrestag des 11. September – im Madison Square Garden im Herzen New Yorks.

Aber noch hatte die feindselige Washingtoner Politik der Stadt nicht geschadet. In der alljährlichen Kriminalstatistik für die zweihundertsechzehn amerikanischen Städte mit mehr als hunderttausend Einwohnern rangierte New York auch in den Jahren nach dem 11. September auf Platz Nummer einhundertsiebenundneunzig, unter den fünfundzwanzig größten Städten des

Landes sogar auf dem letzten Platz. Trotz Massenarbeitslosigkeit profitierte der boomende New Yorker Immobilienmarkt davon, der im Frühjahr 2004 bei den durchschnittlichen Kaufpreisen für eine Zweizimmerwohnung mit einer Million Dollar einen neuen Rekordstand erreichte.

Das heißt nicht, dass New York zur reinen Geldstadt und Sicherheitszone verkommen wäre. Nach wie vor spielte die Kultur eine wichtige Rolle, nur wurde sie nun nach den neuen New Yorker Maßstäben gemessen, wie sie beispielsweise das New Yorker Center for an Urban Future ein Jahr nach den Anschlägen in einer Studie veröffentlichte. Unter dem Titel »Der kreative Motor – wie Kunst und Kultur das wirtschaftliche Wachstum in den Vierteln von New York City befeuern« wies diese Studie nach, dass es in der New Yorker Kulturindustrie über hundertfünfzigtausend Arbeitsplätze gab, rund zweitausend Kulturorganisationen und zweitausend kommerzielle Kulturbetriebe und dass die Künste ein entscheidender Anziehungspunkt für die rund fünfunddreißig Millionen Touristen sind, die in New York alljährlich um die vierzehn Milliarden Dollar ausgeben. Das sind selbst für eine Stadt wie New York, die mit vierhunderteinundsechzig Milliarden Dollar ein größeres Bruttosozialprodukt erwirtschaftet als Länder wie Holland, Taiwan oder Argentinien, keine unerheblichen Zahlen.

Allerdings waren bereits im Sommer 2004 die ersten Anzeichen der urbanen Krise zurückgekehrt: Den Washington Square Park hatten sich die Dealer zurückerobert. Dreister geworden, tätigten sie ihre Geschäfte unmittelbar unter den digitalen Augen der Polizeikameras. Auch die Obdachlosen waren wieder da und saßen auf den Luftschächten und in den Hauseingängen; mit ihren Behausungen aus Pappkartons und Einkaufstüten hatten sie sich bis zum Rockefeller Center vorgearbeitet. Zurückgekehrt war auch der finsterste Archetyp der New Yorker Urbanfolklore – der »Mugger«. Straßenräuber, Taschendiebe und Einbrecher, die in den Jahren zuvor zu mythischen Gestalten in alten New-York-Filmen geschrumpft waren, hielten wieder Einzug in den Alltag der Polizeiberichte.

Kulturell sollte New York allerdings nicht so bald wieder eine so gewichtige Rolle spielen wie in den zwei Jahrzehnten zwischen Wirtschaftskrise und Wirtschaftsboom. Ohne Manhattan als Zentrum der Subkulturen und der Boheme konnte New York eben nur noch den Marktwert bestimmen, aber keine entscheidenden Impulse mehr geben.

Zwar sind Brooklyn, Queens, Staten Island und die Bronx mehr als nur geographische Rahmen. Stärker als je zuvor sind die Boroughs Identitätsstifter, die den wurzel- und rastlosen Kosmopoliten der Megalopolis New York eine urbane Heimat geben können. »Laterales Wachstum – die gesellschaftliche Transformation New Yorks jenseits von Manhattan – wird in absehbarer Zukunft wahrscheinlich die interessanteste Entwicklung der Stadt sein«, schrieb der Architekturkritiker der *New York Times* Herbert Muschamp in seiner Besprechung des modernisierten Brooklyn Museums. Damit wäre der Traum von New York gerettet, denn dann wäre die Stadt wieder grenzenlos. Mit Brooklyn, Queens, Staten Island und der Bronx dehnt sie sich von einer Fläche von sechsundzwanzig Quadratmeilen auf über dreihundert Quadratmeilen aus. Auf so einer Fläche kann es nicht mehr zu solchen Reibungen kommen wie in der Verdichtung der Insel Manhattan.

New York wird weiter die Armen, Geschlagenen und die bedrängten Massen, die Schönen, Klugen und Reichen der Welt anziehen. New York wird sich nicht kleinkriegen lassen. Die Stadt hat nicht nur Nixon und Ford überstanden, nicht nur Feuersbrünste und Bandenkriege, die Aids- und die Crackepidemien, Stromausfälle, Kriminalitätswellen, hysterische Boomjahre, Wirtschaftskrisen und Rezessionen. Es mag sein, dass sich New York in einer neuen Weltordnung damit abfinden muss, nicht mehr der Nabel der Welt zu sein, dass es sich Ruhm und Rang mit anderen Metropolen teilen muss, die heute noch London, Paris und Berlin heißen, aber vielleicht bald schon auch Schanghai, Bombay und Rio de Janeiro.

Es ist die manisch-depressive Qualität der Stadt, mit der sie auch George W. Bush, den Zusammenbruch des Mittelstands, die Politik der »Zero Tolerance« und die immerwährende Alarmstufe Orange überleben wird, denn letztlich war New York nie bloß ein Tor zur neuen Welt. New York war schon immer das Tor zu einem Ideal, das seiner Verwirklichung nirgendwo sonst auf der Welt so nahe gekommen ist. Wo sonst beschleunigen sich Ehrgeiz, Macht, Geld und Ideen auf solch ein Tempo wie hier? Das wird sich die Menschheit nicht nehmen lassen, dazu ist die Geschwindigkeit schon viel zu groß.

Register

A

Adams, John 249 ff.

Adorno, Theodor W. 218

Aerosmith 70

Affleck, Ben 187

Albert, Michael 218 f.

al-Chasradschi, Nisar 256 f.

Ali, Tariq 217

Al-Kifah-Zentrum 237

Allen, Woody 16, 181

Al-Moajed, Scheich 237

Alphabet City 34–42, 301

Al-Qaida 192 ff., 226, 234, 237

al-Salhi, Najib 255 ff.

Annan, Kofi 137

Another World Is Possible 223

Apollo Theater 126, 129

Area Club 61, 63 ff.

Arquitectonica 295

Ashcroft, John 174 f., 178, 212, 219, 226

Atlantic City 85, 180 f.

Atlantic Golf Club 340

Aum-Sekte 191

Auster, Paul 16, 312

Aziz, Tariq 216

B

Baker, Barry 97, 101 ff.

Baker, Garry 97, 100 ff., 113

Balasz, André 302

Balthus 320

Bambaataa, Afrika 69

Barlow, John Perry 214

Barnes, Clive 320

Barnes, Djuna 43

Barney, Matthew 320

Barrymore, Drew 197

Barthe, Richmond 128

Basquiat, Jean-Michel 35 f., 64, 66

Beame, Abraham 265

Beard, Peter 326, 338

Beasty Boys 70

Beethoven, Ludwig van 250

Bellow, Saul 232, 311

Benecke, Mark 58

Bennis, Phyllis 217

Benolken, Sarah 228

Berendt, Joachim Ernst 50

Berlin 304, 318

Bernstein, Leonard 59

Bezos, Jeff 142

Bin Laden, Osama 170, 188, 194, 197, 237

Bleckner, Ross 338

Blondie 48 f.

Bloomberg, Michael 199–204, 209 f., 241, 262 f., 277, 287, 343

Bloomingdale's 223

Blow, Kurtis 68

Blue, Curtis 109 f.

Boeski, Ivan 283

Bollenbach, Steve 180

Bon Jovi, Jon 189

Bono 131 ff., 137, 231

Bouley, David 187

Bowie, David 51, 63, 189, 313–320

Boyle, T. C. 311

Brafman, Ben 118 f.

Brathwaite, »Fab Five« Freddy 64, 69

Breslin, Jimmy 348

Britten, Benjamin 250

Broadway International, Club 68

Broderick, Matthew 136

Brokaw, Tom 190, 192, 194

Broken Windows Theory 88, 96 f., 107

Bronfman, Edgar 338

Bronner, Anton 272 f.

Bronson, Charles 27, 33

Brooklyn Bridge 225 ff.

Brooklyn Museum of Art 345, 347, 352

Brooks, David 283

Brown, James 126

Bruccoli, Matthew 339

Buffet, Warren 280

Burgess, Anthony 310

Burkes, Jeff 244 f.

Bush, George W. 130, 133, 137, 161, 165, 175, 200, 212, 218, 228 f., 260 f., 264, 266, 271, 316, 348 f., 353

Bush, Jeb 349

Buttigieg, Joseph 217

Butts, Reverend Calvin 115

Byrd, Robert C. 261

Byrne, David 16, 63

C

Cagan, Leslie 217

Campbell, Naomi 186

Capone, Al 344 f.

Capote, Truman 16, 59, 346

Carey, Mariah 134

Carnegie, Andrew 135

Carpenter, Ted Galen 176

Carrol, Sean 114

Cassavetes, John 44, 81

CBGB's 48 f., 54, 70

Cefalu, Franco 105

Cesno, Frank 192

Chalabi, Ahmed 256

Chappell, George S. 296

Cheba, Eddie 68

Cheney, Dick 197, 226, 228, 281, 316, 348

Childs, David 286–294

Chomsky, Noam 215, 219, 280

Christensen, Helena 131

Ciccione, Thomas 105 ff.

Ciccone, Madonna 64

Ciel Rouge Bar 274

Cipriani's 74, 196, 209

Clark, Larry 93

Clark, Ramsey 171, 216

Clemente, Francisco 66

Clinton, Bill 126 ff., 135, 187, 214, 340

Clinton, Hillary 135, 162, 187, 260 f.

Code Orange 225 f., 263, 267

Cohen, John 44 ff.

Cohn, Nick 17, 160

Cohn, Roy 59

Coleman, Ornette 23

Combs, Sean »Puff Daddy« 73 ff., 119, 195

Corso, Gregory 44

Corzine, Jon 280

Coughlin, Mary »Mae« 345

Crystal, Billy 187 f.

D

D, Chuck 70 ff., 75, 130

Dafoe, Willem 18

D'Agostino, Sal 184 f., 248

Daltrey, Roger 189

Dancenoise 36

Danceteria 60, 69

Davis Jr., Sammy 75

Davis, Miles 23

De Kooning, Willem 338

De Niro, Robert 81

Dead Boys 48 f.

Dead Prez 129

Def Jam 70

Demolition Derby 329–334

Denver, John 188

Deutsch, David 215

DeWitt, Helen 312

Diallo, Amadou 89, 111 f., 114

DiCaprio, Leonardo 134

Dictators 48 f., 56

Dinkins, David 41, 77 f., 126

Disco Fever, Club 68 f.

Dolan, Karen 262

Dolce, Joe 64

Domingo, Placido 186

Dotcoms 138–143, 148–152, 214, 282, 300

Douglas, Aaron 128

Downtown Lower Manhattan Association 20

Dr. Dre 73

Ducasse, Alan 149

Duchamp, Marcel 337

Dunleavy, Steve 279

Dunn, Ged 47, 54

Dylan, Bob (Robert Zimmerman) 16, 45 f.

E

Ellington, Duke 128

Ellis, Bret Easton 64, 311

Ellis, Mark 167

Eminem 73

Empire State Building 15, 22, 74, 187, 229

Enron 279, 282 f.

Ernst, Max 337

Evans, Faith 74

F

Family Center 168

Farhadi, Ravan 193

Farmer, Doyne 214 f.

Faulkner, William 232

FBI 168, 174, 226

59th Street Bridge 308

Fitzgerald, F. Scott 335, 337, 339

Flamingo Lounge 26 f.

Flash, Grandmaster 68

Flav, Flavor 70 f.

Fletcher, Bill 216

Foer, Jonathan Safran 309 ff.

Ford, Gerald 208, 264 f. , 349, 353

Ford, Harrison 187

Ford-Brescia, Bernardo 295 f.

42nd Street Development Project 298

Foster, Norman 292

Frampton, Peter 52

Frank, Robert 43 f.

Frank, Thomas 214

Franzen, Jonathan 304

Freedom Tower 287, 291 ff.

Freeman, George 215

Frisch, Max 322, 328

Futura 2000 64

G

Gable, Clark 75

Gap, The 223, 294

Gatsby, Der Große 335 ff., 339, 342

Gaynor, Gloria 59

Geldof, Bob 133

Genovese, Bob »Whiplash« 331, 334

Gentrification 36

Gephardt, Richard 215

Gere, Richard 188

Gerson, Alan Jay 55

Gialanelle, Gilvo »Giuvo« 108 ff.

Gilder, George 214

Ginsberg, Allen 44, 51

Giuliani, Donna Hanover 163

Giuliani, Rudolph 41, 78–86, 88 f., 91 ff., 96, 111, 116, 127, 129, 148, 151 ff., 156, 161 ff., 165, 170, 174, 177, 196, 198 ff., 202 f., 208 ff., 229, 264, 276, 287, 298 ff., 347

Glassner, Barry 269

Glowacz, Peter 185

Goetz, Bernard 33

Goldberger, Paul 288, 294 ff.

Gonzales, Mark 150

Goo Goo Dolls 188

Goode, Eric 63

Goode, Jennifer 63 f.

Gordon, Kim 150

Gotti, John 279

Gracie Mansion 163, 199

Graham, Heather 186

Green, Al 151

Green, Mark 199 f.

Green, Tom 197

Greenspan, Alan 142

Griffin, Richard »Professor Griff« 71 f.

Griffith, Michael 77

Ground Zero 166 f., 170, 177, 187, 190, 193 f., 197 f., 203 ff., 234, 239–243, 248, 264, 266, 287, 289, 317 f.

Grubman, Lizzie 342

Guardian Angels 28–33

Guggenheim, Peggy 337

Gunter, Paul 247

Guthrie, Woody 45

H

Haden-Guest, Anthony 60

Hall, Jerry 59

Halston 326

Hammond, Darrell 197

Hampel, Gunter 26

Hampton, East und South 74, 324, 326, 337–342

Hardt, Michael 216

Haring, Keith 36

Harris, Josephine 185

Harry, Deborah 48 f.

Hawking, Stephen 214

Hawkins, Yussuf 77

Heartbreakers 49

Heinz, Daniel 252 ff.

Hell, Richard 47, 53

Hell's Kitchen 25, 127

Helmsley, Leona 283

Hemingway, Ernest 232, 325

Henderson, Fletcher 128

Herc, DJ Kool 68

Hertz, Noreena 213

Hitchens, Christopher 215

Hitler, Adolf 197

Hoffman, Abbie 93

Hoffman, Dustin 81

Holcomb, Roscoe 44 f.

Hollywood, DJ 68

Holmstrom, John 47 f., 54

Hope, Bob 188

Horowitz, Vladimir 59

Hubble, »Wild Man« Jimmy 333 f.

Hughes, Langston 128

Hurley, Elizabeth 186

Hurston, Zora Neale 128

Hussein, Saddam 256 f., 259, 266

Hustvedt, Siri 312

Huxtable, Ada Louise 21

I

Iman 313, 317

Imus, Don 169 f.

International Action Center 171,
216

International Answer 171, 216

J

J, LL Cool 70

Jackson Heights 309 ff.

Jackson, Reverend Jesse 122

Jagger, Bianca 59, 63, 326

Jagger, Mick 63, 314, 326

Jamal, Mumia Abu 130, 223

Jimmy's Corner 81

Jimmy's Uptown 124 f.

Joel, Billy 189, 338

Johansen, David 63

Johns, Jasper 338

Johnson, Lyndon B. 265

Jolie, Angelina 134

Jones, Alexandria Zarah 313

Jones, Angie 314

Junger, Sebastian 304

K

Kagan, Robert 316

Kahane, Meir 237

Karan, Donna 338

Karsai, Hamid 256

Kattan, Chris 197

Katz, Craig 241 ff.

Kaye, Lenny 52

Kazan, Elia 344

Keitel, Harvey 135

Kelling, George L. 88, 107

Kelly, Raymond 222

Kennedy, Jackie 326

Kennedy, John F. 219

Kennedy, Ted 261

Kerouac, Jack 43, 45, 319

Keyser, Erin 218

Khomeini, Ajatollah 230, 235

King, Martin Luther 116, 265

King, Rodney 78

Kitt, Eartha 136

Klein, Calvin 302 f., 324, 338

Klein, Naomi 213

Knuckles, Frankie 61

Koch, Ed 29, 41, 77

Koons, Jeff 18

Kopple, Barbara 341

Kravitz, Lenny 304

Kristal, Hilly 49 f.

Kristol, William 316

Kweli, Talib 129

L

La Bruce, Bruce 150

LaGuardia, Fiorello 199

Lang, K. D. 341

Lanier, Jaron 214

Lapidus, Morris 297

Lasn, Kalle 213

Lauren, Ralph 324, 340

Lay, Kenneth 282

Lazarus, Emma 17, 154

Lee, Paul 205, 207 ff.

Lee, Spike 16, 26, 347

Legal Aid Society 121

Léger, Fernand 337

Lennon, John 326

Lennox Lounge 126

Leno, Jay 186

Letterman, David 170, 177, 186, 212

Levan, Larry 61

Libeskind, Daniel 287 f., 291 ff.

Lichtenstein, Roy 338

Lietzmann, Sabina 18

Limelight, Club 66 f.

Lincoln, Abraham 248

Lindsay, Arto 36

Lithgow, John 187

Loft, Club 61

Lopez, Jennifer 74

Lopez, Margita 55

Lorraine, Sergeant 109

Los Angeles 25, 34, 78, 120, 159

Louima, Abner 89

Lynes, Russell 297

M

Maazel, Lorin 250

Macy's 278

Madison Square Garden 186, 350

Madonna 64, 301

Mafia 85 f., 180, 279

Magaziner, Ira 214

Magic Six, The 184 ff., 248

Magnusson, Ann 36

Maher, Bill 176

Maidstone Club 337, 340

Mailer, Norman 50

Maki, Fumihiko 292

Malpass, David 139

Manitoba, Dick 56

Mapplethorpe, Robert 54

Marclay, Christian 36

Mars, Club 61

Marsala, Peter 31

Marsalis, Wynton 202

Martin, Dean 75

Masjid Al-Farooq Mosque
  236 f.

Matthäus, Lothar 301

Matthiessen, Peter 338

Max Fish 319

Max's Kansas City 47

MC 5 49, 53

McCarthy, Joseph R. 219

McCartney, James 186

McCartney, Paul 184, 186

McClellan, George 79

McCoy, Sherman 152

McDaniels, Darryl 69

McGraw-Hill Building 296

McGreevey, James 248

McInerney, Jay 64

McKinsey 202, 262

McLaren, Malcolm 53

McNeil, Legs 47, 52 ff., 56

Meier, Richard 303 f.

Mel, Melle 68

Mellencamp, John Cougar 189,
  318

Mendelsohn, Lawrence 332

Mercer Hotel 302

Meyerson, Harold 216

Middle Landscape 307 f.

Midler, Bette 202

Miller, Arthur 346

Miller, Judith 194

Milosevic, Slobodan 216

Mingus, Charles 23

Minnelli, Liza 59, 186, 326

Moby 136, 304

Montauk 321–328, 338

Montero's Bar 345

Morrison, Toni 128

Morrissey, Paul 326

Moses, Robert 19

Moynihan, Daniel Patrick 289

Mudd Club 60, 63, 69

Mueller, Robert 226, 228

Mugabe, Robert 216

Muhammad, Murrad 97 f., 100 f.

Mumford, Lewis 21, 296

Murdoch, Rupert 301 f.

Murphy, Gerald und Sara 337 f.

Muschamp, Herbert 294, 296 ff.,
352

Museum of Modern Art 305 ff.

N

Nader, Ralph 280

Nadler, Jerrold 208, 217

Nast, Condé 64

National Guard 168, 174, 206, 227,
267

Nazario, Pedro 276

Negri, Antonio 216

Newfield, Jack 349

New York City Council 260, 262,
266

New York Dolls 48, 63

New York Historical Society 246

New York Philharmonics 151,
249 f.

New York Post 186, 194, 202,
228

New York Stock Exchange 164,
290

New York Times 21, 81 f., 192,
194 ff., 217, 226, 251, 280, 294,
310, 316

New Yorker 294 f.

Nixon, Richard 229, 265, 289,
348 f., 383

Noguchi, Isamu 307

Nosair, El Sayyid 237

Notorious B.I.G. 74

Nouvel, Jean 292

NWA 73

O

Oates, Joyce Carol 312

O'Connor, Erin 190

One, KRS 115

Oppenheim, Meret 320

Orlovsky, Peter 44

P

Palahniuk, Chuck 311

Palladium, Club 61

Paradise Garage, Club 61

Parenti, Christian 218

Pataki, George 229, 248, 287

Paulson Jr., Henry 280

Penderecki, Krzysztof 250

Penn, Sean 216

Perkins, Bill 260, 262, 265 ff.

Perle, Richard 316

Plaza Hotel 223

Plimpton, George 338

Pollock, Jackson 338

Pop, Iggy 48 f., 304, 315

Portman, Natalie 18
Powell, Adam Clayton 125
Powell, Colin 174
Powers, Richard 312
Press, Richard 245 f.
Project, The 129
Prose, Francine 310
P.S.1 307
Public Enemy 70 ff., 130
Punk Magazine 47, 52, 54, 56

Q
Quaid, Dennis 187
Quinto, Felice 60
Qutb, Sayyid 238

R
Rahman, Omar Abdel 237
Rammelzee 64
Ramone, Joey 54 ff.
Ramones, The 48 ff., 55 f., 63
Rangel, Charles 125
Rauschenberg, Robert 338
Reagan, Ronald 57, 62
Reclaim The Streets 223
Reed, Lou 16, 18, 49
Revolution Bookstore 171, 173
Rice, Condoleezza 228
Ridge, Tom 268, 349
Rigas, John 282

Riis, Jacob 37
Rikers Island 72
Rinzler, Ralph 45
Ritz, Club 69
Rivera, Crystal 276
Rivers, Joan 314
Rivers, Larry 44, 338
R-Nice 95
Roche, Sheila 137
Rock, Kid 73
Rockefeller, David 18 f., 23
Rockefeller, John D. 136
Rockefeller, Nelson 119
Roeg, Nicholas 315
Rolling Stones, The 326
Roosevelt, Franklin Delano 161,
   176, 228
Roosevelt, Theodore 216
Rosen, Aaron 149
Ross, Steve 338
Roth, Philip 232, 311
Rothbell-Mista, Fred 66
Rowe, Peter 306
Roxy, Club 69
Roy, Arundhati 213
Rubell, Steve 58 ff.
Rubin, Rick 70
Rudin, Joel 120
Rumsfeld, Donald 228
Run-D.M.C. 69 f.

Rushdie, Salman 215, 230–235
Rzeznik, Johnny 188

S

Sachs, Prof. Jeffrey 132, 134
Safir, Howard 93
Sandler, Adam 277
Santiago, Police Director Joseph 107
Sattler, Kurt 305 ff.
Saturday Night Life 197
Scharf, Kenny 36
Schnabel, Julian 66, 326, 338
Schneider, Alan 338
Schomburg, Arthur 128
Schrager, Ian 58, 60
Schreiber, Liev 310
Schumer, Charles 261
Scorsese, Martin 16, 347
Sean John 74 f.
Security of the First World 71
Sedaris, David 343
Seinfeld, Jerry 17
Sex, John 36
Sex Pistols 53, 55
Seyrig, Delphine 44
Sharpton, Reverend Al 77, 112, 210
Sharreff, Claude 129
Shaw, Irwin 346

Shepard, Sam 52
Sheppard, Keith 109 f.
Showman's Café 126, 129
Silverstein, Larry 286 f., 291 f.
Simmons, Joseph 69
Simmons, Russell 69 f., 73
Simon, Paul 326, 338
Sims, George 244
Sinatra, Frank 16, 75, 344
Singer, Isaac Bashevis 312
Skidmore, Owings & Merrill 286 ff.
Skydell, Harry 39 f.
Skyline 17, 98, 163, 197, 225, 241, 263, 295 f., 299
Sliwa, Curtis 28–33
Slotnick, Barry 33
Smith, Fred Sonic 51, 53 f.
Smith, James Todd 70
Smith, Michelle 63
Smith, Patti 48, 50–54, 63
Smith, Todd 54
Socialist Scholars Conference 216
Sontag, Susan 212 f., 219, 312
Soros, George 280
Spear, Laurinda 295 f.
Spice, Ginger 134
Spielberg, Steven 324, 338
Springsteen, Bruce 50, 56, 318
Staff, Marty 282

Starbucks 126, 220, 294
Starski, Luv-Bug 68
Steinbeck, John 338
Steven, Little 56
Stewart, Martha 281
Stewart, Rod 67
Stiller, Ben 187
Stooges 48 f.
Studio 54 57–61, 63 f.
Studio Museum 129
Suarez, Ray 167
Summer, Donna 59
Sutton, Percy 125
Sweeny, Amy 251
Sylvia's 126
Synod Hall 129

T
Tafa, Imam 236
Taliban 193, 233
Talking Heads 48
Taylor, Liz 326
Television (Band) 48 ff.
Templeton, Ed 150
Thompson, Hunter S. 24
Toffler, Alvin und Heidi 214
Tompkins Square Park 35, 39, 41
Torrio, Johnny »The Fox« 345
Townshend, Pete 189
Travis 187

Trump, Donald 136, 179 ff., 286, 288
Trump, Ivana 180

U
Uno 193, 226 f., 230, 271 ff.
Usher 74
U 2 131, 231

V
Vandross, Luther 126
Vaughan, Albert 244
Vega, Arturo 56
Velvet Underground 48 f.
Verizon Communications 143 ff.
Verlaine, Tom 45, 48, 50
Vidal, Gore 215

W
Waldorf Astoria Hotel 221 ff.
Warhol, Andy 59, 63, 67, 326, 338
Washington, Thomas 117 f., 122
Wasserstein, Zwi 117 f., 121 f.
Waters, Muddy 45
Watson, Chuck 282
Watson, Doc 45
Webb, Chick 128
Weinstein, Amy 246 f.
Welch, Jack 281
Welfare Poets 129

Westin Hotel 295–299

White, Stanford 326

Who, The 189

Wiesenthal Center, Simon 131, 133

Williams, Robin 135.

Wilson, James Q. 88

Wilson, Robert 338

Winnick, Gary 282

Wolfe, Tom 16, 24, 152, 332

Wolfowitz, Paul 316

Woodstock 46, 49, 133, 187 f.

World Economic Forum 220 ff.

World Trade Center 20 ff.,
154–159, 163, 165 ff., 169 f., 177,
182 ff., 237, 240, 247 f., 253, 264,
286 f., 290 f., 317

Worldcom 281, 283

X

X, DJ Terminator 72

X, Malcolm 116

Y

Yamasaki, Minoru 21

Yardeni, Ed 139

Young, Neil 318

Z

Z, Jay 73, 188 f.

Zero Tolerance 84, 87, 89, 162

Zimmerman, Robert *siehe* Dylan,
Bob

Zinn, Howard 215

Zorn, John 36

Zubaydah, Abu 226 f.

Zulu Nation 69